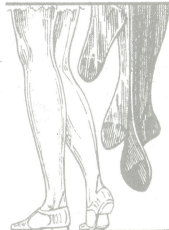

Wenresepte
2000

Carmen Niehaus

Wenresepte 2000

Human & Rousseau

Kaapstad   Pretoria   Johannesburg

Foto-erkennings:

Neville Lockhart: bl. 6 (links), 7, 10 (links), 22, 24 (herhaal op bl. iv), 29, 40, 43, 53, 61,
64, 69, 71, 74, 77, 81, 85, 86, 89, 95, 106, 121, 122, 126, 131, 140, 148,
151, 159, 164, 167 en 169;

Adriaan Oosthuizen: bl. 11, 12, 16, 32, 46, 56, 61, 92,
110, 113, 114, 137 en 143;

David Briers: omslagfoto asook bl. 6 (regs), 18, 37, 98, 103, 128,
134, 146, 171 (herhaal op bl. ii-iii) en 173;

Neil Corder: bl. 154 en 157;

Corrie Hansen: bl. 9 en 118;

Carmen Niehaus: bl. 8 en 10 (regs).

*Ek wil graag die volgende mense bedank wat gehelp het met
die samestelling van hierdie boek:*

Wilma de Wet, my assistent, wat gehelp het om
baie van die resepte weer uit te toets, en ook
met die stilering van sommige foto's;
studente-assistente Bernice van der Merwe en
Elmarie Venter wat deur die argief-materiaal van ou Huisgenote geblaai het op
soek na interessante kosstories, resepte en advertensies en ook die
resepte gefotostateer het.
Alle dank aan Magda Herbst vir die intik van die resepte;
Anelma Ruschioni van Human & Rousseau;
Daleen Müller vir die redigering en skaafwerk aan die manuskrip;
asook aan Chérie Collins vir die bladuitleg van die boek.

Omslagfoto:

Sannie Smit se oondgebraaide lamsboud en
aartappelgebak (bl. 60), voorgesit met bros groenbone,
en afgeneem op die Hazendal-landgoed,
Bottelaryweg, Stellenbosch

Eerste druk 1999
Tweede druk 2000

Kopiereg © 1999 streng voorbehou
Uitgegee deur Human & Rousseau (Edms.) Bpk.
Design-sentrum, Loopstraat 179, Kaapstad
Stilering deur Carmen Niehaus en Wilma de Wet
(bl. 22, 40, 53, 64, 77, 118, 159 en 164)
Tipografie en bandontwerp deur Chérie Collins
Teks elektronies voorberei en geset in 9 op 11 pt
Avant Garde deur ALINEA STUDIO, Kaapstad
Kleurskeiding deur Virtual Colour, Paarl
Gedruk en gebind deur Colorcraft, Hongkong

ISBN 0 7981 3993 5

Inhoud

Kos en kook

Suid-Afrika het 'n ryk koskultuur, want daar is soveel wat oor die jare 'n stempel op ons kosvoorkeur en smaak afgedruk het, hetsy vanweë ons Europese afkoms deur die koms van die Nederlanders, Franse of Britte, die invloed van die slawe en Indiërs met hul keurige gebruik van speserye uit die Ooste of ons kennismaking met die inheemse of Afrikavolke. Ja, koskulture is van vroeg reeds hier vermeng en ons is miskien die res van die wêreld een voor wat die sogenaamde "fusie-kos" betref.

Nêrens kan 'n mens hierdie invloede beter bespeur as in Huisgenoot en You se toetskombuis waar ons daagliks resepte van honderde lesers uit al die kultuurgroepe ontvang vir geregte wat by hulle aan huis genuttig word nie. Die bekende skrywer-digter C. Louis Leipoldt het juis gesê jy kan nêrens die kookkuns van 'n volk beter leer ken as om dit by sy mense aan huis te eet nie. Ons by Huisgenoot kry dus te make met die interessantste mengelmoes van kosvoorliefdes: van tradisionele boerekos en die ligter, soms ietwat smaaklose geregte van die Engelse tot die geurige gebruik van speserye uit ons Maleierkultuur en die sterker eweknie van die Indiërs met so af en toe 'n skeutjie uit ons swart kulture wat insluit tradisionele en eiesoortige skeppings deur die gebruik van veral amasi en blaargroentes soos spinasie.

Tot en met die koms van You, Huisgenoot se Engelse eweknie, in September 1987, het ons meestal geweet wat in Afrikaanssprekendes se kombuise aangaan.

"Die Afrikaanse huisvrou is bekend vir haar vaardigheid in die kookkuns – 'n kuns wat baie fyner en oneindig meer ingewikkeld is as wat die oningewyde hom mag voorstel," staan daar in Die Huisgenoot van 15 Februarie 1935. "Bordetert, melktert, pannekoek, koeksisters, om maar 'n paar te noem, is die trots van die boervrou en haar alleenbesit, van geslag tot geslag oorgelewer." Sy is ook meester van die moeilike kuns om smaaklike "vleesgeregte" te berei. En dan volg die debat oor wat sal gebeur as die Afrikaanse huisvrou kosmaak aan 'n kok oorlaat soos baie van haar Joodse of Engelse buurvroue gedoen het. "En wat moet word van die kuns wat as 'n erfstuk van moeder op dogter oorgedra is? Sal die beroemde kookkuns van die Afrikaanse huisvrou tot 'n verlore kuns gereken moet wôrd in die toekoms?" is 'n vraagstuk waaroor reeds in die dertigerjare bespiegel is.

Leipoldt lewer ook aan die begin van 1939 'n hele reeks artikels vir Die Huisgenoot en wel oor inheemse eetbare visse. Hy was egter ook 'n uitstekende kok en ywerige kookboekversamelaar. "Ons eerste Suid-Afrikaanse kookboeke is algar handskrifte, waarvan

nog geen een in druk verskyn het nie," skryf hy.

Die eerste gedrukte Suid-Afrikaanse resepteboek was in Engels en wel die bekende *Cape Cookery* van mev. A.G. Hewitt. Daarna volg ander, waaronder die bekende kookboeke van Hildegonda (mev. H.I.) Duckitt. Die eerste Afrikaans-geskrewe kookboek maak eers in 1890 sy opwagting. Dit was mej. E.J. Dijkman se *Di Suid-Afrikaanse kook- koek- en resepteboek*. Voor daardie tyd was die meeste van ons kookboeke in Engels, Nederlands of Duits. Al hierdie werke het egter nie veel gerep oor ons eie Afrikaanse kookkuns wat sedert die begin van die agtiende eeu sterk beïnvloed is deur die kookgebruike van die Maleierslawe en so 'n sekere mate van selfstandigheid gekry het nie. Hy skryf verder: "Dit wil egter nie sê dat ons hier in Suid-Afrika 'n besonder oorspronklike manier van kosbereiding uitgedink en aangepas het nie; inteendeel, so ver ek kon vasstel, verskil ons kookkuns nie grondig van dié van enige ander land nie. Selfs resepte wat ons as eg Afrikaans beskou – soos soutribbetjie, sosaties, bobotie, biltong, meebos en ons eienaardige toebereiding van klipkous – is bekend in ander lande en kan dus nie as uitsluitend Afrikaans aangesien word nie.

"Waar ons egter met inheemse kossoorte te doen het, soos wateruintjies (waterblommetjies) en velduintjies, veldkool, ensovoorts, is dit 'n ander saak. Ook is daar sekere kossoorte wat in ander lande net so welbekend is as hier by ons, maar wat ons op 'n eie manier klaarmaak. Ek het nog nêrens anders byvoorbeeld gestoofde groen papajas teëgekom of avokadosoep, mieliebrood, ystervarkvel of ons ouderwetse kreefslaai nie. Miskien is ons 'rafeltjies kook' van wildbraad ook 'n uniek Afrikaanse manier van toebereiding, ofskoon ek daarvan nie so seker is nie."

Tegnologiese ontwikkeling het ook 'n groot invloed op ons eetpatrone gehad. Elektrisiteit het die huisvrou se kooktaak baie vergemaklik, maar ook met eiesoortige probleme gepaard gegaan, soos ons in Die Huisgenoot van 4 Mei 1934 agterkom: "Gewone aluminium- of enemmelpotte deug nou eenmaal nie op 'n elektriese stoof nie. Dis nie lank nie of jou splinternuwe potte begin skeef trek en in die boom duik, en op 'n goeie dag kom jy daar en dan staan die kastrolle soos mal goed op die stoof en ronddans." En dan word die lof besing van 'n ou gunsteling, die ysterpot, waarin toentertyd 'n boud alte heerlik gebraai is en wat ook vir togkos op trektogte ingespan is en sy hangplek onder die Voortrekkerwa gehad het. Nuwe ysterpotte is in die dertigerjare spesifiek vir die elektriese stoof ontwerp – hulle is van binne en buite afgewerk met enemmel, maar die boom is nie geëmaljeer nie om goeie hittegeleiding te verseker, en hulle het ook makliker skoongemaak. 'n Mens sien hierdie potte vandag nog in baie huise. Laat in die sewentigerjare is die swartpot, spesifiek die driebeenpot, weer nader getrek en het die hele volk van die Kaap tot in die Noorde gepotjiekos. Met die groter bewustheid van gesonder eetgewoontes het kastrolle van vlekvrye staal gewild geword en almal wou waterloos en vetvry kook.

Elektrisiteit het ook verkoelings- en vriesgeriewe na ons kombuise gebring waarop baie meer peil getrek kon word as op die vroeëre paraffienyskaste en gasyskaste. Mense kon toe van vleis tot groente by die groot maat koop en vries – 'n groot geldbesparing. In 1965 plaas ons 'n hele reeks artikels deur Annette Redelinghuys wat lesers inlig oor hoe om kos te vries. Daarmee saam kom "oondkastrolle" op die mark wat reguit uit die vrieskas op die stoofplaat of in die oond geplaas kan word.

En toe breek seker die grootste revolusie aan wat ons kombuise tot nog toe getref het – die mikrogolfoond. Daarmee maak ons kos feitlik binne sekondes gaar. In die uitgawe van 7 Februarie 1969 wei Magdaleen van Wyk, lektrise aan die Departement Huishoudkunde van die Universiteit van Stellenbosch, breedvoerig uit oor die gebruik van die mikrogolfoond. En wat het so 'n "sprokiesoond" toe gekos? Die departement het in 1965 een vir R700 gekoop, maar die prys sal heel waarskynlik daal namate die aanvraag styg, skryf sy. Toe, en soos dit nou nog in die meeste huishoudings gebruik word, was die grootste voordeel van die mikrogolfoond dat dit oorskiet- of bevrore kos vinnig kan verhit of ontdooi.

Botter en margarien het ook vir 'n storie van sy eie gesorg. Hoewel margarien reeds in die vorige eeu ontwikkel is om as plaasvervanger te dien tydens die groot botterskaarste, is dit die gesinne Jurgen en Van den Bergh wat mekaar genadeloos beveg het in die maak en bemarking van hierdie wonderlike nuwe produk. In 1927 het hulle kragte saamgesnoer en later is die bekende maatskappy Unilever gestig wat tot vandag 'n groot margarienvervaardiger is. In die sestigerjare het ons die manier gehad om botter en margarien te meng en dit so in gebak te gebruik, en met laevetmargarien sê ons hartkwale die stryd aan. Maar die polemiek woed voort oor watter een van botter of margarien nou eintlik die gesondste en/of skadelikste is.

Namate vroue deel van die arbeidsmag geword het, het ons eetpatrone verander. Ons hou nie meer groot teepartye of onthale nie, maar kuier met vriende by 'n bring-en-braai. Tyd word die kosbaarste bestanddeel wat daar is en min-moeite-geregte geniet voorrang. Tuisgemaakte brood, konfyt, koek en beskuit kom nie meer uit ons eie kombuis nie; daarvoor ry ons na die naaste padstalletjie of tuisnywerheid en, as die nood druk, hardloop ons by Woolies in. Bestanddele wat gereed vir gebruik is en klaargaargeregte staan ons ys- en koskaste vol, terwyl die kinders hulself help aan 'n pasteitjie of oorskietpizza wat gou-gou in die mikrogolfoond verhit is. Mans is nie meer skaam om agter die kostrollie of kospotte gesien te word nie, net met skottelgoedwas bly hulle traag. Gee hulle egter 'n vuurtjie en jy staan verbaas oor hul vindingrykheid.

In die beginjare van De Huisgenoot moes die resepte plek deel met modes en uitknippatrone, en het dit meestal verskyn in die rubriek "Die vrouw en die huis" wat later "Vir die vrouens" geword het. Van die twintigerjare af word gereeld 'n hele bladsy afgestaan aan resepte en kombuissake onder die opskrif "Potte en panne".

Leipoldt het onder die skuilnaam K.A.R. Bonade die baie interessante rubriek "Kelders en kombuis" behartig. Aan die begin van die sewentigerjare verskyn die rubriek "Heerlike kos uit eie haard" vir 'n rukkie. Tot en met die middel-sewentigerjare het kos egter nie 'n baie belangrike plek in Die Huisgenoot ingeneem nie.

Redaksielede wat iets van kos geweet het, is sommer aangesê om die kosblaaie te behartig. Name wat egter gereeld by die kosartikels begin verskyn, is Sugnet Kriel, Hetitia McGregor en later Isabelle Steenkamp. Af en toe was daar artikels deur 'n groot kosgees, soos Kotie van der Spuy, wat verskeie kookboeke gepubliseer het. Ook uit die Silwood-kombuis kom daar bydraes.

Van die beginjare af publiseer ons reeds lesers se resepte, soos dié vir koeke wat in die April-uitgawe van 1921 verskyn. Heelparty artikels oor raakvat-huisvroue verskyn van tyd tot tyd, soos dié oor die predikantsvrou wat moes leer dat nood leer bid . . . en bak in 'n Oktober-uitgawe van 1974, of van die boervrou van Steytlerville in die Oos-Kaap wat 'n tuisnywerheid begin het en dan verskeie vinnige en goedkoop hoenderresepte met die lesers deel. Ons plaas ook van tyd tot tyd resepte van beroemdes soos in 1963 met die Kersspyskaart en –geregte van Jacqueline Kennedy, toe presidentsvrou in die Amerikaanse Wit Huis. Dis egter in die middel-sewentigerjare dat Annette Human sorg vir 'n omwenteling in die volk se kombuise deur "Wenresepte" te begin – 'n rubriek wat van meet af aan gewild was. Annette het aanvanklik as 'n subredakteur by Huisgenoot gewerk, maar is later as vroueredaktrise aangestel onder wie ook die kosblaaie geressorteer het. Aan die begin kon lesers hul weeklikse spyskaart instuur en is R50 vir die wenner betaal. Dit is opgevolg

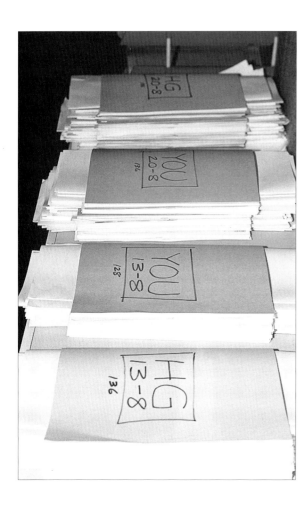

met resepte waarvoor lesers ook geld ontvang het.

Die "Wenresepte"-bladsy het mettertyd 'n heerlike kuierplek geword waar lesers nie net resepte uitgeruil het nie, maar ook heelparty interessanthede omtrent hulself vertel het en die pad wat die resep gevolg het. Wat hierdie rubriek so uniek maak, is dat 'n ieder en 'n elk van die resepte vooraf deeglik beproef en getoets is in Huisgenoot se toetskombuis. Aanvanklik het Annette nie 'n kombuis by die tydskrif se kantoor self gehad nie, en moes sy al die resepte tuis toets en in 'n motorhuis die geregte laat fotografeer – die eerste fotograwe wat saam met haar gewerk het, was Corrie Hansen en David Briers, albei vandag nog fotograwe by Huisgenoot en Naspers se ander tydskrifte.

Die lesers was van die begin af nie suinig om ou familiegunstelinge tot nuwerwetse kortpadkos met medelesers te deel nie, en die "Wenresepte"-bladsy het gegroei van een blad tot twee met "Resep van die week" en "Sterresep" wat later bygekom het. So gewild was hierdie bladsye dat die uitgewers Human & Rousseau dit goedgedink het om die resepte in boekvorm saam te vat en uit te gee – *Wenresepte 1*. Dit was onmiddellik 'n blitsverkoper, iets wat geen mens voorsien het nie. Die sukses word opgevolg met nog twee uitgawes onder Annette se naam. Met *Wenresepte 5* se koms bars ons deur die miljoenkerf – die grootste Afrikaanse boekverkoper naas die Bybel in Suid-Afrika, en Annette word die gewildste kookboekskrywer wat die land nóg opgelewer het.

As jy Annette gepols het oor die rede agter hierdie reusesukses was haar antwoord altyd: "Soetgoed, soetgoed, soetgoed. Suid-Afrikaners het nou maar eenmaal 'n swak vir soetigheid." Dan natuurlik moet die resepte deeglik getoets wees. Maar die lesers

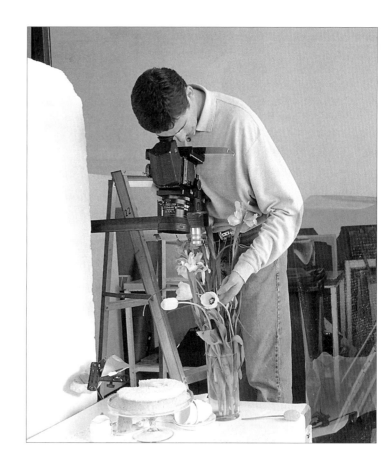

van Huisgenoot kom net soveel lof toe, want dis van hulle wat daar week na week letterlik honderde resepte by die toetskombuis opdaag – daarsonder kan daar tog geen Wenresepte wees nie.

Mettertyd is die kosafdeling uitgebrei tot minstens ses volle bladsye wat wekliks aan kos afgestaan word, maar steeds met lesersresepte as die ruggraat. Aan die begin van die negentigerjare kry "Wenresepte" 'n maat, "Randrekkers", waarop ons lesers se vinnige, maklike en ook bekostigbare resepte plaas om tred te kan hou met die ewigdurend stygende kospryse. Op die res van die kosbladsye probeer ons elke week iets interessants en lekkers optower. Ons kuier oor die hele land by kosmense en deel hul gasvryheid met ons lesers of ons vat nuwe kooktendense vas. Ons raak ietwat waaghalsiger en beproef in ons resepte die allemintige aantal nuwe produkte en bestanddele wat veral na 1994 ons winkelrakke oorstroom. Ons neem mooi foto's en gebruik hulle lekker groot, ons klets en ons kuier, ons kook en bak . . . en dit alles in 'n nuut toegeruste kombuis op die twee-en-twintigste verdieping van die Naspers Sentrum in Roggebaai.

Huisgenoot het vandag 'n goed gevestigde kosredaksie, bestaande uit myself en 'n baie vaardige regterhand, Wilma de Wet, asook studenteassistente wat kom en gaan. Maar ons lesers is steeds die baas en ons is baie dankbaar vir elke resep en briefie wat ons van hulle ontvang. Hulle bly ons oë en ore vir wat ons op die kosblaaie moet plaas en ons probeer almal graag gelukkig hou.

Nou wat presies doen ons nou eintlik, sal jy miskien vra. Wel, nie een van die resepte wat ons ontvang, word net so gepubliseer nie.

Ons toets elkeen en pas dit aan waar nodig, beskryf dit in besonderhede stapsgewys en neem foto's van party. Dit vereis dat ons natuurlik bestanddele moet koop en mooi breekware in die hande kry om die geregte watertandlekker te laat vertoon. En of jy dit nou wil glo of nie, elkeen van daardie geregte wat jy op die foto sien, kan agterna geëet word. Ons speel nie kamma-kamma nie; dis regte kos wat behoorlik gegeur en gaargemaak is – daarvan kan ons fotograwe getuig, want hulle proe tog alte graag.

Aan die einde van die eeu ondergaan ook ons fotografie 'n gedaantewisseling. Ons is baie meer ingestel op eenvoud en verkies om geregte in natuurlike lig te fotografeer. Vandaar dat ons gereeld ons kossies inpak en verkas na 'n plek waar die lig of agtergrond mooi is, ons klim berge of span langs riviere uit en slaan maklik in die middel van Namibië se dorre landskap 'n kostafel op teen die agtergrond van die ondergaande son. Dan is dit mos byna of jy vakansie hou en raak die fotosessies 'n avontuur.

Ja, die koswêreld bly opwindend en verander gedurig en dit, tesame met die wonderlike span by Huisgenoot, maak elke dag 'n bron van plesier waaruit 'n mens voortdurend kan put.

CS Niehaus

Carmen Niehaus
Huisgenoot Toetskombuis
Kaapstad

Beskuit

Of beskuit nou sy ontstaan gehad het by ou boerbrood wat uitgedroog is en of mosbolletjies van die Franse of Maleiers kom, weet ek nie, maar een ding is seker en dit is dat ons almal grootgeword het met beskuit en dat ons kinders nou nog hul beskuit in die koffie doop, al is dit dan nou Ouma-beskuitjies uit 'n pakkie en die koffie kits.

In Die Huisgenoot van 3 Desember 1937 skryf "C.A.B." reeds oor ons verknogtheid aan hierdie uitgedroogde gebak: "Ai, maar so 'n stuk beskuit en koffie smaak vorentoe in die môre, en dit bespaar al daardie klaarmakery vir ontbyt." Boerbeskuit is ook die eerste ding op die lys wat vroue gereed moet hê vir hul jaarlikse uitspantyd, "sodat sy bepaald baie minder het om gedurende hul uitspantyd te doen" en dan volg daar 'n resep vir fyn en growwe boerbeskuit, gemaak met fyn- of boermeel.

En in Die Huisgenoot van 4 Augustus 1944 gee "Max" hierdie raad: "Dit sal 'n goeie plan wees om ons werksaamhede vir die week so in te deel dat ons sê een baksel beskuit bak en uitdroog en een baksel droëkoekies bak. Glo my, daardie droëkoekies en beskuit is steunpilare vir die besige huisvrou, vernaamlik as gaste onverwags op haar lyf afkom." En dan volg resepte vir mosbolletjies en karringmelkbeskuit.

Van die sewentigerjare af word fiksheid en gesondheid beklemtoon en die belangrikheid van ontbyt benadruk. Gesondheidsbeskuit, propvol ruvesel en ander heilsaamhede, staan baiekeer in vir ontbyt. Onder daardie jare se lesersresepte is dié van mev. Hilda Troskie wat as jong predikantsvrou leer dat nood leer bid en . . . bak. Uit haar kombuis, na lesse by haar skoonmoeder, het daar die lekkerste gebak gekom. Ons publiseer buiten brood ook verskeie beskuitresepte waaronder "Hi-Bulk"-karringmelkbeskuit en droëgisbeskuit wat deur die jare heen staatmakers in ons kombuise bly.

'n Verskeidenheid beskuit, insluitende witbeskuit (bl. 14), karringmelkbeskuit (bl. 15), volkoring-konfytbeskuit (bl. 16), room-semelbeskuit (bl. 17) en kondensmelkbeskuit (bl. 17)

MOSBOLLETJIES EN -BESKUIT

Mosbolletjies is sekerlik ons bekendste en lekkerste soort beskuit. Aanvanklik is dit met regte mos gemaak, maar omdat dit eintlik net vir die Bolanders beskore is, is die mos later deur rosyntjiegis oftewel rosyntjiemos vervang. Hierdie variasie is nie met een van die twee gemaak nie, maar wel met korrelgis, en is enige tyd net so lekker soos die ware Jakob. Ons het dié resep gekry by Ounooi de Klerk van Calvinia toe ons een jaar daar gaan vleisfees hou het. Saam met 'n smeersel botter is mosbolletjies, lou warm uit die oond, koningskos.

125 g botter of margarien
500 ml (2 k) suiker
500 ml (2 k) gekookte melk
500 ml (2 k) kookwater
2 eiers, geklits
1 pakkie (10 g) korrelgis (nie kitsgis nie) opgelos in 125 ml
  (½ k) louwarm water
30 ml (2 e) heuning
500 ml (2 k) koekmeelblom
1,5 kg (11 k) koekmeelblom of bruinbroodmeel
10 ml (2 t) sout
30 ml (2 e) anys, kaneel of fyn nartjieskil
5 ml (1 t) suiker
15 ml (1 e) melk

Voorverhit die oond tot 160 °C (325 °F). Smeer 3 broodpanne van sowat 29 x 12 x 7 cm goed met botter of margarien of bespuit met kleefwerende kossproei.

Plaas die botter en suiker in 'n mengbak en giet die melk en kookwater oor. Roer tot gesmelt en laat tot by kamertemperatuur afkoel. Voeg die eiers, opgeloste korrelgis en heuning by. Meng. Voeg die 500 ml (2 k) koekmeelblom by en meng goed. Bedek en laat op 'n warm plek staan om te rys tot borrelrig bo-op.

Voeg die 1,5 kg (11 k) koekmeelblom, sout en anys by die suurdeegmengsel, meng en knie 15-20 minute lank of totdat die deeg glad en elasties is en nie meer aan jou hande kleef nie. (Voeg 'n bietjie koekmeel by, indien nodig.) Bedek met gesmeerde kleefplastiek en laat tot dubbel die volume rys.

Knie die deeg af, smeer jou hande met botter en breek bolletjies deeg af. Pak in die voorbereide panne. Hou die panne effens skuins terwyl die bolletjies ingepak word en smeer gesmelte botter tussenin en bo-oor. Bedek en laat op 'n warm plek rys totdat die panne vol gerys is.

Bak 40-60 minute lank tot gaar. Los die suiker in die melk op en verf die mengsel bo-oor die mosbolletjies. Bak nog 5 minute lank. Keer op 'n draadrak uit om effens af te koel, breek in bolletjies en geniet saam met 'n smeersel botter. Koel andersins heeltemal af, breek bolletjies kleiner indien verkies, en droog by 100 °C (200 °F) uit.

Lewer 3 panne mosbolletjies.

SKUINSKOEK

Skuinskoek word meestal gemaak van oorskietmosbolletjiedeeg wat in diepvet gebraai word.

Berei die deeg vir die mosbolletjies (hierbo) en laat tot dubbel die volume rys. Knie af, breek in stukke en rol in lang worse van sowat 3 cm dik. Sny die worse in 3 cm lang stukke en laat effens rys.

Verhit genoeg olie in 'n diep kastrol en braai die skuinskoek daarin tot goudbruin en gaar van binne. Dreineer op handdoekpapier.

BOERBESKUIT

Boerbeskuit moet kan instaan vir ontbyt. In vele plaaskombuise is dit saam met die eerste opstaankoffie van die dag geëet. Vroeër is dit ook saam ingepak land toe wanneer dit ploeg-, saai- of oestyd is. En daarby stroopsoet swart moerkoffie uit die koffiefles!

Hierdie resep van Dinkie Ehlers van Mooketsi het ons aangepas sodat dit met kitsgis gemaak kan word.

1,25 kg (9 k) koekmeelblom
1,25 kg (9 k) witbroodmeel
15 ml (1 e) sout
2½ pakkies (10 g elk) kitsgis
375 ml (1½ k) suiker
500 g margarien
250 ml (1 k) melk
2 eiers, geklits
700-750 ml (2¾-3 k) louwarm water

Smeer 3 vierkantige 24 cm-panne goed met botter of margarien of bespuit met kleefwerende kossproei.

Sif die koekmeelblom, witbroodmeel en sout saam in 'n groot mengbak. Strooi die kitsgis oor en meng deur. Meng die suiker, margarien en melk in 'n swaarboomkastrol. Verhit totdat die suiker en margarien gesmelt is. Verwyder van die stoof en laat afkoel tot louwarm. Roer die eiers by die melkmengsel in en meng met die droë bestanddele. Voeg net genoeg louwarm water by om 'n stywe kniebare deeg te vorm. Knie totdat die deeg glad en elasties is en nie meer aan jou hande kleef nie. Smeer 'n bietjie olie oor, bedek met kleefplastiek en laat 10 minute lank op 'n warm plek rus.

Knie die deeg af, breek stukkies af, rol in lang, ronde bolletjies en pak in die voorbereide panne. Bedek en laat op 'n warm plek rys tot dubbel die grootte.

Voorverhit intussen die oond tot 180 °C (350 °F). Bak 40-60 minute lank of totdat 'n toetspen skoon uit die middel van die beskuit kom. Keer die beskuit op 'n draadrak uit en laat afkoel. Breek dit in bolletjies, pak op bakplate en droog by 100 °C (200 °F) uit.

Lewer sowat 110 stukke.

WITBESKUIT

Elisna van Wyk van La Rochelle in Bellville bak graag hierdie heerlike beskuit, wat nie baie smeer en geen melk in kry nie.

2,5 kg (18 k) koekmeelblom
15 ml (1 e) sout
3 pakkies (10 g elk) kitsgis
500 ml (2 k) suiker
15-30 ml (1-2 e) anyssaad, gekneus tussen handpalms

250 g margarien
1-1,5 liter (4-6 k) louwarm water

Smeer 3 vierkantige 24 cm-panne goed met botter of margarien of bespuit met kleefwerende kossproei.

Sif die meel en sout en voeg die gis, suiker en anyssaad by. Meng goed deur en vryf die margarien met jou vingerpunte in totdat die mengsel soos droë broodkrummels lyk. Voeg net genoeg louwarm water by om 'n kniebare deeg te vorm. Knie die deeg sowat 20 minute lank of totdat dit glad en elasties is en nie meer aan jou hande kleef nie. Bedek en laat die deeg sowat 2 uur lank op 'n warm plek rys tot dubbel die volume.

Knie die deeg af, rol in middelslagbolletjies en pak in die voorbereide panne. Laat weer sowat 1 uur lank op 'n warm plek om tot dubbel die volume te rys.

Voorverhit intussen die oond tot 180 °C (350 °F). Bak die beskuit sowat 45 minute lank of tot gaar. (Die beskuit sal hol klink as dit gaar is.) Keer die beskuit op 'n draadrak uit en laat afkoel. Breek dit in stukke, pak op bakplate en droog by 100 °C (200 °F) uit. Bêre in digte houers.

Lewer sowat 130 stukke beskuit.

KARRINGMELKBESKUIT

Omdat hierdie beskuit nie suurdeeg bevat nie en jy dus nie hoef te knie en die deeg nie hoef te rys nie, is dit sommer in 'n kits klaar. Hierdie resep is vir 'n wit beskuit, maar later van tyd is allerhande growwigheid soos semels of All-Bran en droëvrugte bygevoeg om dit gesonder te maak. (Sien ook growwe karringmelkbeskuit, op bl. 16.)

1 kg (1 pak) bruismeel
300 g (375 ml of 1½ k) suiker
5 ml (1 t) sout
7 ml (1½ t) bakpoeier
250 g botter of margarien
sowat 1 houer (400-500 ml of 1⅔-2 k) karringmelk
2 eiers, geklits

Voorverhit die oond tot 180 °C (350 °F). Smeer 1 oondpan of 2 broodpanne met botter of margarien of bespuit met kleefwerende kossproei.

Sif die droë bestanddele saam en vryf die botter met vingerpunte daarin totdat die mengsel soos droë broodkrummels lyk. Klits 400 ml karringmelk en die eiers saam, voeg by die meelmengsel en meng tot 'n sagte deeg. Voeg nog karringmelk by, indien nodig.

Vorm die deeg in bolletjies en pak in die voorbereide pan(ne). Bak 30 minute by 180 °C (350 °F) en 'n verdere 30 minute by 150 °C (300 °F). Keer die beskuit op 'n afkoelrak uit en laat afkoel. Breek dit in stukke, pak op bakplate en droog by 100 °C (200 °F) uit. Bêre in digte houers.

Lewer sowat 60 stukke beskuit.

GROWWE KARRINGMELKBESKUIT

Omdat haar man hierdie heerlike beskuit so vinnig verslind dat sy nie kan voorbly met die bakkery nie, het sy hom geleer om dit self te bak en sedertdien sorg hy vir die beskuit in die huis, laat weet mev. Daleen Swanepoel van Meyerton.

500 g botter of margarien, gesmelt
1 houer (500 ml of 2 k) karringmelk
2 eiers, geklits
1 kg (1 pak) gewone of semelryke bruismeel
15 ml (1 e) bakpoeier
375 ml (1½ k) sagte bruinsuiker
375 ml (1½ k) muesli
250 ml (1 k) hawermout
250 ml (1 k) droë klapper
125 ml (½ k) sonneblomsaad
knippie sout

Voorverhit die oond tot 180 °C (350 °F). Smeer 2 oondpanne met botter of margarien of bespuit met kleefwerende kossproei.

Laat die gesmelte botter effens afkoel en klits die karringmelk en eiers daarby in.

Meng al die droë bestanddele goed en voeg die bottermengsel by. Roer om goed te meng en skep die mengsel in die voorbereide panne. Druk platter en merk af in vingers. (Die beslag vul 1½ oondpanne.) Bak sowat 30-45 minute lank of tot goudbruin en gaar.

Maak die beskuit aan die kante los, keer op 'n draadrak uit en laat afkoel. Sny of breek dit in kleiner stukke, pak op bakplate en droog by 100 °C (200 °F) uit. Bêre in digte houers.

Lewer sowat 90 stukkies beskuit.

GROWWE KARRINGMELKBESKUIT MET DADELS

Mev. Adri Bosch van Karenpark voeg dadels by hierdie gesond-heidsbeskuit, wat dit baie geurig maak. Sy skryf sy het die resep by haar vriendin, Irma, gekry wat in die Kaap woon. As sy die beskuit maak, dink sy altyd aan haar.

500 g botter of margarien
300 ml sagte bruinsuiker
1 kg (1 pak) bruismeel
15 ml (1 e) bakpoeier
5 ml (1 t) sout
750 ml (3 k) semelgraanvlokkies (All-Bran)
200 ml semels
200 ml sonneblomsaad
125 ml (½ k) pitlose rosyne
1 houer (500 ml of 2 k) karringmelk
2 eiers, geklits
1 pak (250 g) ontpitte dadels, fyngekap

Voorverhit die oond tot 180 °C (350 °F). Smeer 2 oondpanne met botter of margarien of bespuit met kleefwerende kossproei.

Smelt die botter en bruinsuiker oor lae hitte. Sif die bruismeel, bakpoeier en sout saam en voeg die semelgraanvlokkies, se-mels, sonneblomsaad en rosyne by. Klits die karringmelk en eiers saam. Meng dit saam met die dadels by die bottermengsel en voeg by die droë bestanddele. Meng goed deur.

Druk die deeg in die voorbereide panne of rol bolletjies en pak in die panne. Bak 45-60 minute lank of tot gaar. Keer die beskuit op draadrakke uit en laat afkoel. Breek of sny dit in kleiner stukke, pak op bakplate en droog by 100 °C (200 °F) uit. Bêre in lugdigte houers.

Lewer sowat 50 groot stukke beskuit.

VOLKORING-KONFYTBESKUIT

Dié beskuit van mej. Deborah Chetty van Phoenix smaak nes koek.

500 g botter of margarien
250 ml (1 k) suiker
125 ml (½ k) fyn appelkooskonfyt
2 eiers, geklits
1 pak (500 g) bruismeel
15 ml (1 e) bakpoeier
7 ml (1½ t) sout
½ van 1 kg-pak (500 g) volkoringmeel
250 ml (1 k) droë klapper

Voorverhit die oond tot 180 °C (350 °F). Smeer 'n oondpan met botter of margarien of bespuit met kleefwerende kossproei.

Smelt die botter, suiker en konfyt oor lae hitte. Laat effens

Volkoring-konfytbeskuit

afkoel en klits die eiers by. Sif die bruismeel, bakpoeier en sout saam en voeg die volkoringmeel en klapper by. Roer die botter-mengsel by die droë bestanddele in tot goed gemeng.

Skep die deeg in die oondpan en merk af in vingers. Bak 30-35 minute lank of tot gaar. Keer die beskuit op draadrakke uit en laat afkoel. Breek of sny dit in vingers, pak op bakplate en droog by 100 °C (200 °F) uit. Laat afkoel en bêre in 'n digte houer.

Lewer sowat 35 stukkies.

ROOM-SEMELBESKUIT

Desire Chabort van Paarl maak haar beskuit met room en dis heerlik bros.

1 kg (1 pak) bruismeel
500 ml (2 k) koekmeelblom
5 ml (1 t) sout
20 ml (4 t) bakpoeier
6 x 250 ml (6 k) semels
350 g botter of margarien
300 ml suiker
125 ml (½ k) papawersaad of 125 ml (½ k) sesamsaad
1,25 liter (5 k) vars room

Voorverhit die oond tot 180 °C (350 °F). Smeer 'n oondpan met botter of margarien of bespuit met kleefwerende kossproei.

Sif die droë bestanddele saam, voeg die semels by en vryf die botter daarin. Voeg die suiker en papawersaad by en meng goed. Roer die room in en meng goed.

Skep die deeg in die voorbereide oondpan en druk dit effens plat. Merk die deeg af in klein vingers en bak sowat 45 minute lank of tot gaar. Keer die beskuit op 'n draadrak uit en laat goed afkoel. Sny of breek dit in vingers, pak op bakplate en droog by 100 °C (200 °F) uit. Laat afkoel en bêre in digte houers.

Lewer sowat 100 klein vingers.

KONDENSMELKBESKUIT

Mev. Mariana Vermeulen van Kalkfontein, Prieska, sê sy bak som-mer spoggerige beskuit met hierdie resep. Die geheim lê daarin dat die deeg goed geknie moet word.

1 blik (397 g) kondensmelk
125 ml (½ k) druiweasyn
1 liter (4 k) water
5 pakke (500 g elk) bruismeel
30 ml (2 e) bakpoeier
15 ml (1 e) sout
25 ml (5 t) anys (opsioneel)
750 g margarien
6 eiers
500 ml (2 k) suiker

Smeer 3 broodpanne van 37 x 13 x 10 cm met botter of mar-garien of bespuit met kleefwerende kossproei.

Meng die kondensmelk, druiweasyn en water. Sif die bruis-meel, bakpoeier en sout saam. Voeg die anys by en meng. Vryf die margarien daarby in. Klits die eiers en die suiker saam tot lig. Voeg by die droë bestanddele en meng goed. Voeg die kon-densmelkmengsel ook by en meng tot 'n stywe kniebare deeg. Knie baie goed totdat die deeg glad en elasties is en nie meer aan jou hande kleef nie.

Verdeel die deeg in 3 dele. Rol bolletjies, effens groter as 'n gholfbal, maar kleiner as 'n tennisbal, en pak in die voorbereide panne. Bedek.

Plaas die deeg vir 1-2 uur in 'n lou oond of laat op 'n warm plek rys tot dubbel die grootte.

Voorverhit intussen die oond tot 180 °C (350 °F). Bak die be-skuit sowat 1 uur lank of totdat 'n toetspen skoon uit die middel daarvan kom. Keer die beskuit op 'n draadrak uit en laat afkoel. Breek dit in stukke, pak op bakplate en droog by 100 °C (200 °F) uit. Bêre in digte houers.

Lewer sowat 120 stukke beskuit.

Skons en muffins

S kons met marmelade het ons by die Skotse dominees en onderwysers leer eet, skryf
Betsie Roodt in haar boek *101 Traditional South African recipes*. Sowat 'n jaar na Die
Huisgenoot se ontstaan in 1916 publiseer ons in die afdeling "Kookkuns" 'n reseppie vir
"scones" met die volgende vraag daarby: "Wat is die Afrikaanse woord vir 'scone'? Kan
een van ons leseresse ons misskien help? Ons meen dat daar 'n Afrikaanse woord 'tem-
pie' is, wat nagenoeg dieselfde beteken, maar ons is nie seker nie. Ons sal altijd baing
blij wees als ons vriende ons wil help om die egte Afrikaanse woorde te krij. Ons ou
mense het nog dikwels Afrikaanse benaminge vir sake wat ons nou net bij hul Engelse
name ken; en dit is ons plig om dié benaminge nou op te vang van die lippe van ons
vaders en moeders en hul sodoende teen algehele ondergang te bewaar."

In 1930 vind ons 'n resep vir "boermeelskons", maar toe word dit botterbroodjies en
skryf "Sannie" in die artikel "Gou om te maak" in Die Huisgenoot van 17 Maart 1950:
"Hierdie staatmaker verskyn in baie vorms in ons resepteboeke. Botterbroodjies behoort
warm aangebied te word en u kan daarby botter, een of twee soorte konfyt, geklitste
room of enige soort smeer (gekoopte of tuisgemaakte) bedien." Botterbroodjies het dit
nie vir lank gebly nie, want in Die Huisgenoot van 23 Maart 1962 vind ons 'n adverten-
sie vir Royal-bakpoeier met 'n resep vir "baking-mix skons". Muffins het in die sestigerjare
van Noord-Amerika na ons toe oorgewaai. Toe het ons ook begin om almal op 'n heer-
like gebakte muffin te trakteer en het dit by teepartye en op ontbyttafels 'n plek gekry.
Selfs saam met braaivleis is skons of muffins voorgesit – in Die Huisgenoot van 4 Oktober
1964 verskyn daar resepte vir braaivleis-muffins en mieliemeelskons wat as "toekos van 'n
vleisbraaiery 'n koningsmaal kan maak".

Vandag bak ons skons met of sonder 'n bakmengsel en ons eet dit vir ontbyt of as ver-
snapering, steeds saam met kaas en stukkonfyt of sommer met fetakaas en olywe. Die
bekendste en gewildste muffins in die land is egter Marie Cariatu se ongelooflike muffins
(sien bl. 21) waarvoor daar 'n resep in Huisgenoot se *Wenresepte*-boeke verskyn.

Kruieskons (bl. 20)

Suid-Afrika se Beste

Snowflake is Suid-Afrika se *eie* fynmeel. Dit word in ons land vervaardig, deur ons eie mense van uitgesoekte graan. Gebruik dit om dié rede en omdat dit eersteklas fynmeel is, wat altyd bevrediging gee.

SNOW FLAKE -FYNMEEL.

Die Huisgenoot   13 januarie 1928

Skons

KRUIESKONS EN SKONRING

Aan die begin van die negentigerjare het mev. M. Darlington van Lyttelton dié resep vir kruieskons gestuur. Dit kry nie eiers in nie, maar ek het gevind dat as 'n mens behoorlike afsonderlike skons wil bak, jy wel 'n eier moet byvoeg (sien variasie).

KRUIEMENGSEL
30 ml (2 e) droë orego
10 ml (2 t) droë roosmaryn

SKONMENGSEL
4 x 250 ml (4 k) koekmeelblom
25 ml (5 t) bakpoeier
5 ml (1 t) sout
150 g botter
300 ml melk

BOLAAG
125 g margarien
2 groot knoffelhuisies, fyngedruk

Voorverhit die oond tot 200 °C (400 °F). Smeer 'n 24 cm-losboom-koekpan met botter of margarien of bespuit met kleefwerende kossproei.

Meng die oregro en roosmaryn en strooi die helfte daarvan oor die boom van die voorbereide pan.

Sif die koekmeelblom, bakpoeier en sout saam. Vryf die botter met jou vingerpunte in totdat die mengsel soos broodkrummels lyk. Voeg die melk by en meng met 'n slaplemmes tot net gemeng.

Rol die deeg 2 cm dik uit. Druk met 'n koekafdrukker sirkels van 5 cm in deursnee uit. Pak die sirkels styf teen mekaar in die voorbereide pan.

Smelt die margarien en voeg die knoffel by. Smeer oor die deegsirkels en strooi die res van die kruiemengsel oor. Plaas die pan op 'n bakplaat en bak 25-35 minute lank of tot gaar.

Geniet dit met botter en kaas.

Lewer 'n middelslagskonring.

VARIASIE

Laat die kruiemengsel en bolaag uit. Halveer die hoeveelhede vir die skonmengsel, maar giet ook 1 geklitste eier in 'n meetkoppie. Vul aan met melk tot 180 ml (¾ k). Berei verder soos beskryf. Pak die uitgedrukte skons op 'n bakplaatjie, strooi growwe sout en kruie soos roosmaryn of oregro oor en bak 12-15 minute lank of tot uitgerys, gaar en effe goudbruin bo-op. Geniet saam met fetakaas, olywe en 'n sprinkel olyfolie.

Lewer 10 skons.

VINNIGE SKONS

Van mev. Petro du Plessis, destyds 'n pastoriemoeder van Potchefstroom, het ons hierdie resep vir vinnige skons gekry. Sy skryf sy maak hulle sodra sy die ketel aanskakel. Teen die tyd dat die tee bedien word, is hulle reg.

500 ml (2 k) koekmeelblom
15 ml (1 e) bakpoeier
3 ml (ruim ½ t) sout
60 ml (¼ k) olie
1 ekstragroot eier
sowat 125 ml (½ k) melk

Voorverhit die oond tot 220 °C (425 °F).

Smeer 'n kolwyntjiepan se holtes goed met botter of margarien of bespuit met kleefwerende kossproei.

Sif die koekmeelblom, bakpoeier en sout saam. Meet die olie in 'n meetkoppie af. Voeg die eier by en vul aan met die melk tot by die 250 ml (1 k)-merk. Klits effens en giet by die meelmengsel. Meng met 'n slaplemmes tot net gemeng en skep lepels vol van die mengsel in die voorbereide kolwyntjiepan. Bak sowat 12 minute lank of totdat die skons gaar en goudbruin van bo is.

Lewer 9-12 skons.

Muffins

ONGELOOFLIKE MUFFINS

Sedert hierdie resep van mev. Marie Cariatu vroeg in die tagtigerjare in Huisgenoot verskyn het, bak die hele land muffins – en elkeen het sy eie variasie daarvan. Selfs ons in die toetskombuis het dit 'n jaar of wat gelede weer getoets en aangepas sodat dit nou minder suiker en smeer bevat, want dit bly 'n trefferresep, veral omdat die beslag sowat 'n maand lank in die yskas gebêre kan word.

BASIESE MUFFINBÊREMENGSEL
4 x 250 ml (4 k) semels
500 ml (2 k) hawermout
625 ml (2½ k) kookwater
125 ml (½ k) olie
250 ml (1 k) bruinsuiker
4 eiers, geklits
2 houers (500 ml elk of 4 k) karringmelk
25 ml (5 t) koeksoda
625 ml (2½ k) koekmeelblom
625 ml (2½ k) volkoringmeel
10 ml (2 t) sout

BYVOEGINGS
gekapte gemengde droëvrugte, gekapte neute, grofgekapte appel of piesang of gerasperde geelwortel na smaak

Meng die semels, hawermout en kookwater. Voeg die olie by en laat effens afkoel. Voeg dan die bruinsuiker, eiers en 750 ml (3 k) van die karringmelk by en meng. Meng die orige 250 ml (1 k) karringmelk en die koeksoda en voeg by. Voeg ook die droë bestanddele by en meng deur.

Skep die mengsel in skoon flesse, maak stewig toe en hou in die yskas tot benodig.

Voorverhit die oond tot 220 °C (425 °F). Smeer 'n muffinpan met 12 holtes goed met botter of margarien of bespuit met kleefwerende kossproei.

Voeg enige van die byvoegings by die beslag – sowat 250 ml (1 k) per 500 ml (2 k) beslag – en skep die voorbereide muffinpan se holtes twee derdes vol. Bak sowat 20 minute lank of tot gaar. Laat die muffins effens in pan afkoel en keer dan uit op 'n draadrak om verder af te koel.

Lewer sowat 60 muffins.

ALLERBESTE GESONDHEIDSMUFFINS

Kirsten Buchanan van Grahamstad se resep vir gesondheidsmuffins is 'n ware treffer. Dis heerlik geurig en bevat geen melk of eiers nie en slegs 15 ml (1 e) botter.

125 ml (½ k) kookwater
2 piesangs, fyngedruk
100 ml pitlose rosyne
250 ml (1 k) sagte bruinsuiker
15 ml (1 e) sagte botter
500 ml (2 k) volkoringmeel
100 ml sonneblomsaad, gerooster
5 ml (1 t) koeksoda
5 ml (1 t) bakpoeier
2 ml (½ t) sout
125 ml (½ k) water
150 ml semels (meer indien mengsel te klam is)

Voorverhit die oond tot 180 °C (350 °F). Smeer 'n muffinpan met 12 holtes goed met botter of margarien of bespuit met kleefwerende kossproei.

Giet die kookwater oor die fyngedrukte piesangs en pitlose rosyne en hou eenkant.

Meng die bruinsuiker en botter met 'n houtlepel. Voeg die volkoringmeel en sonneblomsaad by. Sif die koeksoda deur 'n fyn siffie en voeg saam met die bakpoeier en sout by. Meng goed deur. Maak 'n holte in die middel van die droë bestanddele en voeg die geweekte piesang en rosyne, asook 125 ml (½ k) water by. Voeg die semels by en roer tot net gemeng. Skep die voorbereide muffinpan se holtes twee derdes vol en bak 25-30 minute lank of tot gaar. Laat die muffins effens in die pan afkoel en keer op 'n draadrak uit om verder af te koel.

Sit voor met botter en konfyt of kaas indien verkies.

Lewer 12 muffins.

KANEELSUIKERMUFFINS

'n Geurige muffin met 'n bros kaneelsuikerlagie bo-op. Iets anders!

BOLAAG

60 ml (¼ k) suiker
5 ml (1 t) fyn kaneel

MUFFINMENGSEL

500 ml (2 k) koekmeelblom
15 ml (1 e) bakpoeier
3 ml (ruim ½ t) sout
2 ml (½ t) neutmuskaat
knippie sout
125 ml (½ k) sagte botter
160 ml (⅔ k) suiker
2 ekstragroot eiers, liggies geklits
160 ml (⅔ k) melk

Voorverhit die oond tot 180 °C (350 °F). Smeer 'n muffinpan met 12 holtes liggies met botter of margarien of bespuit met kleef-werende kossproei.

Meng die bestanddele vir die bolaag en hou eenkant.

Sif die droë bestanddele saam. Klits die botter en suiker saam tot lig en donsig en klits die eiers bietjies-bietjies by. Klits tot goed gemeng, en meng eers die droë bestanddele en dan die melk by. Roer tot net gemeng en skep die voorbereide muffinpan se holtes twee derdes vol. Strooi die bolaag mildelik oor en bak 15-20 minute lank in die middel van die oond of tot gaar en uit-gerys. Laat die muffins effens in die pan afkoel en keer op 'n draadrak uit om verder af te koel. Sit voor met botter.

Lewer 12 muffins.

LEMOENMUFFINS

500 ml (2 k) koekmeelblom
10 ml (2 t) bakpoeier
2 ml (½ t) sout
60 ml (¼ k) suiker
175 ml (1 houertjie) natuurlike jogurt
30 ml (2 e) heuning
2 groot eiers, geklits
60 ml (¼ k) gesmelte botter
15 ml (1 e) gerasperde lemoenskil

STROOP

125 ml (½ k) lemoensap
125 ml (½ k) suiker
60 ml (¼ k) water

Voorverhit die oond tot 190 °C (375 °F). Smeer 'n muffinpan se holtes goed met botter of margarien of bespuit met kleef-werende kossproei.

Pampoen-pruimedantmuffins

Sif die koekmeelblom, bakpoeier en sout saam. Meng die suiker, jogurt, heuning, eiers, botter en skil. Meng die droë bestanddele by die vloeistofbestanddele en roer tot net gemeng. Skep in die voorbereide muffinpan en bak ongeveer 20 minute tot gaar en goudbruin.

Berei intussen die stroop: verhit die sap, suiker en water oor lae hitte tot gesmelt. Laat opkook, verlaag die hitte en laat 5 minute lank stadig prut.

Prik die gaar muffins sodra dit uit die oond kom en skep die sous oor die muffins. Laat die muffins in die pannetjie om effens af te koel, keer uit en laat verder koud word. Sit net so voor.

Lewer 12 muffins.

PAMPOEN-PRUIMEDANTMUFFINS

Pampoen en pruimedante is net so 'n wenkombinasie vir muffins. Dié resep kom van mej. J. Rippen van Hillcrest.

375 ml (1½ k) volkoringmeel
10 ml (2 t) bakpoeier
5 ml (1 t) gemengde speserye
knippie sout
80 ml (⅓ k) hawermout
160 ml (⅔ k) sagte bruinsuiker
250 ml (1 k) gaar pampoenmoes
180 ml (¾ k) gekapte pruimedante
1 eier, liggies geklits
125 g botter, gesmelt

Voorverhit die oond tot 180 °C (350 °F). Smeer 'n muffinpan se holtes goed met botter of margarien of bespuit met kleefwerende kossproei.

Meng die volkoringmeel, bakpoeier, speserye, sout, hawermout en bruinsuiker in 'n groot mengbak. Voeg die pampoenmoes, pruimedante, eier en botter by en roer tot net gemeng. Skep die muffinpan se holtes twee derdes vol en bak 25-30 minute lank of tot gaar. Laat die muffins effens in die pan afkoel en keer op 'n draadrak uit om verder af te koel. Sit warm of koud voor.

Lewer 10 groot of 12 kleiner muffins.

KLAM WORTELMUFFINS

'n Heerlike klam muffin. Hoewel die hoeveelheid kaneel baie lyk, gee dit 'n heerlike geur aan die muffins.

500 ml (2 k) koekmeelblom
10 ml (2 t) bakpoeier
10 ml (2 t) fyn kaneel
1 ml (¼ t) sout
310 ml (1¼ k) suiker
125 ml (½ k) pekanneute, gekap
125 ml (½ k) pitlose rosyne
125 ml (½ k) droë klapper
3 ekstragroot eiers
125 ml (½ k) olie

125 ml (½ k) water
10 ml (2 t) vanieljegeursel
1 groen appel, geskil en gerasper
500 ml (2 k) gerasperde geelwortels

Voorverhit die oond tot 180 °C (350 °F). Smeer 18 holtes van muffinpanne liggies met botter of margarien of bespuit met kleefwerende kossproei.

Sif die koekmeelblom, bakpoeier, kaneel en sout saam in 'n groot mengbak. Roer die suiker, gekapte neute, rosyne en klapper by. Klits die eiers goed en klits die olie en water by. Voeg die res van die bestanddele by, meng goed en giet oor die droë bestanddele. Roer tot net gemeng. Skep in die voorbereide muffinpanne en bak 20-25 minute lank of tot gaar. Laat die muffins effens in die panne afkoel en keer op 'n draadrak uit om heeltemal af te koel. Bêre in 'n digte houer tot net voor opdiening. Sit koud voor.

Lewer 18 muffins.

SPINASIEMUFFINS

Ons het heelparty resepte vir spinasiemuffins, maar hierdie een wat ons by die Barnyard-plaasstal in Tokai geëet het, bly die heel lekkerste.

6 x 250 ml (6 k) koekmeelblom
45 ml (3 e) bakpoeier
15 ml (1 e) sout
10 ml (2 t) droë gemengde kruie
750 ml (3 k) gerasperde cheddarkaas
2 bosse (300 g elk) spinasie, fyngekap, gekook en die meeste
     vloeistof uitgedruk
300 g margarien
250 ml (1 k) melk
250 ml (1 k) water
6 eiers, geklits

Voorverhit die oond tot 180 °C (350 °F). Smeer 'n paar muffinpanne se holtes liggies met botter of margarien of bespuit met kleefwerende kossproei.

Sif die droë bestanddele saam in 'n groot mengbak. Voeg die kruie, kaas en spinasie by en meng deur. Smelt die margarien en voeg die res van die bestanddele by. Voeg by die droë bestanddele en meng deur. Skep die voorbereide muffinpanne se holtes twee derdes vol en bak sowat 25 minute lank of tot gaar. Voeg 'n bietjie meer water, sowat 100 ml, by die oorblywende deeg as dit moet staan terwyl jy wag om die volgende baksel in die oond te sit. Die mengsel raak styf terwyl dit staan. Laat die gaar muffins effens in die panne afkoel en keer op 'n draadrak uit om verder af te koel. Sit louwarm voor met botter en ekstra kaas indien verkies.

Lewer 47 middelslagmuffins.

Brood

"Van die vroegste tye reeds is graan een van die onontbeerlikste kossoorte gewees van alle nasies en het hulle dit fyn gemaal tussen twee stene," skryf Die Huisgenoot van 21 Februarie 1930. Witbrood was toe nog 'n teken van rykdom, maar gelukkig word die heilsaamheid van "grof brood" ook besef soos blyk uit 'n artikel genaamd "Grof brood versus wit brood" (sien bl. 26) met ook 'n paar resepte vir die gebruik van "boermeel".

Laat in die veertigerjare het die sogenaamde Bremerbrood, oftewel witbrood uit die bakhuis en nie meer tuisgebak nie, die in-ding geword. Dit het só ingang gevind dat daar in die sestigerjare reeds 'n artikel verskyn oor die vraag of vandag se vrou nog brood kan bak. Toe was Woensdag bakdag . . . "en tyd om u gesin te verras met oondvars brood en ontbytbroodjies". Met volkoringbrood word gehoor gegee aan die leuse van daardie tyd: Eet gesond, leef gesond.

Vandag gebruik ons kitsgis of maak 'n vinnige roerbroodjie en eet ons brood soos die wêreld oor – bak plat brode soos die Italianers se focaccia, vul Midde-Oosterse pitabrode met allerlei vulsels en pak Franse brode in vir piekniek saam met 'n bottel wyn. Maar soms raak ons lus vir soetsuurdeegbrood met plaasbotter en konfyt of 'n varsgebakte vetkoek darem net te groot . . . en dan geniet ons dit nes ons voorouers.

Plat brood (bl. 30)

Grof Brood versus Wit Brood

WIT brood het stadigaan in die dieet van die mens ingesluip, en vandag is dit een van die dinge wat die ryk van die arm klasse afskei. Niemand kan betwis dat dit sy voordele het nie, en dit pas die huisvrou nie om met minagting daarop neer te sien nie, want wil sy nou en dan 'n vertoning maak met haar kunstigheid in gebak, dan is dit maar die fyn meel wat haar in staat stel om dit te doen.

Van die vroegste tye reeds is graan een van die onontbeerlikste kossoorte gewees van alle nasies, en het hulle dit fyn gemaal tussen twee stene, wat nou nog in dele van die Ooste gebruik word.

Hierdie primitiewe proses het trapsgewyse plek gemaak vir meer ingewikkelde masjinerie, met die gevolg dat die graankorrels van baie van hul heilsame bestanddele ontroof is.

Nadat meel met sulke sukses kon verfyn word, moes ook van die ander graansoorte in die smeltkroes gaan om 'n wit en verfynde dieet aan die ryk man te verskaf.

So het dit dan gebeur dat met die poleer van rys, wat die uitsluitlike voedsel uitmaak van die meerderheid van die Oosterse volke, die mensdom blootgestel is aan 'n onbekende siekte wat in daardie lande onder die naam van beri-beri gaan.

Daar was dus iets in die dop van die ryskorrel wat die siekte kon weerstaan, en dit het dan later geblyk dat in die semel en die kiem van ander graansoorte, dieselfde misterieuse element skuil.

Alvorens ons wit brood en fyn meel totaal veroordeel, is dit nodig dat ons eers die graankorrel analiseer om te sien of dit werklik soveel van sy waarde kwytraak nadat dit verfyn is.

Elke korrel is opgebou van lae waarvan die drie vernaamste is:

(a) die semel, of selwand, wat nie alleen grondstof vir die liggaam is nie, maar ook 'n bron van kalk, yster, selika en vitamienes. Grondstof is nie juis van nut vir die voeding van ons selle nie, maar vorm 'n natuurlike besem in die ingewande, waaraan dit ook lywigheid gee om die kos vooruit te stoot en so te verhoed dat dit giftige gasse kan afgee;

(b) die kiem, of die deel waaruit die groei van die nuwe plant moet voortkom. Hoewel dit onbeduidend lyk, is dit ryk aan vitamiene B, wat ons vrywaar van beri-beri. Dit is die enigste deel waarin die vetinhoud van die saad gebêre word;

(c) die kern, wat niks anders as stysel en, in 'n paar soorte graan ook kleefstof bevat nie.

In die maalprosesse word albei die kiem en die semel verwyder, sodat wit brood geheelenal ontbloot is van grondstof, vitamienes, vet, en minerale soute.

Daar is 'n algemene klag dat growwe meel te gou bederf. Dit is natuurlik omdat die vetgehalte daarin hoër is. Hierdie moeilikheid kan uit die weg geruim word as die koring altyd vars gemaal word vir gebruik.

Nog 'n beswaar is dat grof brood die maagvlies te veel prikkel; maar die persoon met 'n gesonde vertering kan dit met die grootste veiligheid verteer, en dit sal ook die verwydering van ander kos verhaas.

Grof brood van die natuurlike bestanddele is 'n lewendige voedsel wat 'n heilsame invloed het op die organe; dit is vry van bleikmiddels en gemikaliee, en bevat elemente wat been en selle kan opbou. Fyn meel word ook nog aan bleikmiddels onderwerp om die kleur witter te maak. Dit alles het 'n skadelike invloed op sy voedingswaarde.

Grof meel kan ook op ander maniere behalwe as brood in die huis gebruik word, en allerhande reseppe is reeds tot ons beskikking as ons die moeite wil doen om ons kennis in praktyk te bring.

Die volgende is maar 'n paar voorbeelde:

BOERMEELSKONS.

3 koppies boermeel;
1 gelyk teelepel koeksoda;
2 gelyk teelepels kremetart;
3 ons botter;
1½ eetlepels suiker.

Sif die soda en kremetart in die meel en vrywe die botter in; meng die suiker in en maak aan met melk tot 'n sagte deeg; rol uit druk af in ronde stukkies en bak in 'n warm oond. Breek oop en eet met botter.

BRUIN KAASBESKUITJIES.

4 ons boermeel;
4 ons gerasperde harde kaas;
4 ons botter;
Die geel van twee eiers;
'n Paar greintjies rooi peper.

Vrywe die botter in die meel, meng die kaas en rooi peper by en maak tot 'n stywe deeg met die geel van die eiers en water; rol dun uit en sny in enige fatsoen. Bak in 'n vinnige oond.

BRUIN NEUTBROOD.

3 koppies boermeel;
1 koppie suiker;
3 gelyk teelepels bakpoeier;
1 teelepel fyn kaneel;
1 eier;
1 koppie fyngesnyde amandels;
¼ koppie fyngekapte okkerneute;
2 eetlepels gesmelte botter;
Melk.

Sif die bakpoeier in die meel en meng die suiker, kaneel en 'n bietjie sout by; klits die eier op, en maak die meel daarmee en met die botter en melk aan; roer die neutvrugte by en laat die mengsel vir omtrent 'n halfuur in 'n gesmeerde vorm staan. Bak in 'n matige oond vir omtrent een uur.

Meerdoelige brood

Oor die jare het ons 'n swetterjoel broodresepte gepubliseer, van witbrood tot volkoringbrood, potbrood tot pizzapotbrood, roosterkoek en vetkoek, noem maar op. Met hierdie meerdoelige resep, waarvan ek die resep nog van Vanrhynsdorp se VLV-vroue gekry het, kan 'n mens brood, potbrood, roosterkoek, vetkoek en, as jy lus is, selfs askoek bak.

BASIESE BROODDEEG

1 kg (1 pak) witbroodmeel of andersins ½ volkoring- of
   bruinbroodmeel
7 ml (1½ t) suiker
2 ml (½ t) sout
1 pakkie (10 g) kitsgis
500-600 ml louwarm water

Meng die droë bestanddele en voeg genoeg louwarm water by om 'n hanteerbare deeg te vorm. Knie totdat die deeg glad en elasties is en nie meer aan jou hande kleef nie. Bedek liggies met 'n vel kleefplastiek en laat 15 minute lank rus of laat tot dubbel die volume rys.

Knie af en gebruik vir enige van die volgende variasies:

WIT- OF BRUINBROOD

Berei die basiese brooddeeg. Smeer 2 middelslagbroodpanne met botter of margarien of bespuit met kleefwerende kossproei. Verdeel die deeg gelykop tussen die panne, vorm in lang ovaal en plaas in panne, bedek liggies en laat tot dubbel die volume rys.

Voorverhit die oond tot 190 °C (375 °F). Bak die brood 35-40 minute lank of totdat dit hol klink as liggies daarop geklop word. Keer die brood op 'n draadrak uit en smeer botter oor die bokors.

Dien op met botter en konfyt of soos verkies.

Lewer 2 brode.

POTBROOD

1 x basiese brooddeeg

Smeer 'n platboom-gietysterpot, 28 cm in deursnee en 10 cm diep, en ook die deksel goed met botter of margarien.

Berei die basiese brooddeeg, knie af nadat dit die eerste keer gerys het en vorm 'n ronde brood. Plaas dit in die voorbereide pot, plaas die deksel op en laat weer rys totdat die pot omtrent vol is.

Voorverhit die oond tot 190 °C (375 °F) en bak die brood 40-60 minute lank.

Grawe andersins 'n gat in die grond en skep 'n paar kole onderin. Plaas die pot op klippe of stene, pak ook 'n paar kole op die deksel en bak 40-60 minute lank na gelang van hoe warm die "oond" is of totdat die brood gaar is.

PIZZAPOTBROOD

1 x basiese brooddeeg
45-60 ml (3-4 e) tamatiepuree of -sous

BOLAAG
5 ml (1 t) droë orego
sout en swartpeper
1 houer (250 g) knopiesampioene, in kwarte gesny
1 rooi soetrissie, ontpit en in blokkies gesny
9 skywe salami, gehalveer en opgerol
8 swart olywe
500 ml (2 k) mozzarellakaas, in blokkies gesny

Berei die deeg soos vir die potbrood, maar smeer ook tamatiepuree of -sous oor die deeg. Pak die bestanddele vir die bolaag bo-op, plaas die deksel op en laat tot dubbel die volume rys.

Voorverhit die oond tot 190 °C (375 °F). Bak sowat 1 uur lank of tot gaar en 'n toetspen skoon uit die middel van die brood kom. Rooster onder 'n voorverhitte roosterelement, indien verkies.

ROOSTERKOEK

1 x basiese brooddeeg

Berei die basiese deeg en laat tot dubbel die volume rys. Knie af en rol die deeg in 12-15 klein bolletjies, druk effens plat en strooi 'n klein bietjie meel oor elk.

Laat tot dubbel die volume rys en rooster oor stadige kole tot gaar.

Geniet saam met konfyt en botter.

Lewer 15-20 roosterkoeke.

VETKOEK

In my ouerhuis word nou nog elke week brood gebak – met soetsuurdeeg. Van die oorskietdeeg is daar altyd vetkoek gebak en ek onthou hoe ons die oggend van broodbakdag "drommetjies", soos ons dit genoem het, vir ontbyt gekry het.

Kerrievetkoek is altyd 'n wenner by enige samekoms, of dit nou 'n skolerugbywedstryd, kermis of basaar is.

1 x basiese brooddeeg
olie vir vlakvetbraai

Berei basiese deeg en laat rys. Knie af en rol 2-3 cm dik op 'n meelbestrooide oppervlak uit en sny in groot vierkante. Braai in verhitte olie tot uitgepof, goudbruin van buite en gaar binne.

Geniet met botter, konfyt of gouestroop en fyngerasperde kaas of andersins 'n goeie skep kerriemaalvleis (sien bl. 80).

Lewer 15-20 vetkoeke.

BOBAAS-BIERBROOD

Bierbrood is 'n ou gunsteling om saam met braaivleis voor te sit. In 1991 publiseer ons reeds hierdie resep, maar oor die jare het vele variasies bygekom.

1 pak (500 g) bruismeel
5 ml (1 t) sout
1 blik (340 ml) bier

Voorverhit die oond tot 180 °C (350 °F). Smeer 'n broodpan (inhoudsmaat van 1,2 liter) goed met botter of margarien of bespuit met kleefwerende kossproei.

Sif die bruismeel en sout saam. Voeg die bier by en meng goed om 'n sagte, hanteerbare deeg te vorm. (As die deegmengsel te styf is, kan 'n bietjie water bygevoeg word.)

Skep die deeg in die voorbereide pan en bak sowat 1 uur lank tot gaar of totdat 'n toetspen skoon uit die middel van die brood kom.

Laat die brood effens afkoel in die pan en keer dan op 'n draadrak uit.

Dien warm of koud op saam met botter en kaas. (Die brood het maar so 'n growwe bokors.)

Lewer 'n middelslagbrood.

Probeer gerus hierdie heerlike variasies:

BIERPOTBROOD

Berei die basiese bierbrooddeeg, rol dit in 'n bol en plaas in 'n gesmeerde gietysterpot. Plaas spekvleisrepies oor, indien verkies. Plaas die deksel op en bak 60-70 minute lank by 180 °C (350 °F) tot gaar.

ROOSTERKOEKIES

Adriaan Oosthuizen, Huisgenoot se fotograaf, vertel hulle gebruik ook hierdie resep om roosterkoekies mee te maak wanneer hulle kampeer. Sorg dat die deeg redelik styf is en druk dit plat tot sowat 2 cm dik. Druk ronde koekies met glase uit en bestrooi dit met meel. Pak op 'n fyn rooster en rooster oor taamlike warm kole tot bruin en gaar. Draai roosterkoekies gereeld om.

Voeg enige van die volgende variasies by die basiese mengsel, meng goed en berei verder soos die basiese resep:

VARIASIE 1

1 pak (250 g) spekvleis, bros gebraai en gekap
1 groen soetrissie, ontpit, gekap en gesoteer tot sag of 50 ml fyngekapte, vars pietersielie
1 ui, gekap en gesoteer tot sag

VARIASIE 2

1 blik (410 g) heelpitmielies, gedreineer
100 g (250 ml) gerasperde sterk cheddarkaas

VARIASIE 3

9 vars knoffelhuisies, fyngedruk
50 ml fyngekapte, vars pietersielie

VARIASIE 4

Berei die basiese bierbrooddeeg en skep in 'n gesmeerde koekpan van 24 cm. Strooi 125 ml (½ k) gerolde koring of sesam- en papawersaad oor. Bak soos in die basiese resep beskryf.

VARIASIE 5

Berei die basiese bierbrooddeeg, maar voeg 125 g (300 ml) cheddarkaasblokkies by. Voeg 'n bietjie water by indien die mengsel te droog is. Skep in die pan, strooi 50 ml sesamsaad oor (opsioneel) en bak tot gaar.

WESKUSBROOD

Toe ons in die lente van 1998 aan die Weskus gekuier het, het ons by Bosduifklip hierdie heerlike gesondheidsbrood geëet. Dis sommer 'n bakpoeierbrood en kry ook rogmeel in. Aletta Engelbrecht vertel sy gebruik Citrusdal-rollermeule se rogmeel hiervoor. Dit lyk my dis belangrik dat 'n mens die broodjie wel die vorige dag al begin, want eers met die derde probeerslag het ons brood gelyk en geproe soos Aletta s'n.

6 x 250 ml (6 k) semels
90 ml (6 e) suiker
125 ml (½ k) sesam-, papawer- en/of sonneblomsaad
1,5 liter (6 k) melk
500 ml (2 k) rogmeel
3 x 250 ml (3 k) koekmeelblom of witbroodmeel
4 x 250 ml (4 k) bruismeel
5 ml (1 t) sout
25 ml (5 t) bakpoeier
sesam- en papawersaad om oor te strooi (opsioneel)

Meng die semels, suiker, sade en melk en laat oornag staan.

Voorverhit die oond tot 180 °C (350 °F). Smeer 2 lang, dun broodpanne goed met botter of margarien of bespuit met kleefwerende kossproei.

Meng al die droë bestanddele, voeg by die klam bestanddele en meng deur.

Skep die deeg in die voorbereide panne. Maak bo-op gelyk en laat sowat 20 minute lank op 'n warm plek staan. Strooi die sesam- of papawersaad oor die brode, indien verkies. Bak sowat 1 uur lank tot gaar.

Lewer 2 middelslagbrode.

SPUR-BROODJIE

Adelaide Truter van Bellville bak hierdie broodjie gereeld, en so waarlik, dit smaak baie na die beroemde vrugtebrood van een van ons gewilde braairestaurante.

1 liter (4 k) kookwater
125 ml (½ k) bruinsuiker
4 x 250 ml (4 k) semels

| 500 ml (2 k) koekmeelblom |
| 500 ml (2 k) volkoringmeel |
| 5 ml (1 t) sout |
| 1 pak (250 g) droëvrugte-koekmengsel |
| 250 ml (1 k) sonneblomsaad, gerooster |
| 5 ml (1 t) bakpoeier |
| 10 ml (2 t) koeksoda opgelos in 25 ml (5 t) water |

Voorverhit die oond tot 180 °C (350 °C). Smeer 2 broodpanne van 21 x 11 x 7 cm goed met botter of margarien of bespuit met kleefwerende kossproei.

Giet die kookwater oor die bruinsuiker en roer totdat die suiker opgelos is. Voeg die semels by, meng goed en laat afkoel.

Meng die res van die bestanddele en giet die semelmengsel by. Meng goed deur en skep in die voorbereide panne. Bak 1 uur lank of tot gaar en 'n toetspen skoon uit die middel van die brood kom. Bedek die brood na sowat 20 minute met aluminiumfoelie sodat dit nie te donker bak nie. Keer die brood op 'n draadrak uit om af te koel.

Dien op saam met botter.

Lewer 2 klein brode.

VOLKORINGBROOD

As 'n bydrae tot ons gewilde Randrekkers stuur mev. Annaleen van Zyl vir ons hierdie resep. Wanneer die brood gedaan is, bak my regterhand by die huis, Anna Lenee, gereeld hierdie brood sodat daar iets vir die kinders se kosblik is. Die brood word met gis gemaak, maar nie geknie nie.

| 1 kg (1 pak) volkoringmeel |
| 5 ml (1 t) sout |
| 1 pakkie (10 g) kitsgis |
| 125 ml (½ k) olie (opsioneel) |
| 4 x 250 ml (4 k) louwarm water |

Voorverhit die oond tot 180 °C (350 °F). Smeer 2 broodpanne van 11 x 29 x 8 cm goed met botter of margarien of bespuit met kleefwerende kossproei.

Meng die volkoringmeel en sout in 'n mengbak en strooi die kitsgis bo-oor. Voeg die olie (indien gebruik) en louwarm water by en meng goed met 'n houtlepel. Skep die deegmengsel in die voorbereide panne. Bedek liggies met kleefplastiek en laat op 'n warm plek tot dubbel die volume rys. Bak sowat 40 minute lank of totdat dit hol klink wanneer daarop geklop word. Keer die brode op 'n draadrak uit en laat effens afkoel voordat dit voorgesit word.

Lewer 2 middelslagbrode.

Weskusbrood

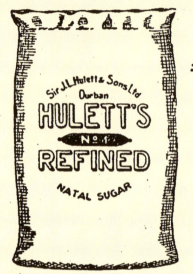
KNOFFELRING

In 1996 stuur Susan Grobler van Blinkpan vir ons hierdie resep. Sy sê sy moet elke keer dat sy hierdie knoffelring by 'n vleisbraai voorsit, afskrifte van die resep maak.

KNOFFELSOUS
180 ml (¾ k) gesmelte botter
3 knoffelhuisies, fyngedruk
25 ml (5 t) fyngekapte, vars pietersielie
10 ml (2 t) droë gemengde kruie

BROOD
2 ekstragroot eiers
25 ml (5 t) olie
500 ml (2 k) louwarm water
60 ml (¼ k) suiker
1 pakkie (10 g) kitsgis
1 knoffelhuisie, fyngedruk
knippie gemmer
5 x 250 ml (5 k) koekmeelblom

Smeer 2 losboomkoekpanne van 22 cm met botter of marga-rien of bespuit met kleefwerende kossproei.

Berei eers die knoffelsous deur al die bestanddele in 'n kastrol te meng en te verhit totdat die botter gesmelt is. Laat effens af-koel en hou eenkant.

Brood: Klits die eiers, olie, louwarm water en suiker saam. Meng die res van die broodbestanddele in 'n groot mengbak. Voeg die eiermengsel by en meng deur om 'n sagte deeg te vorm. Knie 10 minute lank totdat die deeg glad en elasties is en nie meer aan jou hande kleef nie. Bedek met gesmeerde kleefplas-tiek en laat sowat 20 minute lank op 'n warm plek rys.

Voorverhit die oond tot 190 °C (375 °F).

Verdeel die deeg in 2 dele en rol 12 ewe groot bolletjies van elke deel. Rol elke bolletjie in die knoffelsous en pak in die voor-bereide panne. Bedek met gesmeerde kleefplastiek en laat weer tot dubbel die volume rys. Bak 35-40 minute lank of tot gaar en bruin bo-op.

Dien louwarm op saam met braaivleis of sop.

Lewer 2 brode.

PLAT BRODE

Plat brode is die brood van ons tyd en dit het al omtrent die plek van knoffelbrood en potbrood by die vleisbraaivuur ingeneem. Dis heerlik om voor te sit by 'n informele ete waar elkeen self 'n stukkie afbreek. Die lekkerste is om 'n bietjie olyfolie en balsa-miese asyn of suurlemoensap oor te sprinkel. Ek gebruik sommer brooddeeg wat ek by die bakkery koop en maak twee brode op 'n slag, elkeen met 'n verskillende bolaag.

Net so lekker saam met sop op 'n koue wintersaand.

DEEG
800 ml witbroodmeel
7 ml (1½ t) kitsgis

knippie growwe sout
15 ml (1 e) olyfolie
geurbestanddele (sien variasies)
sowat 350 ml louwarm water

BOLAAG
geurbestanddele (sien variasies)
30 ml (2 e) olyfolie
5 ml (1 t) growwe sout

Meng die meel, gis en sout in 'n groot bak. Maak 'n holte in die middel en giet die olie en die helfte van die geurbestanddele by. Voeg die water by en meng met 'n houtlepel totdat 'n sagte deeg gevorm is. (Dit is 'n nat en effens klewerige deeg.)

Plaas die deeg op 'n meelbestrooide oppervlak en knie 10 minute lank liggies tot glad nie meer klewerig nie. (Lugborreltjies sal op die oppervlak begin verskyn wanneer jy die deeg liggies tussen jou hande saampers.) Plaas die deeg in 'n groot, oliegesmeerde mengbak, verf liggies met olie en bedek liggies met kleefplastiek. Laat 40-60 minute lank op 'n warm plek staan of totdat die deeg tot dubbel die volume gerys het.

Verwyder die deeg uit die bak en knie 4-5 keer liggies.

Wees egter versigtig om nie die lug uit die deeg te knie nie. Vorm die deeg netjies in 'n vorm deur dit na onder in te vou sodat nog meer lugborrels kan vorm. Bedek liggies en laat 10 minute lank rus.

Smeer 'n groterige bakplaat met botter of margarien of bespuit met kleefwerende kossproei.

Rol die deeg liggies uit op 'n meelbestrooide oppervlak tot die grootte van die bakplaat of druk dit andersins met jou handpalms tot die verlangde grootte.

Voorverhit die oond tot 200 °C (400 °F). Plaas op die bak--plaat, bedek met 'n doek en laat 20-30 minute lank tot dubbel die volume rys. Druk met jou vingers gaatjies in die uitgerysde deeg en druk die res van die geurbestanddele in. Giet die olyfolie oor en bestrooi met growwe sout. Bak 25 minute lank tot uitgerys en gaar. Verwyder die brood uit oond, laat op 'n draadrak afkoel en giet ekstra olyfolie oor.

Lewer 1 groot brood, genoeg vir 6 mense.

Hier is 'n klompie smullekker variasies:

ROOSMARYN EN KNOFFEL
Berei die basiese deeg en voeg 1 fyngedrukte knoffelhuisie en 10 ml (2 t) gekapte, vars roosmaryn by die deeg. Druk 2 fyngedrukte knoffelhuisies en nog 10 ml (2 t) vars roosmaryntakkies bo-op die brood vas. Berei verder soos die basiese brood.

SARDIENTJIES, KNOFFEL EN OLYWE
Berei die basiese deeg. Sny ingemaakte sardientjies in stukke en verwyder grate, indien verkies. Halveer 12 swart olywe en voeg die helfte van die olywe en sardientjies, asook 1 fyngedrukte knoffelhuisie en 5 ml (1 t) gekapte, vars pietersielie, by die deeg. Verf die uitgerysde deeg met die sardien-olie en druk die orige sardientjies, olywe, 1 fyngedrukte knoffelhuisie en 5 ml (1 t) gekapte, vars pietersielie in die deeg in. Berei verder soos die basiese brood. (Die olyfolie in hierdie resep kan weggelaat word.)

Dien op as 'n ligte maal op sy eie.

FETAKAAS EN SALIE
Krummel 2 skywe fetakaas grof en kap 15-20 vars salieblare grof. Meng die helfte daarvan met die deeg en druk die res bo-op die uitgerysde brood in.

Berei verder soos die basiese brood.

Geniet hierdie variasie met 'n vulsel van oondgeroosterde groente. Sny die klaargebakte brood oop en vul dit met oondgeroosterde groente, gerookte ham en kaas.

GEMENGDE KRUIE
Kap 50 ml gemengde kruie soos tiemie, salie, orego, roosmaryn en pietersielie fyn. Braai 1 gekapte mediumgrootte ui in olyfolie totdat dit sag is en meng met die kruie.

Voeg die helfte van die kruie by die deeg. Druk die res bo-op uitgerysde deeg. Berei verder soos die basiese brood.

Sit voor saam met stomende groentesop.

Sop

Suid-Afrikaners is lief vir hul bord sop, veral in die wintermaande, skryf Sugnet Kriel in 1964 se Die Huisgenoot. "Ons bedien dit by enige maaltyd: as kaggelversnapering, as bygereg by die deftige dinee en as hoofgereg bly dit nog keuse nommer een dié dae as die reën daarbuite grys sluiers oor die aarde trek." Boontjiesop met kluitjies is stellig ons gunstelingsop, voeg sy by.

Gort-, splitertjie- en groentesop was aan die begin van die eeu en is vandag nog van ons bekendste soorte sop. Lensiesop, miskien vanweë die ouer geslag se verknogtheid aan Bybelse kos, was en is nou weer baie gewild.

Maar toe verskyn kitssop op die mark. In Die Huisgenoot van 3 Januarie 1960 vind ons 'n advertensie vir Royco-sop, en in Die Huisgenoot van 10 Mei 1963 lees ons: "Met die koms van pakkiesop en blikkiesop het ryk, outydse 'regte' sop in baie huise uit die mode geraak. En tog, daardie besondere geur en smaak van 'n urelange gestoofde sop is onvervangbaar en onvergeetlik . . . Om moeite te spaar, kan mens voorbereide pasta of geblikte sop gebruik as basis vir jou eie resep. Boeljonblokkies en pakkies roomsop kan ook dien as bykomende ekstrak, hoewel tuisbereide vleiswater die lekkerste is."

En dis soos baie van ons lesers vandag nog doen: die ou staatmakers het steeds 'n staanplek op ons stoof, maar met pakkies, blikkies en ekstrakblokkies word baiemaal 'n kitsete berei.

Mosselsop (bl. 36)

Outydse sop

Van mev. Annie Olivier van Edenburg ontvang ons vroeg in die negentigerjare hierdie resepte vir outydse staatmakers.

GORTSOP

1 kg skaapnek, in kleiner stukke gesaag
200 g (250 ml of 1 k) gort, afgespoel
2 liter (8 k) water
4 geelwortels, skoon geskraap en in ringe gesny
2 uie, in ringe gesny
4 selderystele, in ringe gesny
1 liter (4 k) beesvleisaftreksel
sout en varsgemaalde swartpeper
15 ml (1 e) fyngekapte, vars pietersielie

Plaas die vleis en bene in 'n sopkastrol en voeg die gort en water by. Bedek en laat sowat 1½ uur lank prut of totdat die gort sag is. Voeg die groente en aftreksel by en laat prut totdat die groente sag is. Geur na smaak met sout en peper. Strooi die pietersielie net voor opdiening oor.

Lewer sowat 2 liter sop.

ERTJIESOP

500 g droë-ertjies, geweek
1,5 liter (6 k) water
12,5 ml (2½ t) olie
1 groot ui, gekap
1 groot prei, gewas en gekap
1 bossie sopseldery, gekap
100 g ontbytspek
1,5 liter (6 k) hoendervleisaftreksel
sout en peper
150 g gerookte wors, in skywe gesny

Dreineer die ertjies, spoel af en kook in die water tot sag. (Moenie sout byvoeg nie.)

Verhit die olie in 'n groot sopkastrol en soteer die ui, prei en seldery daarin tot sag. Voeg die ontbytspek by en braai tot gaar. Voeg die aftreksel by, bedek en laat sowat 20 minute lank prut totdat die groente sag is. Voeg die ertjies in die water by die groentemengsel, roer goed en prut tot 'n dikkerige sop. Druk die ertjies effens fyner en geur na smaak met sout en peper. Voeg die gerookte wors net voor opdiening by, en verhit tot wors warm is.

Lewer sowat 2 liter sop.

OUTYDSE BONESOP MET BROODKLUITJIES

SOP
100 g spekvleis
500 g droëbone, geweek
3 liter (12 k) water
500 g skenkelvleis, in stukke gesaag
1 ui, grofgekap
1 beesvleisaftrekselblokkie
2 ml (½ t) neutmuskaat
125 ml (½ k) fyngekapte, vars pietersielie
sout en peper

KLUITJIES
8 snye witbrood, korsies verwyder
25 ml (5 t) botter
15 ml (1 e) fyngekapte, vars pietersielie
2 eiers, geklits
sout en peper
koekmeelblom

Braai die spekvleis in 'n groot sopkastrol tot gaar. Dreineer die bone en voeg dit saam met die 3 liter (12 k) water en skenkelvleis by die spekvleis. Bedek en laat prut totdat die bone sag is. Voeg dan die ui, aftrekselblokkie, neutmuskaat en pietersielie by en laat prut nog sowat 'n uur lank. Geur na smaak met sout en peper, indien nodig.

Berei intussen die broodkluitjies. Week die brood in 'n klein bietjie sop en maak dit fyn. Giet die oorblywende sop terug in die kastrol. Voeg die botter by die brood en meng goed. Voeg ook die pietersielie en eiers by en geur na smaak met sout en peper. Skep lepels vol van die mengsel in 'n bietjie koekmeelblom en bedek dit heeltemal daarmee. Laat sowat 10 minute lank staan.

Druk die boontjies in die sop fyner met 'n aartappeldrukker en skep die broodkluitjies op die sop. Laat 12-15 minute lank prut. Roer af en toe. Skep die broodkluitjies uit en giet die sop in 'n sopbak. Skep die kluitjies weer bo-op.

Lewer sowat 2 liter sop.

SNYSELS

Mev. Annie Olivier dien ook graag haar sop met snysels op. Sy sê dis eintlik 'n plesier om te sien hoe almal daaraan smul.

100 g (200 ml) koekmeelblom
2 ml (½ t) sout
1 ekstragroot eier, geklits
5 ml (1 t) botter

Sif die koekmeelblom en sout saam. Voeg by die eier en meng om 'n stywe deeg te vorm. Voeg die botter by en knie tot goed gemeng. Rol die deeg dun op 'n meelbestrooide oppervlak uit en sny in repe van 5 cm breed. Stapel die deegrepe opmekaar en sif koekmeelblom oor elke laag. Sny dit dan in dun repies van sowat 3 mm dik. Plaas die repies in die sop en laat sowat 12 minute lank prut.

ESAU-SOP

Maak 'n mens lensiesop soos C. Louis Leipoldt dit gedoen het, word dit Esau-sop, genoem na Esau, wat sy eersgeboortereg

verruil het vir 'n pot lensiesop. Hierdie sop is baie vullend en saam met 'n snytjie rogbrood is dit 'n maaltyd op sigself. Renate Coetzee, bekende voedings- en kosgeskiedkundige, het hierdie sop spesiaal vir die Leipoldt-fees, wat jaarliks op Clanwilliam gehou word, ontwikkel uit resepte wat sy uit Leipoldt se boeke opgediep het.

30 ml (2 e) olie
125 g streepspekvleis, gekap
3 geelwortels, skoon geskraap en gerasper
3 selderystele, in ringe gesny
3 rape, geskil en gerasper
6 preie, gewas en fyngekap
3 groenteaftrekselblokkies, opgelos in 2 liter (8 k) water
250 g (½ pakkie) bruinlensies, uitgesoek en gewas

30 ml (2 e) tamatiepuree
1 lemoen se sap
1 ml (¼ t) fyn naeltjies
3 ml (½ t) fyn gemmer
sout en varsgemaalde swartpeper

Verhit die olie in 'n groot sopkastrol en braai die spek daarin tot gaar. Voeg al die groente by en roerbraai tot glansig. Voeg die aftreksel, lensies en tamatiepuree by, verhit tot kookpunt en laat sowat 35 minute lank prut totdat die lensies sag is. Voeg die lemoensap en geurmiddels by en geur na smaak met sout en peper. Verhit tot goed deurgekook en warm.

Dien op met rogbrood.
Genoeg vir 6-8 mense.

Byderwetse sop

MOSSELSOP

As jonggetroudes het haar suster Marsha en haar man in die Strand gebly, skryf Antonet Bekker van Helderkruin. Vriende van hulle, Rob en Louis, het hierdie mosselsop uitgedink en vervolmaak. Maar natuurlik moes haar suster-hulle help proe aan al die probeerslae.

1 blik (800 g) mossels in hul skulpe
375 ml (1½ k) droë wit wyn
3 uie, fyngekap
4 knoffelhuisies, fyngedruk
olie
250 g sampioene, in skywe gesny
500 ml (2 k) melk
1 pakkie (60 g) dik wituiesoppoeier
250 ml (1 k) room
sout en varsgemaalde swartpeper
fyngekapte, vars pietersielie

Dreineer die mossels, maar behou die vloeistof. Plaas die mossels in 'n kastrol en giet die wyn oor. Verhit tot kookpunt en laat 15 minute lank prut. Dreineer die mossels, maar behou die wyn. Soteer die uie en knoffel in olie tot sag. Voeg die sampioene by en braai tot bruin. Meng die gedreineerde inmaakvloeistof, melk en uiesoppoeier goed en voeg by die uiemengsel. Laat prut terwyl geroer word totdat die mengsel kook en verdik. Voeg die room en gedreineerde wyn by en verhit tot kookpunt. Geur met sout en peper, indien nodig, en voeg die mossels in hul skulpe versigtig by. Strooi 'n bietjie pietersielie oor.
    Dien op met vars brood.
    Genoeg vir 6 mense.

DRIE-IN-EEN-BOONTJIESOP

Soms word in haar huis op die laaste nippertjie sop bestel, skryf mev. Leonora Kritzinger van Bellville, en dan is daar nie tyd vir sopbene en so meer nie. Hier is 'n resep vir kitssop wat lekkerder as die ware Jakob is.

1 pak (250 g) spekvleis, in stukke gesny
2 uie, gekap
2 knoffelhuisies, fyngedruk
3 murgpampoentjies, gewas en in ringe gesny
2 geelwortels, skoon geskraap en in ringe gesny
4 groot, ryp tamaties, ontvel en fyngekap
500 ml (2 k) hoendervleisaftreksel
2 ml (½ t) droë basielkruid
2 ml (½ t) droë tiemie
1 blik (410 g) boontjies in tamatiesous
1 blik (410 g) botterbone
1 blik (410 g) groenbone (dreineer, indien verkies)

Braai die spekvleis in 'n groot kastrol tot gaar. Voeg die uie, knoffel, murgpampoentjies en geelwortels by en soteer tot glansig. Voeg die tamaties by en laat prut totdat dit lekker souserig is. Voeg die res van die bestanddele by, verhit tot kookpunt en laat prut tot 'n geurige sop.
    Dien op met vars brood.
    Genoeg vir 4-6 mense.

KAASGROENTE-ROOMSOP

Van alle soorte groentesop bly hierdie een my gunsteling. Gemaak van bekende groente, maar vullend en baie geurig oor die kaas en spekvleis wat bygevoeg word.

2 uie, fyngekap
350 g geelwortels, skoon geskraap en gerasper
350 g patats, geskil en fyngekap
2 selderystele, fyngekap
350 g aartappels, geskil en fyngekap
2 hoendervleisaftrekselblokkies opgelos in 1 liter (4 k) kook-
    water
150 g spekvleis
sout en varsgemaalde swartpeper
600 ml melk
125 ml (½ k) room
175 g (430 ml) cheddarkaas, gerasper
knoffelbroodblokkies (sien onder, opsioneel)

Plaas al die groente saam met die aftreksel en spekvleis in 'n kastrol en laat prut totdat die groente sag en die spekvleis gaar is. Geur na smaak met sout en peper.
    Skep twee derdes van die mengsel in 'n versapper of voedselverwerker, verpulp tot 'n gladde moes en giet terug by die orige sop in die kastrol. Voeg die melk en room by en verhit net weer tot kookpunt. Roer af en toe. Roer die kaas stadig in sodat dit kan smelt.
    Giet sop in 'n sopkom en garneer met knoffelbroodblokkies, indien verkies.
    Genoeg vir 6 mense.

KNOFFELBROODBLOKKIES

Kneus 2 knoffelhuisies en kap 'n takkie pietersielie fyn. Soteer die knoffel en pietersielie in 30 ml (2 e) olyfolie tot sag. Sny 2-3 snye witbrood in klein blokkies en voeg by die knoffelmengsel. Braai tot goudbruin, dreineer op kombuispapier en gebruik vir garnering.

BOTTERSKORSIESOP

'n Mens onthou hierdie sop vir sy spesiale geur, mooi kleur en fluweelagtige tekstuur. 'n Resep wat deur die koskenner Ina Paarman ontwikkel is en na jare steeds 'n gunsteling is.

45 ml (3 e) botter

2 uie, fyngekap

500 ml (2 k) botterskorsieblokkies

1 groen tertappel, geskil en in blokkies gesny

45 ml (3 e) koekmeelblom

5-10 ml (1-2 t) kerriepoeier

knippie neutmuskaat

750 ml (3 k) hoendervleisaftreksel

375 ml (1½ k) melk

1 lemoen se gerasperde skil en sap

sout, swartpeper en knippie suiker

90 ml (6 e) room

fyngekapte, vars pietersielie of koljanderblare

Verhit die botter en soteer die uie tot sag en geurig. Voeg die botterskorsie- en appelblokkies by en soteer 3 minute om die geure te laat ontwikkel. Roer die koekmeelblom, kerriepoeier en neutmuskaat by en meng met die groente. Voeg die aftreksel, melk, lemoensap en -skil by die groente, verhit tot kookpunt en laat 15-20 minute stadig prut totdat die groente sag is. Verwerk weer tot fyn en glad of druk deur 'n fyn sif. Herverhit die sop in 'n skoon kastrol en geur met sout, peper en suiker. Sit voor met 'n skeppie room en strooi die pietersielie of koljanderblare oor.

    Genoeg vir 6 mense.

MURGPAMPOENTJIE-NOEDELSOP

Janine Vrey van Kaapstad gebruik pakkies sop en macaroni om vinnig 'n vullende sop vir aandete te berei.

15 ml (1 e) botter

1 ui, fyngekap

4 klein murgpampoentjies, gewas en in skywe gesny

125 g knopiesampioene, in skywe gesny

25 ml (5 t) botter

45 ml (3 e) koekmeelblom

1 pakkie (70 g) hoendernoedelsop

850 ml kookwater

100 ml elmboogmacaroni of noedels

50 ml fyngekapte, vars pietersielie

250 ml (1 k) melk

sout en varsgemaalde swartpeper

Smelt die botter in 'n groot kastrol. Soteer die ui, murgpampoentjies en sampioene daarin tot sag. Skep uit en hou eenkant. Smelt die 25 ml (5 t) botter in dieselfde kastrol en roer die koekmeelblom by. Los die soppoeier in die kookwater op en roer dit bietjies-bietjies by die meelmengsel. Roer die macaroni by. Laat oor 'n lae hitte prut totdat die mengsel dik en die macaroni gaar is. Roer gedurig want dit brand maklik aan. Voeg die pietersielie, melk en gebraaide groente by. Prut tot deurwarm. Geur na smaak met sout en peper. Dit lewer 'n dik sop; verdun verder, indien verkies.

    Genoeg vir 4 mense.

Botterskorsiesop

Rig die boonste laai van u kombuis- of spenskas in as 'n lêer deur kaartjies waarop u die resepte afgeskrywe het daarin alfabeties te rangskik onder verskillende hoofde.

Iets Nuuts vir die Huisvrou

OM lekker kos te kook en die kokery boonop te geniet, is 'n netjiese, goed-ingerigte kombuis nodig. Belangrik veral is die bymekaarmaak en rangskik van ou en nuwe resepte. Plakboeke of kookboeke waar u op los blaaie wat u agter inskuif, nuwe resepte afskryf, is nie altyd voldoende nie. Dit neem dikwels al die lus uit kos kook of koek bak om eers haastig die ou, deeg-besmeerde, krummels-tussen-die-blaaie boeke te moet deur blaai op soek na 'n goeie resep. En waarom moes ek die koppie uitgedrukte suurlemoensap verlede week nou juis omgekeer het op die tamatiebredie-resep wat ek vandag nodig het? Die bladsy is so geel gevlek dat ek skaars 'n woord daarvan kan lees.

Ons gee u 'n oplossing aan die hand. Wees in u kombuis net so metodies soos u man op kantoor is. Rig die boonste laai van u spens- of kombuis-kas in as 'n lêer, skrywe of tik die resepte wat u reeds uitgetoets en goedgekeur het of êrens gelees het en nog op 'n goeie dag u hand aan wil waag, op netjiese kaartjies van dieselfde grootte af en rangskik hulle alfabeties in die laai onder verskillende opskrifte soos: Aandete-geregte, Ontbyt-geregte, Nageregte, Koeke, Klein-Koekies, Koel-dranke, Lekkers, Vleisgeregte, Groente, Vrugte-geregte e.d.m. Beraam u eie skema om by u eie behoeftes te pas.

Met die oog op hierdie sistematiese bymekaar-bring van resepte in lêers het sekere firmas reeds 'n reeks resepte op kaartjies van geskikte grootte laat druk en bied dit nou te koop aan. Dis 'n goeie plan om 'n paar van hierdie pakkies resepte te koop, te rangskik soos aangegee word en dit as basis te neem vir u nuwe metodiese resepte-,,boek''. Hierop bou u voort; op 'n reënerige middag wanneer u 'n paar ledige uurtjies het, skryf u u ander ou gunstelinge op soortgelyke kaartjies en op hierdie manier skep u naderhand 'n uitgebreide, netjiese, praktiese en maklik hanteerbare bêreplek vir u resepte. Dink hoe gerieflik dit sal wees om gou iets in so 'n laai na te slaan wanneer u haastig is. Die kaartjie met die resep daarop word uit die laai gehaal, op die tafel naas u geplaas onderwyl u besig is en dan weer op sy plek in die laai terug-gesit as die gereg klaar en in die oond is.

Hier is 'n paar van die resepte wat ons sommer so op goeie geluk af uit die pakkies reseptekaartjies wat reeds by boekwinkels te koop aangebied word, gekies het. Die meeste van hulle is daarop gemik om die huisvrou te help in hierdie tyd van skaarstes en o.a. gee ons die resepte van 'n paar koeke wat u sonder meel kan maak.

NEUTKOEK MET KOFFIEVULSEL.

Bestanddele: 7 eetlepels suiker; 7 eetlepels neute; geel van 6 eiers; koffie-ekstrak; 4 eetlepels brood-krummels; wit van 6 eiers; 1 skoppie stywe vla.

Metode: Klop die geel van die eiers met suiker totdat dit wit en skuimerig is. Werk die krummels en neute stadig in. Gooi die mengsel in 'n vet-gesmeerde pan en bak 30 minute lank in 'n matige oond. Sny die koek aan twee wanneer dit koud is. Voeg koffie-ekstrak na smaak by die vla en indien u verkies, 'n paar gemaalde neute. Sprei die vulsel in 'n dik laag op die koek. ('n Teelepel opgeloste gelatien kan by die vlamengsel gevoeg word.) Strooi versiersuiker bo-oor of versier met koffieversiering en rangskik neute bo-op.

LEMOENKOEK.

Bestanddele: 4 hele eiers; 8 teelepels suiker; of twee klein lemoentjies; 5 eetlepels gemaalde amandels; 1 eetlepel maizena; 'n bietjie lemoensap; 5½ eetlepels suiker; skil van 2 lemoene; wit van 6 eiers; knypie sout; 1 koppie versiersuiker.

Metode: Klop die geel van die eiers met die suiker totdat dit wit en skuimerig is. Voeg die lemoensap en die amandels om die beurt by. Moenie die mengsel te nat laat word nie. Voeg die maizena by. Klop die wit van die eiers goed met die sout en werk stadig in by die koekmengsel. Bak 40 minute lank in koel na matige oond. Wanneer dit gaar is, keer u dit om op 'n draadkoekrak en laat dit binne die pan afkoel. Versier met lemoenversiering wat u as volg maak: Voeg lemoensap by versiersuiker totdat dit 'n geskikte pasta vorm, dun genoeg om oor die koek gegooi te kan word en 'n deurskynende versiering te verskaf.

ANYSBESKUITJIES.

Bestanddele: 4 hele eiers; 8 teelepels suiker; 1 teelepel anys; 8 eetlepels mielieblom of maizena; knypie sout.

Metode: Klop die wit en geel van die eiers op met die suiker en knypie sout totdat dit wit en skuimerig is. Dit is baie belangrik. Voeg die anys by en voeg die mielieblom geleidelik by onderwyl u steeds kragtig aanhou met klop. Sorg dat u 'n aantal plat beskuitplate gereed het en bestrooi hulle liggies met meelblom. Plaas 'n tee-lepel van die mengsel op 'n slag op die plate. Moenie die bolletjies te naby mekaar sit nie, want die mengsel sprei. Laat die mengsel so staan oornag of 12 uur lank. Bak daarna 15 minute lank in 'n matige oond. Die beskuitjies behoort 'n duidelike wit lagie bo-op te hê.

RABARBERVRUGTEDRANK.

Kook 2 koppies rabarber (gebruik die dele wat gewoonlik weggegooi word) in 10 koppies water. Voeg 8 eetlepels suiker, die skil van 1 lemoen en indien moontlik die sap van ½ lemmetjie by. Gooi deur sif. Bedien hierdie verfrissende vrugte-drankie baie koud. Om dit verder te geur kan u na smaak nog 'n naeltjie en 'n klein bietjie gemmer byvoeg.

Druk die rabarberpasta deur 'n fyn sif. Maak 'n vrugtejellie hiervan deur dit te meng met 'n bietjie van die vrugtedrank en maizena.

POTSKRAAPSELS.

Gebruik die dik laag mieliepap wat soggens in die pappot oorbly om 'n gereg vir die aandete mee voor te berei.

Krap klein bolletjies van die pap af met 'n tee-lepel en rangskik in 'n pastei- of bakskottel. Smoor 'n goeie hoeveelheid fyngekapte uie in vet en gooi dit oor die papkluitjies. Bestrooi dik met brood-krummels. (As u 'n groot gesin het, maak dan lae van mieliepap en smooruie om die beurt.) Rasper kaas oor die broodkrummels en bak bruin in die oond. Bedien met tamatiesous, groente of slaaie.

Bewerk oorskietaartappels of patats op dieselfde manier. Om verskeidenheid te kry kan u dit soms met 'n witkaas-sous bedek.

LEWERBROODJIES

Bestanddele: Oorskiet-gebraaide lewer; fyn-gekapte uie; sout en peper na smaak; botter of hoendervet; 1 of 2 hardgekookte eiers.

Metode: Maal die lewer. Smoor die uie na verhouding van ongeveer 1 eetlepel fyngekapte uie tot een koppie gemaalde lewer in 'n goeie klompie vet totdat die uie helderbruin is. Smeer die uie en die vet oor die lewer. Maak die eiers deeglik fyn met 'n vurk. Voeg die eiers en peper en sout by die lewer. Meng dit alles goed om 'n pasta te vorm. Indien dit te droog is, voeg vet of botter by. Sny brood met 'n ronde of vierkantige snyvorm. Verwyder die korsie. Braai die broodjies in botter of vet totdat dit bros is. Laat dié afloop en wanneer hierdie broodjies koud is, smeer u die lewermengsel daarop. Versier met 'n takkie pieter-sielie of fyn hardgekookte eier.

SPINASIESOP

Van al die spinasiesopresepte wat ons oor die jare gekry het, bly hierdie een vir my die lekkerste. Die resep het ons reeds in 1991 van Lynne Bradley van Port Elizabeth ontvang. Dit het 'n witsous-basis en kry net 'n klein bietjie room. Nogtans is dit lekker romerig en geurig.

25 ml (5 t) botter
1 ui, fyngekap
40 ml koekmeelblom
500 ml (2 k) hoendervleisaftreksel
2 pakke (300 g elk) vars spinasie, goed afgewas en ontstingel
350 ml melk
70 ml room
2 ml (½ t) neutmuskaat
sout en peper na smaak
½ suurlemoen se gerasperde skil en sap

Smelt die botter en soteer die ui daarin tot sag. Voeg die koek-meelblom by en meng tot 'n gladde pasta. Verwyder van die hitte en voeg die aftreksel stadig by terwyl geroer word. Plaas die sous terug op die stoof en verhit tot kookpunt terwyl geroer word. Voeg die spinasie by en laat 20 minute lank prut. Plaas in 'n voedselverwerker en verwerk tot glad. Giet die sop terug in die kastrol, plaas weer op die stoof en voeg die res van die bestanddele by, behalwe die suurlemoensap en -skil. Verhit weer tot kookpunt. Voeg die sap en skil net voor opdiening by.
     Sit voor met kaasroosterbrood (sien onder).
     Genoeg vir 4-6 mense.

KAASROOSTERBROOD

Sny 2 of meer snye witbrood en druk sirkels met 'n koekafdrukker uit. Rooster die sirkels aan die een kant. Meng 'n bietjie fyn-gerasperde cheddarkaas met botter en smeer oor die ongeroosterde kant van die brood. Strooi paprika oor en rooster totdat die kaas net gesmelt is. Dien dadelik op met die spinasiesop.

Vis

An die begin van die eeu was daar 'n oorvloed vis, anders as nou dat die land se visbronne al baie uitgeput is – soseer dat restaurateurs nie meer op hul spyskaarte kan noem watter vars vis beskikbaar is nie. Vet was toe ook minder bekostigbaar. In die rubriek "Die vrou en die huis" in Die Huisgenoot van Maart 1921 was daar behalwe resepte 'n afdeling vir wenke: "Vet is nou byna orals 'n duur artikel; en as 'n mens baie gebakte kos maak, kom dit jou duur te staan. Dit is goed om te onthou dat botterpapier gebruik kan word om vis in te bak. Gaar maar die papiere sorgvuldig op en probeer dit eens." En dan volg die metode.

Wanneer by die see gekampeer en vakansie gehou is, het die mans altyd "troppe" vis gevang, skryf "Max" in die uitgawe van 9 Januarie 1948. "Maar wat nou gemaak met al die vis?" Sy gee 'n verskeidenheid resepte vir ingelegde vis, tot vis oor die kole gebraai, gestoofde snoek, kreef in die oond asook vir "klipkous" oftewel perlemoen, asook "alikruikels". Dat gebakte vis en tjips by ons net so bemind is as by die Britte, bevestig Sugnet Kriel se artikel "Gee vir u huismense vis" in Die Huisgenoot van 31 Januarie 1964 en dan verskaf sy heelparty resepte, berei met vars vis.

Tog, nieteenstaande ons vroeëre ryk visbronne, bly Suid-Afrikaners trae viseters soos wat Madeleine du Plessis in 1969 berig, met statistiek en al. Interessant, in dieselfde jaar vind ons 'n breedvoerige artikel oor kreef en resepte vir van gekookte kreefstert tot fynproewerskreefslaai. Teen die einde van daardie jaar volg ook 'n artikel oor per-lemoen, wat vandag net vir die uitverkorenes beskore is, want as ons viskos maak, is dit meestal met bevrore stokvis.

In koskaste moes daar nog altyd plek wees vir blikkiesvis, 'n gewilde randrekker. Die Huisgenoot van 27 Januarie 1967 berig selfs dat die prys van ingemaakte sardyne die vorige agtien jaar nog nooit verhoog is nie, ondanks die stygende vervaardigings- en verpakkingskoste, en dus die moeite werd is om te onthou as jy jou begroting in ag moet neem. Daarmee maak ons vandag nog steeds vispastei en viskoekies, nes daardie tyd. Met die hedendaagse ligter eetgewoontes wil dit tog voorkom of mense deesdae meer geredelik 'n vissie oor die kole braai eerder as vleis – en baiekeer daardie Weskus-lekkerny, snoek.

Tradisionele Kaapse kerrievis (bl. 43)

HEEL VIS OOR DIE KOLE

Soos wat mense meer gesondheidsbewus begin raak het, maak vleis plek vir vis wanneer daar gebraai word. En elkeen het maar sy geheimpies. Die belangrikste bly egter dat die vis nie te lank gebraai moet word nie, want dan word dit droog – net tot dit so lekker sappig en die vleis nie meer glaserig is nie. Vir my is die avokadosous wat saam met die vis opgedien word baie lekker en maak dit enige visbraai spesiaal.

1 heel vis, ongeveer 2 kg, goed skoongemaak, binnegoed verwyder, maar kop en stert behou
sout en varsgemaalde swartpeper

SOUS
250 g botter of margarien
50 ml gekapte, vars kruie, soos pietersielie, grasuie en tiemie
1-2 knoffelhuisies, fyngedruk
50-100 ml suurlemoensap

Geur die vis goed met sout en peper van binne en buite. Plaas op 'n rooster, verkieslik 'n visrooster wat volgens die vorm van die vis gebuig is – dit verhoed dat die vis platgedruk word.

Smelt al die bestanddele vir die sous saam. Verf die buitekant van die vis goed met die sous. Rooster oor matige kole, sowat 15-20 minute per kant. Verf die vis gereeld terwyl dit rooster. Toets of die vis gaar is deur die dikste deel van die vis met 'n dun messie te sny – dit moet nie meer glaserig vertoon nie. Die gaarmaaktyd sal afhang van die dikte van die vis asook die hitte van die kole. Bedek die vis later liggies met aluminiumfoelie as jy wil hê dit moet vinniger gaar word. Dien op met die volgende avokadosous asook skyfies suurlemoen.

Genoeg vir sowat 6 mense.

AVOKADOSOUS

3 ryp avokado's, geskil, ontpit en in baie klein blokkies gesny
suurlemoensap
1 ryp tamatie, ontvel en in baie klein blokkies gesny
1 groen soetrissie, ontpit en in baie klein blokkies gesny (opsioneel)
1 eier, hard gekook en fyngekap
50 ml olyfolie
10 ml (2 t) brandrissiesous (opsioneel)
15 ml (1 e) gekapte pietersielie
sout en peper na smaak

Plaas die avokado in 'n mengbak en giet bietjie suurlemoensap oor. Voeg die res van die bestanddele by en meng liggies. Hou in yskas tot met opdiening.

HEEL VIS MET MAYONNAISE-SOUS

Mev. Dottie Landman van Randvaal het hierdie resep by 'n vriendin gekry wat nie snoek eet nie. Wanneer hulle snoek braai, berei sy haar eie vis op hierdie manier. Die vis kan in die oond of oor die kole gaargemaak word.

1 heel vis, kop en stert behou en binnegoed verwyder en geskraap
sout en varsgemaalde swartpeper
250 ml (1 k) mayonnaise
1 ui, fyngekap
1 knoffelhuisie, fyngedruk
1 groen soetrissie, ontkern en in klein blokkies gesny
1 groot tamatie, ontvel en gekap
paar druppels Tabascosous
suurlemoensap

Voorverhit die oond tot 180 °C (350 °F) en smeer 'n groot vel aluminiumfoelie met botter of margarien.

Sny drie snye oorlangs op die buitekant van die vis. Geur die vis binne en buite goed met sout en peper en plaas op die gesmeerde kant van die foelie. Plaas op bakplaat.

Meng die mayonnaise met die ui, knoffel, soetrissie en tamatie en geur na smaak met Tabascosous en suurlemoensap. Skep daarvan in die holte van die vis sowel as in die snye en om die vis. Maak toe. Bak die vis 30-40 minute lank of tot gaar. Maak die vis die laaste ruk oop sodat dit effens kan verbruin. Dit is gaar wanneer die vis maklik vlok met 'n vurk en nie meer glaserig is nie.

Sit voor saam met slaai en suurlemoenskyfies.
Genoeg vir 4-6 mense.

VISREPE IN BIERBESLAG MET KOMKOMMERSOUS

'n Moderne weergawe van gebakte vis en tjips. Die bier maak die beslag lekker lig. Sit vir 'n verandering 'n komkommersous daarby voor.

KOMKOMMERSOUS
½ Engelse komkommer, fyngerasper
sout
75 ml (5 e) mayonnaise
75 ml (5 e) natuurlike jogurt
5 ml (1 t) suurlemoensap

BIERBESLAG
310 ml (1¼ k) koekmeelblom
2 ml (½ t) sout
310 ml (1¼ k) bier
varsgemaalde swartpeper na smaak

olie vir diepvetbraai
600 g bevrore stokvisfilette of -mote, ontvel terwyl bevrore en dan ontdooi
1 suurlemoen se sap
gegeurde koekmeelblom

Bestrooi die komkommer met 'n bietjie sout en laat 15-30 minute in 'n sif staan. Dreineer goed en voeg die res van die bestanddele by.

Roer deur. Skep in 'n opdienbakkie en verkoel tot met opdiening.

Klits al die bestanddele vir die beslag tot gemeng. Verhit die olie tot warm. Sny die visporsies in vingerdik repe, besprinkel met suurlemoensap en rol in die gegeurde koekmeelblom. Werk versigtig sodat die repe nie breek nie.

Gebruik 'n gaatjieslepel en doop die repe in die beslag. Braai 3 repe op 'n keer in die warm olie tot goudbruin en gaar. Dreineer die vis op handdoekpapier en geur met sout.

Sit voor met die komkommersous en slap aartappelskyfies.

Genoeg vir 4 mense.

TRADISIONELE KAAPSE KERRIEVIS

Kerrievis is so Maleis soos kan kom. Onthou julle nog daardie blikkies kerrievis wat mens tot onlangs nog kon koop, maar nou van die winkelrakke verdwyn? So groot was die navraag daarna, dat I & J in 1998 spesiaal hierdie resep publiseer.

1 pak (750 g) Deep Water Hake-kotelette of 1 pak (800 g)
    Deep Water Hake-filette, bevrore
meel om vis in te rol
olie om in te braai

KERRIESOUS
2 groot uie, in ringe gesny
375 ml (1½ k) wit- of bruinasyn
250 ml (1 k) water
375 ml (1½ k) wit- of bruinsuiker
15 ml (1 e) kerriepoeier
5 ml (1 t) borrie
5 ml (1 t) sout
2 ml (½ t) gemaalde gemmer
6-10 swartpeperkorrels
4 lourier- of kerrieblare (opsioneel)
30-45 ml (2-3 e) mielieblom met 30-45 ml (2-3 e) water
    gemeng tot 'n gladde pasta

Rol die bevrore vis liggies in meel en panbraai in olie tot gaar. (Indien jy Deep Water Hake-kotelette gebruik, plaas die vis in 'n bak koue water en verwyder enige skubbe met 'n mes voordat jy dit gaarmaak.) Dreineer die vis op handdoekpapier en hou eenkant.

Meng al die bestanddele vir die kerriesous, behalwe die mielieblompasta, in 'n groterige kastrol en verhit tot kookpunt. Laat 5 minute lank sonder 'n deksel kook. Voeg die gaar vis saam met die mielieblompasta by. Roer liggies totdat die sous verdik en laat 5 minute lank stadig prut. Laat die kerrievis afkoel en skep in 'n niemetaalagtige houer uit. Bedek en bêre in die yskas. (Die vis sal minstens 5 dae lank goed in die yskas hou, maar dit kan ook dadelik ná bereiding geëet word.)

Genoeg vir 4-5 mense.

Wenk

As jy die vis met witasyn en/of witsuiker maak, het die sous 'n geel kleur, terwyl dit met bruinasyn en/of bruinsuiker bruiner sal wees.

Visrepe in bierbeslag met komkommersous

OONDGEBAKTE SNOEK MET SITRUSSOUS

Snoek is Weskus-kos. In die Olifantsrus-gastehuis buitekant Citrusdal sit Franci van Zyl tradisionele kos met flair voor. Dis haar man, Chrisjan, se taak om te sorg dat die snoek vingerleklekker op die tafel kom.

75 ml (5 e) botter, gesmelt
fyn sout
60 ml (¼ k) vars suurlemoensap
125 ml (½ k) mayonnaise
80 ml (⅓ k) fyn appelkooskonfyt
5 ml (1 t) fyngestampte, droë nartjieskil, sonder wit membraan
5 ml (1 t) gerasperde, vars lemoenskil
varsgemaalde swartpeper
1 middelslagsnoek, vars of bevrore en ontdooi

Voorverhit die oond tot 190 °C (375 °F). Verf 'n groot bakplaat met die gesmelte botter. Strooi die fyn sout liggies oor die botter en ook die helfte van die suurlemoensap. Meng die mayonnaise, appelkooskonfyt en skil in 'n houer. Vlek die snoek oop en maak dwarssnitte 5 cm uitmekaar oor die breedte van die vis. (Sny deur die grate, maar nie die vel nie.) Plaas die snoek met die velkant na onder op die voorbereide bakplaat en geur met sout, peper en die res van die suurlemoensap. (Gebruik min of geen sout as die snoek vooraf baie gesout is.) Bak sowat 15 minute lank tot gaar. Die vis sal maklik met 'n vurk vlok. Smeer die mayonnaisemengsel oor die snoek en oondrooster 10 minute totdat die sous begin verbruin.

Laat die snoek op 'n opdienbord afgly en maak die dwarssnitte versigtig met 'n mes en vurk oop om in netjiese porsies op te skep.

Dien op met oondgebakte patats.
Genoeg vir 4-6 mense.

PAELLA

Vir hierdie Spaanse rysgereg is daar letterlik honderde weergawes en hierdie een het onlangs op ons tafel beland. Hulle is Kapenaars wat al sowat vier jaar lank in Gauteng woon, laat weet Amanda Hugo van Randparkrif. Nou die dag was die verlange na die Kaap baie groot en toe soek sy na 'n paella-resep, wat sy toe na hul smaak aangepas het. In plaas van steurgarnale kan jy 'n pakkie bevrore seekos gebruik, of andersins 'n blikkie daarvan saam met die mossels inroer.

30 ml (2 e) olie
125 g bevrore steurgarnale of bevrore seekosmengsel, by kamertemperatuur ontdooi
1 ui, gekap
1 knoffelhuisie, fyngedruk
1 groen soetrissie, ontpit en in klein blokkies gesny
5 ontbeende hoenderborsies, in repies gesny
1 Russiese worsie, in skyfies gesny, of 'n paar repe spekvleis, in

kleiner stukkies gesny
½ houer (125 g) knopiesampioene, in skyfies gesny (opsioneel)
500 ml (2 k) rou witrys
2 klein tamaties, ontvel en gekap
1 lourierblaar
2 ml (½ t) borrie
1 liter (4 k) hoendervleisaftreksel
1 blikkie (105 g) mossels of 1 groot blik (800 g) mossels in skulpe, gedreineer
125 ml (½ k) bevrore ertjies
1 klein suurlemoen se sap
sout en varsgemaalde swartpeper
60 ml (¼ k) fyngekapte, vars pietersielie

Verhit die olie in 'n groot kastrol en roerbraai die steurgarnale sowat 1 minuut lank tot mooi pienk. Skep uit en hou eenkant.

Soteer die ui, knoffel en soetrissie in dieselfde pan tot sag. Voeg meer olie by, indien nodig. Voeg die hoenderrepies by en braai totdat dit effens verbruin. Voeg dan die worsieskyfies en die sampioene by en roerbraai tot effens bruin. Voeg die rys by en roerbraai sowat 'n minuut lank. Voeg die tamaties en lourierblaar by en meng deur. Meng die borrie met die aftreksel en voeg by. Verlaag die hitte en laat prut totdat die rys sag en die meeste van die vloeistof geabsorbeer is. Plaas die garnale bo-op en voeg ook die mossels en ertjies by. Verhit tot deurwarm. Geur met suurlemoensap, sout en peper.

Skep in warm opdienborde en strooi die pietersielie oor.
Genoeg vir 6-8 mense.

SPESIALE VISKOEKIES

In 1995 ontvang ons hierdie resep van mev. Corrie Terblanche. In daardie stadium het Charlene Lategan, wat nou ons handwerk behartig, nog resepte help toets. Sy is veral gek na hierdie resep en maak dit gereeld by die huis.

4 aartappels, geskil
1 blik (425 g) sardyne in tamatiesous
1 blik (410 g) geroomde suikermielies
1 ui, fyngekap
3 ekstragroot eiers, geklits
15 ml (1 e) fyngekapte, vars pietersielie
sout en varsgemaalde swartpeper
250 ml (1 k) bruismeel
olie vir vlakvetbraai

Kook die aartappels in soutwater tot sag. Druk fyn en voeg die res van die bestanddele by. Meng goed. Skep lepels vol in warm olie en braai aan weerskante tot bruin en gaar.

Dien op met suurlemoenskyfies en tamatiesous.
Lewer 30 koekies.

ROMERIGE VISBREDIE

'n Heerlike visbredie met 'n romerige, effense tamatiesous wat ons vir die Randrekkers gepubliseer het. Heerlik om vir aandete te berei, laat weet mej. N. B. Selem van Port Elizabeth.

1 ui, fyngekap
2 soetrissies, ontpit en in blokke gesny (opsioneel)
olie
1 kg bevrore visfilette, in blokke gesny
sout en varsgemaalde swartpeper
suurlemoensap
koekmeelblom
250 ml (1 k) room
helfte van 'n 65 g-blik tamatiepasta
knippie roosmaryn
10 ml (2 t) fyngekapte, vars pietersielie

Soteer die ui en soetrissies (indien gebruik) in 'n bietjie olie tot sag. Skep uit en hou eenkant. Geur die visblokke na smaak met die sout, peper en suurlemoensap en rol in die koekmeelblom. Braai die vis in 'n klein bietjie olie tot bruin buite-om. Voeg die uimengsel by, meng die room en tamatiepasta en giet oor. Verlaag die hitte en laat prut totdat die vis gaar is en die sous effens afgekook het. Geur met nog sout en peper, indien nodig, asook bietjie roosmaryn. Strooi die pietersielie oor.

Dien op met rys.
Genoeg vir 4 mense.

VIS IN SUURROOM

Mev. Ida von Wielligh is een van ons gereelde Wenresepte-deel-nemers. Hierdie gereg is ideaal om as vinnige aandete voor te sit.

800 g bevrore stokvisfilette
melk
sout en varsgemaalde swartpeper
vars broodkrummels
250 ml (1 k) suurroom
1 tamatie, in skyfies gesny
150 ml cheddarkaas, gerasper
fyngekapte, vars pietersielie

Voorverhit die oond tot 180 °C (350 °F). Smeer 'n middelslag-oondskottel met botter of margarien of bespuit met kleefwerende kossproei.

Doop die stokvisfilette in melk en geur liggies met sout en peper. Rol in die broodkrummels en pak in die voorbereide oondskottel. Giet die suurroom oor. Pak die tamatieskyfies bo-op en strooi die kaas oor. Bak sowat 30 minute lank of totdat die vis gaar en die kaas gesmelt is. Strooi die pietersielie oor.

Genoeg vir 4-6 mense.

SKELVIS MET KAAS

Skelvis is ook lekker vir aandete. Mev. Zainib Khan van Durban geur die skelvis met suurlemoensap en dille en strooi dan kaas oor.

15 ml (1 e) koekmeelblom
600 g skelvisfilette
15 ml (1 e) suurlemoensap
15 ml (1 e) fyngekapte, vars of 5 ml (1 t) droë dille
sout en varsgemaalde swartpeper
180 ml (¾ k) cheddarkaas, gerasper
125 ml (½ k) melk

Voorverhit die oond tot 180 °C (350 °F). Smeer 'n middelslag-oondbak met botter of margarien en strooi die koekmeelblom oor die boom daarvan.

Plaas die skelvisfilette in die bak en giet die suurlemoensap oor. Strooi die dille oor en geur na smaak met sout en peper. Strooi die cheddarkaas oor en giet die melk oor. Bak sowat 30 minute lank of totdat die vis gaar is.

Genoeg vir 4-6 mense.

Slaai

Tot in die sestigerjare nog was slaai afskeepkos en is dit meestal slegs as bykos by die vleis voorgesit. In Die Huisgenoot van 1940 staan: "Die belangrikste gereg van die maaltyd is klaar. Nou nog net gou die slaai maak. Helaas, hoeveel keer beteken dit tog nie 'n oninteressante mengelmoes van beet en asyn of fyngesnyde blaarslaai en tamaties nie. Losieshuisslaai, kan mens maar sê. Die meeste van die gaste eet dit tog nie." En dan word breedvoerig beskryf hoe om 'n gevormde slaai met tamaties te maak en dit met radysblommetjies te garneer. Hierdie gevormde slaaie het tot laat in die tagtigerjare baie gewild gebly en daar is tallose resepte daarvoor in ons *Wenresepte*-boeke. Ons heel bekendste slaaie soos boontjieslaai, koolslaai en uieslaai is nou nog gewild, en die immergroen aartappelslaai kon in 1930 reeds met 'n gekoopte roomsous berei word.

Groenslaai of 'n mengelslaai het meestal op Engelse Suid-Afrikaners se tafels verskyn. Tog skryf "Sara" in Die Huisgenoot van Maart 1930 dat slaai mooi moet lyk en heelwat groen moet bevat soos kropslaai, mosterdtoppe, waterkers en andyvie. " 'Spring onions' of slaai-uitjies kan ook deel wees daarvan en vee die bak met 'n stukkie knoffel uit vir geur. En daarmee saam 'n lekker sous, gemaak van suurlemoensap en 'n goeie olyfolie." "Sara" skryf voorts dat slaai ook as 'n aparte gereg in klein bakkies voorgesit kan word.

Noudat 'n ligter manier van eet posgevat het en ook die aantal vegetariërs stadig maar seker meer word, eet ons slaai as voorgereg, bygereg of hoofgereg en word dit gemaak van 'n groot verskeidenheid slaaiblaarsoorte, songedroogde tamaties, olywe en fetakaas, met olyfolie en balsamiese asyn oorgesprinkel.

Worsie-pastaslaai (bl. 54)

Slaai uit 'n bottel

In die tagtigerjare publiseer Huisgenoot die koperpennie-wortel-slaai in 'n artikel genaamd "Dinah se Texas-resepte". Dadelik is dit landwyd 'n treffer. Later jare volg rooi slaphakskeentjies en drieboneslaai. En dan is daar ook ou gunstelinge soos kerriekool en mosterdbone. Al hierdie slaaie is vandag nog gewild, en hier teen 1998 besluit ons om hulle so aan te pas dat jy dit kan bottel en ook met vier basiese sousresepte sommer 13 soorte slaaie kan maak. En het ons nou al navrae vir afskrifte hiervan gehad!!

BASIESE MOSTERDSOUS

750 ml (3 k) druiweasyn
750 ml (3 k) suiker
250 ml (1 k) water
100 ml mielieblom
10 ml (2 t) borrie
60 ml (¼ k) mosterdpoeier

Verhit die druiweasyn en suiker saam totdat die suiker opgelos is. Meng die water met die res van die sousbestanddele en voeg by. Verhit tot kookpunt terwyl geroer word en laat goed kook. Gebruik soos in die bygaande resepte beskryf.

Lewer ongeveer 1,2 liter.

MOSTERDGROENBONE

1 x basiese mosterdsous
3 uie, in ringe gesny
2,5 kg groenbone, stingelente afgesny
4 heel knoffelhuisies (opsioneel)
4 heel rooi brandrissies (opsioneel)
15 ml (1 e) sout

Berei die basiese mosterdsous (sien hierbo).

Kook al die groente saam met sout in 'n bietjie water tot net sag, maar nog bros. Dreineer. Verhit die mosterdsous weer tot kookpunt, voeg die groente by en laat goed kook. Skep warm in gesteriliseerde flesse en verseël dadelik.

Lewer ongeveer 4 liter slaai.

SLAPHAKSKEENTJIES

1 x basiese mosterdsous
2-2,5 kg klein uitjies, geskil, maar hou puntjies heel
sout

Berei die basiese mosterdsous (sien hierbo).

Kook die uitjies saam met sout in 'n bietjie water tot net sag, maar nog heel. Dreineer. Verhit die mosterdsous weer tot kookpunt, voeg die uitjies by en laat goed kook. Skep warm in gesteriliseerde flesse en verseël dadelik.

Lewer 3-4 liter slaai.

MOSTERDDROËVRUGTE

1 x basiese mosterdsous
2 pakke (500 g elk) gemengde droëvrugte, geweek

Berei die basiese mosterdsous (sien hierbo).

Kook die droëvrugte in 'n bietjie water tot sag. Dreineer, indien nodig. Verhit die mosterdsous weer tot kookpunt, voeg die vrugte by en laat goed kook. Skep warm in gesteriliseerde flesse en verseël dadelik.

Lewer ongeveer 3 liter slaai.

BASIESE SOETSUUR SOUS

500 ml (2 k) appel-, wit wyn- of druiweasyn
375 ml (1½ k) ligte bruinsuiker
2 ml (½ t) borrie
10 ml (2 t) droë dille (opsioneel)
15 ml (1 e) mosterdsaadjies (opsioneel)

Verhit al die bestanddele saam tot kookpunt en laat goed kook. Gebruik soos in die bygaande resepte beskryf.

Lewer ongeveer 500 ml (2 k) sous.

KOMKOMMERSLAAI

1 x basiese soetsuur sous
3 Engelse komkommers, in dun skyfies gesny
3 groot uie, in dun skyfies gesny
45 ml (3 e) growwe sout

Berei die basiese soetsuur sous (sien hierbo).

Pak die komkommer- en uieskyfies in lae in 'n vergiettes oor 'n bak. Strooi growwe sout oor elke laag. Plaas 'n piering en 'n swaar voorwerp bo-op en laat 3 uur lank staan om te dreineer. Verhit die soetsuur sous weer tot kookpunt, voeg die groente by en laat net 1 minuut lank kook. Skep warm in gesteriliseerde flesse en verseël.

Lewer ongeveer 3,2 liter slaai.

DRIEBONESLAAI

1 x basiese soetsuur sous
2 blikke (410 g elk) bone in tamatiesous
2 blikke (410 g elk) botterbone, gedreineer
2 blikke (410 g elk) groenbone, gedreineer
2 uie, gekap
2 soetrissies, ontpit en in repe gesny
paar gebleikte sultanas

Berei die basiese soetsuur sous (sien hierbo).

Voeg die res van die bestanddele by die kokende soetsuur sous, verhit tot kookpunt en laat net weer goed kook. Skep warm in gesteriliseerde flesse en verseël dadelik.

Lewer ongeveer 2 liter slaai.

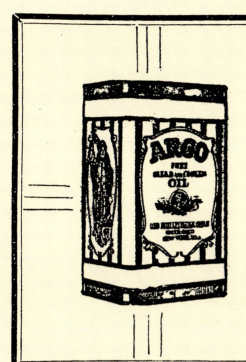
BASIESE KERRIESOUS

500 ml (2 k) druiweasyn
375 ml (1½ k) suiker
125 ml (½ k) water
50 ml fyn appelkooskonfyt
20 ml (4 t) matige kerriepoeier
5 ml (1 t) fyn gemmer
5 ml (1 t) borrie
2 ml (½ t) fyn komyn (jeera)
2 ml (½ t) fyn koljander
1 blokkie tamatiepasta of 1 klein blikkie (65 g) tamatiepasta
5 ml (1 t) sout
60 ml (¼ k) mielieblom

Meng al die sousbestanddele, roer totdat suiker opgelos is en laat 5 minute lank goed kook. Gebruik soos in die bygaande resepte beskryf.

Lewer ongeveer 600 ml sous.

KERRIEKOOL

Jy kan ook 'n paar geelwortels by die kool voeg.

1 x basiese kerriesous
7 middelslaguie, in ringe gesny
1 kopkool van sowat 1,8 kg
250 ml (1 k) sultanas

Berei die basiese kerriesous (sien langsaan).

Plaas die uie en kool in 'n kastrol en bedek met water. Kook tot net sag, maar nog bros. Dreineer. Verhit die kerriesous tot kookpunt, voeg die groente en sultanas by en laat net weer goed kook. Skep warm in gesteriliseerde flesse en verseël dadelik.

Lewer ongeveer 3 liter slaai.

KERRIEBONE

Hierby kan ook 'n paar geelwortels, skoongeskraap en in stukke gesny, gevoeg word.

1 x basiese kerriesous
1 kg groenbone, stingelente afgesny
1 ui, in ringe gesny
sout

Berei die basiese kerriesous (sien langsaan).

Kook die groenbone en ui saam met sout in 'n bietjie water tot net sag. Dreineer. Verhit die kerriesous tot kookpunt, voeg die groente by en laat net weer goed kook. Skep warm in gesteriliseerde flesse en verseël dadelik.

Lewer ongeveer 2 liter slaai.

KERRIE-UITJIES

1 x basiese kerriesous
1 kg uitjies, geskil, maar puntjies heel behou

Berei die basiese kerriesous (sien bl. 49).
Kook die uitjies tot net sag maar nog heel en dreineer. Verhit die kerriesous tot kookpunt, voeg die uitjies by en laat net weer goed kook. Skep warm in gesteriliseerde flesse en verseël dadelik.
Lewer ongeveer 2,5 liter slaai.

KERRIE-DRIEBONESLAAI

1 x basiese kerriesous
2 blikke (410 g elk) bone in tamatiesous
2 blikke (410 g elk) nierbone in tamatiesous
2 blikke (410 g elk) groenbone, gedreineer
2 uie, gekap
2 soetrissies, ontpit en in repe gesny

Berei die basiese kerriesous (sien bl. 49).
Voeg die res van die bestanddele by die kokende kerriesous en laat net weer goed kook. Skep warm in gesteriliseerde flesse en verseël dadelik.
Lewer ongeveer 2,5 liter slaai.

BASIESE TAMATIESOUS

250 ml (1 k) suiker
375 ml (1½ k) druiweasyn
1 blikkie (115 g) tamatiepasta
10 ml (2 t) worcestersous
10 ml (2 t) aangemaakte mosterd
sout en peper
30 ml (2 e) mielieblom, aangemaak met 'n bietjie koue water

Meng al die sousbestanddele. Verhit die mengsel en roer dit totdat die suiker opgelos is. Laat goed kook. Gebruik soos in die bygaande resepte beskryf.
Lewer ongeveer 400 ml sous.

KOPERPENNIE-WORTELSLAAI

1 x basiese tamatiesous
750 g geelwortels, skoon geskraap en in skyfies gesny
1 groen soetrissie, ontpit en in blokkies gesny
1 groot of 2 klein uie, in ringe gesny

Berei die basiese tamatiesous (sien hierbo).
Kook die geelwortels in 'n bietjie water tot net sag, maar nog bros. Dreineer. Verhit die tamatiesous tot kookpunt, voeg die geelwortels en die res van die groente by en laat net weer goed kook. Skep warm in gesteriliseerde flesse en verseël dadelik.
Lewer ongeveer 1,5 liter slaai.

ROOI SLAPHAKSKEENTJIES

1 x basiese tamatiesous
1 kg uitjies, geskil, maar puntjies behou
250 ml (1 k) sultanas

Berei die basiese tamatiesous (sien langsaan).
Kook die uitjies in 'n bietjie water tot net sag maar nog heel. Dreineer. Verhit die tamatiesous tot kookpunt, voeg die uitjies en sultanas by en laat net weer goed kook. Skep warm in gesteriliseerde flesse en verseël dadelik.
Lewer ongeveer 1,5 liter slaai.

GEMENGDE GROENTESLAAI

1 x basiese tamatiesous
700 g geelwortels, skoon geskraap en in ringe gesny
250 g blomkool of broccoli, in blommetjies gebreek
500 ml (2 k) pitmielies – bevrore of ingemaak en gedreineer
1 groen soetrissie, ontpit en in blokkies gesny
2 knoffelhuisies, fyngedruk

Berei die basiese tamatiesous (sien langsaan).
Kook die geelwortels in water tot effens sag. Voeg die blomkool by en kook totdat die groente net sag, maar nog bros is. Dreineer. Verhit die tamatiesous tot kookpunt, voeg al die groente by en laat net weer goed kook. Skep warm in gesteriliseerde flesse en verseël dadelik.
Lewer ongeveer 2 liter slaai.

ROOI DRIEBONESLAAI

1 x basiese tamatiesous
2 blikke (410 g) groenbone, gedreineer
2 blikke (410 g) botterbone, gedreineer
2 blikke (410 g) bone in tamatiesous
2 uie, gekap
2 soetrissies, ontpit en in blokkies gesny
paar sultanas

Berei die basiese tamatiesous (sien langsaan).
Voeg die res van die bestanddele by die kokende sous en laat weer goed kook. Skep warm in gesteriliseerde flesse en verseël dadelik.
Lewer 2,5 liter slaai.

EIERSLAAIRING

Nie lank gelede nie was gestolde slaaie nog hoogmode. Van beet- tot geelwortelslaai is gestol en daardie alombekende mosterdring, waarvoor die resep in *Wenresepte 3* verskyn, pryk nou nog jaarliks op baie tafels op Kersdag. Die resep vir hierdie slaairing het ons so onlangs soos 1997 ontvang en is ook ideaal om voor 'n ete te geniet.

10 ekstragroot eiers, hard gekook

125 ml (½ k) mayonnaise

1 houer (250 g) gladde maaskaas met grasui

125 ml (½ k) room

1 ui, baie fyngekap

4 agurkies, fyngekap

30 ml (2 e) aangemaakte mosterd

sout en varsgemaalde swartpeper

knippie rooipeper (opsioneel)

12,5 ml (2½ t) gelatien

Bespuit 'n 1 liter-vorm met kleefwerende kossproei.

Dop die eiers af en druk fyn met 'n vurk. Voeg die res van die bestanddele, behalwe die gelatien, by en meng goed deur.

Strooi die gelatien oor 50 ml koue water en verhit 40 sekondes lank in die mikrogolfoond by 100 persent-krag. Dit moenie kook nie. Roer die gelatien tot opgelos en voeg by die eiermengsel. Meng deur en skep in die voorbereide vorm en verkoel tot stewig, verkieslik oornag. Ontvorm op 'n mooi opdienbord.

Dien op met melba-roosterbrood.

Genoeg vir 10 mense.

UIE-PIESANGSLAAI

Hierdie slaai was al baiekeer in my huis 'n uitkoms wanneer ek onverwags moes regstaan vir ete en die slaaibestanddele aan die min kant was. Vir 'n romeriger slaai roer ek net sowat 'n eetlepel natuurlike jogurt by wanneer die sous afgekoel het.

25 ml (5 t) margarien

6 middelslaguie, in ringe gesny

10 ml (2 t) sterk kerriepoeier

5 ml (1 t) borrie

knippie sout

12,5 ml (2½ t) koekmeelblom

5 ml (1 t) mosterdpoeier

125 ml (½ k) asyn

30-45 ml (2-3 e) bruinsuiker

50 ml fyn appelkooskonfyt

50 ml water

15 ml (1e) natuurlike jogurt (opsioneel)

8 piesangs

paar slaaiblare

Smelt die margarien in 'n pan en soteer die uie daarin tot sag. Voeg die kerriepoeier en borrie by en braai 'n verdere minuut lank. Meng die sout, koekmeelblom en mosterdpoeier saam en voeg dan die asyn, bruinsuiker, appelkooskonfyt en water by. Meng goed en voeg by die uiemengsel. Laat prut tot goed gaar en dik. (Voeg ekstra water by, indien nodig.) Laat afkoel. Voeg die jogurt by en meng deur. Sny die piesangs in skyfies en voeg by die uiemengsel.

Rangskik die slaaiblare in 'n mooi slaaibak en skep die slaai daarop.

Genoeg vir 6 mense.

KORINGSLAAI MET GEELPERSKES EN KERRIESOUS

Van mev. A. van Wyngaard van Glen Marais ontvang ons laat in die tagtigerjare hierdie resep. Vandag nog is dit 'n treffer. Sy skryf: "Die oorspronklike resep sê dit behoort die vorige aand gemaak te word sodat dit kan oorstaan tot die volgende dag. Vir ons is dit egter net so lekker sonder dat dit gestaan het. Die sous maak ek sommer gewoonlik dubbel en bêre dan die res in die yskas."

250 ml (1 k) koring
sout
1 groot groen soetrissie, ontpit en in blokkies gesny
1 groot ui, gekap
1 blik (410 g) perskeskywe, gedreineer

SOUS
50 ml olie
3 ml (ruim ½ t) borrie
7 ml (1½ t) matige kerriepoeier
25 ml (5 t) blatjang
25 ml (5 t) suiker
25 ml (5 t) asyn
5 ml (1 t) sojasous (opsioneel)

Kook die koring saam met 'n bietjie sout in water tot gaar en spoel onder koue, lopende water af. Dreineer en skep in 'n slaaibak. Meng die soetrissie, ui en perskeskywe met die koring.

Meng al die bestanddele vir die slaaisous. Dit moet deeglik gemeng of in 'n digte houer geskud word sodat veral die suiker kan oplos. (Hierdie slaaisous word nie gekook nie.) Gooi oor die koringmengsel en roer goed deur.

Genoeg vir 6 mense.

MIELIE-KORINGSLAAI

Elke Kersfees moet sy hierdie slaai vir haar familie maak, vertel Melanie O'Neill van Port Elizabeth. In plaas van koring kan rys gebruik word.

SLAAI
1 pak (500 g) koring
1 blik (410 g) pitmielies, gedreineer
1 ui, fyngekap
1 groen soetrissie, ontpit en in blokkies gesny
50 ml fyngekapte, vars pietersielie
sout en varsgemaalde swartpeper

SOUS
50 ml wyn- of druiweasyn
30 ml (2 e) olyfolie
25 ml (5 t) suurlemoensap
1 knoffelhuisie, fyngedruk
sout en varsgemaalde swartpeper

Kook die koring in genoeg water tot sag. Geur met sout, drei-

neer goed en spoel onder koue, lopende water af. Voeg die res van die slaaibestanddele by en geur na smaak met sout en peper.

Meng al die bestanddele vir die slaaisous goed en giet oor die koringmengsel. Bêre in die yskas tot benodig.

Genoeg vir 8-10 mense.

KERRIE-BRUINRYSSLAAI

Hierdie rysslaai kry lensies en 'n ryp mango in. Jy kan ook 'n soetrissie, ui en knoffel saam met die kerriepoeier braai. En die mango kan deur ingelegde perskeskywe vervang word. Vir 'n romeriger slaai roer 'n bietjie mayonnaise of natuurlike jogurt in.

250 g (300 ml) bruinrys
1 groenteaftrekselblokkie opgelos in 500 ml (2 k) kookwater
125 ml (½ k) bruinlensies
sout
15 ml (1 e) olie
15 ml (1 e) matige kerriepoeier
60 ml (¼ k) lemoensap
60 ml (¼ k) pitlose rosyne
30 ml (2 e) blatjang
1 groot ryp mango, geskil en in skyfies gesny (opsioneel)
sout en varsgemaalde swartpeper

Kook die bruinrys in die aftreksel tot gaar. Kook die lensies saam met 'n bietjie sout in water tot sag. Spoel die gaar lensies onder lopende, koue water af, dreineer en meng met die rys.

Verhit die olie in 'n klein kastrolletjie en braai die kerriepoeier 1-2 minute lank tot geurig. Voeg die lemoensap, rosyne en blatjang by en laat 3 minute lank stadig prut. Giet die lemoensous oor die rys en meng liggies. Voeg ook die mangoskyfies by, geur na smaak met sout en peper, meng liggies en sit louwarm of koud voor.

Genoeg vir 6 mense.

AARTAPPELSLAAI MET FETA

Daar is letterlik duisende resepte vir aartappelslaai, maar hierdie een wat die TV-ster Annette Hartmann 'n paar jaar gelede met ons gedeel het, bly 'n treffer. Dis heerlik by braaivleis.

12 middelslagaartappels
sout
180 ml (¾ k) mayonnaise
180 ml (¾ k) suurroom
30 ml (2 e) wynasyn
sout en varsgemaalde swartpeper
25 ml (5 t) heelkorrelmosterd
140 ml gekapte stingeluie
140 ml gekapte agurkies
300 ml fetakaas, gekrummel

Kook die aartappels saam met 'n bietjie sout in water tot gaar, dreineer en trek die skille af terwyl nog warm. Sny in blokkies.

Klits die mayonnaise, suurroom en asyn en geur mildelik met sout en peper. Roer die res van die bestanddele by en giet oor die aartappels. Meng liggies deur en sit louwarm of koud voor.

Genoeg vir 8 mense.

VEELSYDIGE BROODSLAAI

Anders as toentertyd se broodslaai met sy eier-mosterdslaaisous kry hierdie broodslaai 'n byderwetse sous gemaak van balsamiese asyn en olyfolie oor. Pleks van broodblokkies kan jy snytjies Franse brood rooster. As variasie kan jy fetakaas in plaas van speserywors gebruik en dit saam met 'n verskeidenheid slaaiblare op 'n kleinbordjie stapel om 'n treffervoorgereg te maak. Moenie die kaas rooster nie; meng dit met die res van die slaaibestanddele.

SLAAI

olie

2 speserywors (bv. Russiese worsies), in skyfies gesny of 200 ml fetakaas, gekrummel

1 rooi soetrissie, ontpit en in blokkies gesny

½ witbrood, korsies verwyder en in 1,5 cm-blokkies gesny of ½ Franse brood, in snytjies gesny

olyfolie om oor te sprinkel

½ komkommer, in blokkies gesny

sout en varsgemaalde swartpeper

SOUS

4 knoffelhuisies, fyngedruk (opsioneel)

60 ml (¼ k) balsamiese asyn

125 ml (½ k) olyfolie

5 ml (1 t) suiker

5 ml (1 t) Dijonmosterd

sout en varsgemaalde swartpeper

Voorverhit die oondrooster. Verf 'n bakplaat met 'n bietjie olie.

Pak die worsskyfies, soetrissie- en broodblokkies daarop. Besprinkel mildelik met olyfolie en rooster onder die verhitte oondrooster tot goudbruin. Roer af en toe om aanbrand te voorkom. Laat effens afkoel en meng met die res van die slaaibestanddele.

Klits al die bestanddele vir die slaaisous saam en giet oor die slaai net voordat dit opgedien word of sit apart voor in 'n bakkie saam met slaai.

Genoeg vir 4-6 mense.

Aartappelslaai met feta

WORSIE-PASTASLAAI

Pasta maak heerlike slaaie. Gebruik enige vorm of sommer net doodgewone macaroni.

½ pak (250 g) rou farfalle (pastastrikkies)
250 ml (1 k) bevrore ertjies
30 ml (2 e) gekoopte Franse slaaisous
1 stingelui, in ringetjies gesny
1 geelwortel, skoon geskraap en in ringetjies gesny
½ klein rooi soetrissie, ontpit en in klein blokkies gesny
¼ komkommer, in die lengte gehalveer, pitjies uitgeskep en in
   dun skyfies gesny
4 Frankfurter- of Weense worsies, in ringetjies gesny

SOUS

15 ml (1 e) mayonnaise
30 ml (2 e) natuurlike jogurt
30 ml (2 e) melk
sout en varsgemaalde swartpeper

Kook die pasta in genoeg vinnig kokende soutwater, waarby olie gevoeg is, tot gaar en voeg die ertjies die laaste 3 minute by. Dreineer. Giet die Franse slaaisous oor die warm pastamengsel en laat eenkant staan om af te koel. Roer die groente en worsies by die afgekoelde pasta.

Klits die bestanddele vir die slaaisous saam en voeg by die pasta. Meng deur en geur, indien nodig.

Sit koud voor.

Genoeg vir 4-6 mense.

MEXIKAANSE PASTASLAAI

Avokado, soetrissies en slaaisous met 'n Mexikaanse geurtjie maak dié 'n heerlike slaai.

250 g rou pastavorms
30 ml (2 e) gekoopte Franse slaaisous
sout en varsgemaalde swartpeper
2 stingeluie, in ringetjies gesny
1 rooi soetrissie, ontpit en in blokkies gesny
45 ml (3 e) fyngekapte, vars koljanderblare (opsioneel)

SOUS

1 suurlemoen se gerasperde skil en sap
30 ml (2 e) mayonnaise
150 ml suurroom
30 ml (2 e) tamatiesous
5 ml (1 t) paprika
5 ml (1 t) komyn (jeera)

2 ryp avokadopere

Kook die pasta in genoeg vinnig kokende soutwater, waarby olie gevoeg is, tot gaar. Dreineer. Giet die Franse slaaisous oor die pasta, geur mildelik met sout en peper en meng deur. Laat

afkoel. Voeg die groente en koljanderblare (indien gebruik) by.

Klits die slaaisousbestanddele saam en voeg by die pasta. Meng liggies deur, geur, indien nodig, en verkoel. Skil en ontpit die avokadopere net voor opdiening en sny in klein blokkies. Roer liggies by die slaai in.

Genoeg vir 4-6 mense.

GRIEKSE MACARONISLAAI

Fetakaas, soetrissie, olywe en tamatie gee geur aan 'n slaai wat sommer van macaroni gemaak is.

SOUS

45 ml (3 e) sonneblom- of olyfolie
30 ml (2 e) vars suurlemoensap
5 ml (1 t) heuning
sout en varsgemaalde swartpeper

½ pak (250 g) macaroni

300 ml fetakaas, grof gekrummel
2 stingeluie, in ringetjies gesny
½ groen soetrissie, ontpit en in repies gesny
250 g kersietamaties, gehalveer
30 ml (2 e) fyngekapte, vars orego
45 ml (3 e) fyngekapte, vars pietersielie
20 swart olywe, ontpit en in kwarte gesny

Klits die bestanddele vir die sous saam en geur met sout en peper.

Kook die macaroni in genoeg vinnig kokende soutwater, waarby olie gevoeg is, tot gaar. Dreineer. Giet die slaaisous oor die macaroni en laat afkoel. Voeg die res van die slaaibestanddele by en geur met ekstra sout.

Genoeg vir 4-6 mense.

WALDORF-PASTASLAAI

'n Pastaslaai met seldery, appels, rosyne en okkerneute in.

SLAAI

1 klein ui, in skyfies gesny
250 g rou pastavorms
30 ml (2 e) gekoopte Franse slaaisous
sout en varsgemaalde swartpeper
2 selderystele, in skyfies gesny
2 rooi appels, ontkern en in dun skyfies gesny
1 suurlemoen se sap
80 ml (⅓ k) pitlose rosyne
½ pakkie (50 g) okkerneute, grofgekap

SOUS

45 ml (3 e) mayonnaise
45 ml (3 e) room
bietjie melk (opsioneel)

½ kop blaarslaai, gewas en kleiner geskeur

Week die uiskyfies 30 minute lank in water om die skerp smaak te versag. Kook intussen die pasta in genoeg vinnig kokende sout-water, waarby olie gevoeg is, tot gaar. Dreineer. Giet die Franse slaaisous oor die pasta en geur mildelik met sout en peper. Laat heeltemal afkoel. Meng die res van die bestanddele met die koue pasta.

Klits bestanddele vir die slaaisous saam en verdun met 'n bietjie melk, indien nodig. Meng alles en verkoel effens. Rangskik slaaiblare in 'n bak, skep die slaai in en garneer met ekstra blare.

Genoeg vir 4-6 mense.

LEKKER SLAAI

'n Kombinasie van gebraaide broodblokkies, spekvleis en avo-kadopeer raak 'n wenner as jy 'n eier-mosterdslaaisous daaroor giet. Ek het gevind die slaaisous is nog lekkerder as jy 'n bietjie jogurt daarby inmeng.

1 kop blaarslaai, in stukkies geskeur
2 avokadopere, in skywe gesny
½ pak (125 g) spekvleis, bros gebraai en dan in blokkies gesny
3 snye witbrood, in blokkies gesny en in olie bruin gebraai

SOUS
125 ml (½ k) asyn
125 ml (½ k) suurlemoensap
150 ml suiker
3 eiers, goed geklits
12,5 ml (2½ t) mosterdpoeier
1 ml (¼ t) sout
125 ml (½ k) natuurlike jogurt

Pak die blaarslaai op 'n plat bord en rangskik die avokadopere, spek en broodblokkies bo-op.

Verhit die asyn, suurlemoensap en suiker saam en roer totdat die suiker opgelos is. Voeg die geklitste eiers, mosterdpoeier en sout by en verhit oor stadige hitte totdat die sous verdik. Roer gedurig. Laat afkoel en voeg die jogurt by. Giet net voor opdiening oor die slaai.

Genoeg vir 6 mense.

VARIASIE
Vir iets anders kan jy die blaarslaai deur jong spinasieblare ver-vang, asook 2 gekapte hard gekookte eiers in plaas van die avokadopere byvoeg. Giet dan hierdie geurige slaaisous oor:

75 ml (5 e) olie
50 ml suurlemoensap
60 ml (¼ k) lemoensap
1 knoffelhuisie, fyngedruk
2 ml (½ t) suiker
2 ml (½ t) mosterdpoeier
2 ml (½ t) kerriepoeier (opsioneel)
sout en peper

Meng al die slaaisousbestanddele saam.

BROCCOLISLAAI

By die delikatessewinkel waar sy werk, kan hulle nie voorbly om hier-die slaai te maak nie, skryf mej. K. van den Berg van Pietersburg-Noord.

2 koppe broccoli, in klein blommetjies gebreek
1 ui, fyngekap
250 g ham, in blokkies gesny
150 g cheddarkaas, in blokkies gesny

SOUS
200 ml mayonnaise
100 ml wit druiweasyn
50 ml strooisuiker

Giet kookwater oor die broccoli en laat 'n paar minute lank staan. Dreineer goed, spoel onder koue, lopende water af en rangskik op 'n slaaibord. Strooi die ui, ham en cheddarkaas oor.

Meng al die bestanddele vir die slaaisous goed en giet oor die slaai. Verkoel tot benodig.

Genoeg vir 6 mense.

NEBRASKA-KOOLSLAAI

Toe Marie-Lou de Vries van Bailliepark by vriende in Holdrege, Nebraska, gekuier het, het hulle hierdie heerlike slaai daar geëet. Terug in Suid-Afrika het sy die resep aangepas met wat verkryg-baar is in ons land. In plaas van sesamsaad kan jy sonneblomsaad gebruik, en gemengde neute in die plek van die amandels.

125 ml (½ k) sesamsaad
1 pak (100 g) gevlokte amandels
½ koolkop, baie fyn gekerf
8 grasuie, fyngekap
1 pak (85 g) Two Minute-noedels

SOUS
160 ml (⅔ k) olie
90 ml (6 e) wit druiweasyn
60 ml (¼ k) suiker
15-30 ml (1-2 e) lemoensapkonsentraat (opsioneel)
droë mosterdpoeier na smaak

Braai die sesamsaad en amandels in 'n pan (sonder olie of bot-ter) totdat dit effens verbruin. Wees versigtig, dit brand maklik. Laat afkoel. Meng met die kool en grasuie.

Giet kookwater oor die noedels en roer deur totdat die noedels sag is. Giet die water af, spoel onder lopende, koue water af en dreineer goed. Meng met die koolmengsel.

Meng al die bestanddele vir die slaaisous en roer goed. Giet oor die slaai.

Genoeg vir 6 mense.

Vleis en braaivleis

S uid-Afrikaners was en is vleiseters en die meeste sal dit bly, al is hul cholesteroltelling ook hoe hoog. En dit maak nie saak of dit nou beesvleis, skaapvleis of varkvleis is nie, ons braai dit oor die kole of steek dit in die oond, maak dit heel of in tjoppies gaar, stowe en smoor, maal of maak wors, vandag nog.

Die heel eerste vleisresepte wat ek in Huisgenoot kon opspoor, was in Mei 1920 toe Die Huisgenoot nog maandeliks verskyn het. In die rubriek "Die vrou en die huis" was daar resepte vir "gebakte beesvleis en uie" en ook een vir "gevulde skaapribbetjie". Die "beestevleisstukke" is in krummels gerol en dan in botter gebak en met gebraaide uie voorgesit. Die skaapribbetjie weer is ontbeen, met 'n mengsel van vleis en krummels gevul, opgerol en in 'n doek in kookwater gekook tot sag. Daarna is dit in die oond gesteek om bruin te braai met 'n paar lepels vet of botter oor.

Om te voorkom dat vleis bederf, het destyds sekerlik die meeste hoofbrekens besorg – dit het 'n hele twee dae geneem om die vleis in te sout en te pekel. Andersins is dit ingemaak in flesse, geswael en dan winddroog gemaak, soos breedvoerig beskryf word in 'n artikel van 15 Maart 1940. Soutribbetjie, 'n voor-beeld van trek- en trekkerskos, is net so oor die kole gebraai of berook deur dit tot twee dae in die skoorsteen te laat hang. Vir sout beesvleis vind ons reeds in Maart 1921 'n resep, asook die wenk om groente daarmee saam te kook vir "as mens nie baie kastrolle het nie, of as vuurmaakgoed skaars is".

Skaapvleis was in die eerste helfte van die eeu alledaagse kos en in die week geëet, hoender was toe Sondagkos en vark het net in die vorm van speenvarkie of koue ham op die Kerstafel verskyn. In Die Huisgenoot van 9 Junie 1944 beskryf "Max" in fyn besonderhede hoe om die speenvarkie met sy brood-en-lewer-vulsel en rooi wynsous te berei.

Maar in die vyftigerjare is alles net mooi omgekeer, met hoender weekdagkos en skaapboud op Sondag, soos 'n artikel in 1968 inderdaad lui: "Vir die Sondagmaal of spogete word 'n skaapboud of -blad of 'n heerlike stuk biefstuk, omring deur goudbruin aartappels met kraakskilletjies, deur meeste boere-mense as vanselfsprekend beskou."

'n Verdere artikel in Die Huisgenoot van 19 November 1965 lui: "Keurige onthale en wyn gaan hand aan hand. Nie net om te drink nie, maar ook in die kospot." En dan volg resepte vir oondbraad wat met allerlei kruie en ook knoffel gegeur is, in rooi wyn gemarineer is en met olyfolie geverf word voordat dit gaargemaak word. Die skeptisisme omtrent varkvleis verdwyn. Varkboud met 'n lekker vulsel word in die oond gaargemaak en vir die Kersmaal is daar geglasuurde varkboud. Vandag nog is ons lief vir "spare ribs", varktjops oor die kole gebraai of varkvleis geroerbraai met repies groente vir 'n voedsame ete.

'n Interessante artikel waarop ek in Die Huisgenoot van 26 November 1937 afgekom het, handel oor hoe om jou vriende op 'n "braaivleesaand" te onthaal (sien bl. 59). Dit bevat voorskrifte oor hoe die mense, veral die vroue, moet aantrek, tot wanneer en hoe die toebroodjies en brood gesny en voorgesit moet word, asook hoe om die "chops" en wors te braai.

Later verskyn daar verskeie braaivleisartikels soos dié in 1974: "Vleisbraai – resepte vir 'n koningsmaal." Toe al braai ons hoender en sosaties, kebabs en "wigwam"-burgers en sit dit voor saam met toekosse soos Franse kruiebrood, groente in bladaluminium en "sjisi-kebabs", gemaak van Frankfurters, tamatie-wiggies, droëappelkose en pruimedante, soetrissie en sampioene, op penne geryg.

Deesdae braai ons nie net meer tjops en wors oor die kole nie. Heel snitte soos boud, lende, lamsvleis of varkvleis, maak nie saak nie, lê net so lekker oor die kole en sis. En daar is allerhande souse, vulsels en so meer wat dit in 'n uithalergereg kan omskep.

Soetsuur ribbetjie (bl. 63)

MIN-MOEITE-GEMARINEERDE LAMSBOUD

Huisgenoot se eindredakteur, André Brink, het my vertel hoe eenvoudig dit is om hierdie geurige ontbeende lamsboud oor die kole gaar te maak. Al wat jy doen, is om die boud oornag in 'n gekoopte slaaisous van jou keuse te laat lê en dit dan stadig oor die kole te braai.

1 middelslaglamsboud, sowat 2 kg
1 bottel (250 ml) slaaisous

Ontbeen die lamsboud, druk dit plat oop en plaas in 'n niemetaalagtige bak. Giet die slaaisous oor. Bedek, marineer oornag in die yskas en draai af en toe om.
   Verwyder die lamsboud uit die marinade. Braai hoog bo matige kole 30-40 minute lank of tot mediumgaar. Verf gereeld van die marinade oor. Sny die vleis in dun skywe.
   Sit voor met slaaie en vars brood.
   Genoeg vir sowat 6 mense.

VLINDERLAMSBOUD IN KARRING-MELKMARINADE

Magdaleen van Wyk, bekende kookboekskrywer, het laat in die tagtigerjare spesiaal 'n buitelug-spyskaart vir Huisgenoot beplan vir ons reeks *Kook saam met die kenners*. Haar man, Andreas, nou rektor van die Universiteit van Stellenbosch, was verantwoordelik vir die braai van die vleis. Hy het dit murgsag en met steeds so 'n effense pienkerigheid aan ons voorgesit.

2,5 kg lamsboud

MARINADE
2 knoffelhuisies, gekneus
5 ml (1 t) vars of 2 ml (½ t) droë tiemie
5 ml (1 t) fyngekapte, vars of 2 ml (½ t) droë orego
250 ml (1 k) karringmelk
30 ml (2 e) suurlemoensap
2 ml (½ t) sout
2 ml (½ t) varsgemaalde swartpeper

Ontbeen die lamsboud en druk dit plat oop. Meng al die bestanddele vir die marinade en giet in 'n vlak niemetaalagtige oondskottel. Voeg die vleis by, marineer 8-12 uur lank in die yskas en draai af en toe om.
   Verwyder die lamsboud uit die marinade en braai 30-40 minute lank oor warm kole of tot sag en sappig. Bedruip gereeld met die marinade.
   Sit die vleis voor terwyl die binnekant nog effens pienk is. Moet dit nie oorgaar maak nie, omdat dit dan droog sal raak.
   Genoeg vir 6 mense.

VARKFILETTE MET KRUIE-EN-KAAS-VULSEL

Hierdie filette is die gewildste gereg in haar huis, laat weet mev. E.M. Badenhorst van Swellendam. Terwyl die filette oor die kole lê en braai, word hulle gereeld bedruip met 'n sous wat nou al in haar huis as "daai sous van my" bekend staan. Sodra hulle begin braai, wil haar man weet of sy al daai sous begin maak het wat die vleis so lekker sag en sappig maak.

VULSEL
15 ml (1 e) botter
½ klein ui, fyngekap
1 klein knoffelhuisie, fyngedruk
60 ml (¼ k) knopiesampioene, fyngekap
100 ml vars broodkrummels
5 ml (1 t) fyngekapte, vars of 2 ml (½ t) droë tiemie
knippie rooipeper
1 ml (¼ t) sout
varsgemaalde swartpeper
180 ml (¾ k) gerasperde cheddar- of mozzarellakaas

3 varkvleisfilette

Smelt die botter en soteer die ui en knoffel tot geurig. Voeg die sampioene by en soteer tot sag.
   Verwyder van die stoof en voeg die krummels, tiemie, rooipeper, sout en peper by. Laat heeltemal afkoel en roer die kaas in.
   Sny elke filet horisontaal slegs halfpad oop, nie dwarsdeur nie. Vou oop en druk effens platter met jou handpalm. Skep 'n derde van die vulsel in elke filet, vou toe en bind vas met tou of steek toe met peuselstokkies.
   Braai die filette oor matige kole tot net gaar. Verf gereeld met die braaisous (sien onder). Sny die gaar filette in dun skywe.
   Sit voor met slaai.
   Genoeg vir 4-6 mense.

BRAAISOUS

200 ml olie
100 ml suurlemoensap
100 ml sojasous (met soet basis)
30 ml (2 e) geuropwekker soos Aromat
10 ml (2 t) geuropwekker soos Zeal
20 ml (4 t) braaispeserye
20 ml (4 t) paprika

Skud al die bestanddele vir die braaisous saam in 'n fles en verf oor die varkfilette terwyl gebraai word. (Die paprika kan verminder word indien die sous te sterk is.)
   Lewer 400 ml sous.

Onthaal Jou Vriende Op 'n Braaivleesaand —

SÊ „MARIE"

'N MENS kan byna sê dat dit 'n sonde is om nou saans in die huis te sit terwyl die aande so heerlik koel en verfrissend is. Diegene met lekker stoepe en grasperke aan hul wonings het voorwaar veel stof tot dankbaarheid!

Nou is die tyd om daarvan gebruik te maak, maar nie meer om daarmee verlede seisoen se wintersonnetjie op te soek en vas te keer nie, dog om in lang, diep teue van die heerlike fris aandluggie in te adem, te luister na die paddakoor of krieke-sang en jou te verlustig in die prag en die wonder van die onmeetlike uitspansel daar bo. Maar wag, ons gaan nie nou filosofeer nie. Nee, ons gaan sommer so padlangs gesels oor iets wat baie na aan die Afrikanerhart lê — braaivlees! Braaivlees op die rooster.

'n Mens kan maklik een aand sommer so 'n informele klein maanligpiekniek op daardie grasperk langs of agter jou huis gee. Die gaste word vooraf gewaarsku om almal in gemaklike piekniek- of sportdrag te verskyn — lang of kort kakie- of wit broeke en oopnek-hemde vir die mans en miskien ook vir die dames (met ordentlike figure asseblief) wat dit verkies, of anders mooi koel wit of gekleurde tennis- of huisrokkies vir diegene wat nog nie die broekmode aangeneem het nie. Daarby natuurlik heel gemaklike plathak-skoene. En onthou tog dat jy selfs in sorgelose piekniek-mondering daar baie netjies en aanvallig kan uitsien, as jy net wil!

Die gasvrou het vooraf voorsiening gemaak vir 'n hele paar roosters, of dié kan vervang word deur 'n tuisgemaakte „reuse-rooster", wat bestaan uit 'n hoepel waaroor 'n stuk ogiesdraad styf gespan is. Dan het sy daardie middag al haar „chops" en wors (omtrent ¾ pond per persoon) in gereedheid gebring soos by gewone gebruik. Sy het ook 'n aantal eiers hard gekook en dit op kunstige wyse in een of twee mandjies geplaas, wat sy sonder moeite met strooi en takkies en veertjies ens., soos egte hoenderneste uitgerus het.

Die sny en die smeer van die varsgebakte brood wag tot die heel laaste, anders word dit tog alte droog en onsmaaklik. Die reeds klaargesmeerde snye word dan oorhoeks middeldeur gesny en netjies op 'n beddinkie vars slaaiblare in plat borde opgestapel.

Somertyd is vrugte-tyd — dus kan die gasvrou wat by elke moontlike geleentheid graag 'n sekere mate van oorspronklikheid en kunssmaak aan die dag lê, 'n paar mandjies of bakke met vrugte smaakvol rangskik vir die gebruik van die gaste. Verder kan sy ook sorg vir etlike bakke met lekker jong, vars slaaiblare en radysies en reeds gesnyde tamaties.

So teen sononder, voordat die gaste arriveer, word daar 'n klompie reisdekens op die grasperk oopgespei met 'n aantal stoelkussings sorgeloos daarop rondgestrooi. Kampstoeltjies en bankies kan ook hier en daar geplaas word, en 'n paar Japanse of gewone lanterns in die bome gehang sal dadelik die verlangde romantiese atmosfeer skep. Om hierdie mooi toneeltjie te voltooi, plaas die gasvrou 'n taamlike groot, lae tafel by die vergaderplek, en hierop stal sy dan die reeds toebereide eetware uit — nl. die borde met gesmeerde brood, die „hoenderneste" met hardgekookte eiers, die slaaibakke en die vrugte; karton- of gewone borde word ook op die tafel geplaas, sowel 'n voorraad messe en vurke, al neem die vingers ook die plek daarvan in! Verder etlike potjies met sout en peper; ook vingerbakkies met water, terwyl 'n toereikende voorraad papierservetjies nie moet vergeet word nie. 'n Paar vadoekies wat kan natgemaak word, sal baie handig te pas kom met die oog op vetterige vingers en mondhoeke! Alles wat 'n mens by so 'n geleentheid mag nodig kry, moet sommer byderhand wees.

En uiteindelik kom ons dan by die vlees en wors. Die vuur word nou 'n entjie van die sitplek af opgemaak deur die huisjong, wat moet sorg vir die braai van die vlees. Hiervoor gebruik hy 'n lang kombuisvurk. In die kombuis bring die bediende reeds vooraf ook die koppies in gereedheid vir die koffie, wat natuurlik na afloop van die piekniek-ete buitekant op skinkborde by die versadigde gaste sal rondgeneem word. Nou kan die gasvrou maar op haar gemak vry met haar gaste meng sonder om elke keer op te spring en dan lang rukke weg te bly. As die voorafgaande reëlings en organisasie goed en deeglik gedoen word, hoef sy haar nie verder te bekommer nie. Die vlees en die wors moet dan nog net gebraai word.

Soos die gaste arriveer, word hulle sommer dadelik na die „kampplek" toe geneem, waar die gasheer as sy gade hulle 'n skemerdrankie en sigarette aanbied, terwyl die klomp vrolik klets en lag en hul solank verlustig in die veelbelowende braaivleesgeur wat van die vuur se kant af kom.

Na 'n rukkie word die heerlike varsgebraaide „chops" en wors reguit van die roosters af na die geselskap toe gebring, wat seker g'n gras onder hulle voete (of liewers tande!) sal laat groei nie!

Wanneer die gesmul dan eindelik klaar en afgedaan is en almal lui-lekker op die gras uitgestrek lê, word daar piekniekliedjies gesing, grieselige spookstories vertel, grappies geruil en allerhande laf verkoop, soos dit maar gewoonlik by so 'n piekniek gaan, totdat die tyd eindelik aanbreek om weer huiswaarts te keer.

Na so 'n aangename en romantiese aandjie in die maanlig en buitelug sal jou drome seker soet wees — tensy jy natuurlik te goed aan die braaivlees weggelê het!

SOMERKOUES

MEER as een vakansie is al bederwe deurdat een lid van die gesin 'n verkoue opgedoen het wat in 'n ernstige siekte oorgegaan het; in alle geval verwoes enige verkoue die helfte van die genieting van 'n vakansie vir die ongelukkige slagoffer. In die meeste gevalle kan somer-koues voorkom word as 'n paar eenvoudige gesondheidsreëls net nagekom word.

Na liggaamsoefening, na 'n maaltyd, en weer as ons slaap gee ons liggame 'n definitiewe mate van hitte af, en tensy daar op hierdie tye vir spesiale dekking gesorg word, is 'n verkoue amper seker die gevolg. Sorg seker dat daar by die inpakkery vir elke lid van die familie 'n kleurbaadjie, cardigan of ekstra jersie ingesit word, wat na die baaiery of sport of as die aandluggie begin koel trek, aangetrek kan word.

Dis 'n fout om kindertjies hul dag-slapie buite op die gras te laat neem, selfs al het dit lank nie gereent nie, tensy daar 'n lik kombers of, nog beter, 'n waterdigte kleed onder hulle kom. Die aarde sal gestadig hitte uit hul liggame uittrek en hulle derhalwe blootstel aan kouvat. En hoe warm die nag ook al is, behoort daar altyd tog nog 'n ligte kombers oor die slapende getrek te word, want die liggaam gee gestadig deur die slaapure hitte af.

Neem 'n paar druppels jodium (Lugol s'n is beste) en by die eerste teken van 'n koue of as 'n behoedmiddel, en dit sal waarskynlik 'n kouevrye vakansie wees.

AS BRUIN SKOENE GEVLEK RAAK

DIE kleinste bietjie seewater laat 'n merk op bruin leerskoene; probeer dit afhaal met 'n klein klontjie gewone wassoda opgelos in twee eetlepels warm melk.

VARKLENDE MET ROOSMARYN EN KNOFFEL

Berei 'n maklike marinade van olyfolie en rooi wyn en laat die vleis oornag daarin lê. Dit kan ook vir varktjops gebruik word.

5 vars roosmaryntakkies
5 heel knoffelhuisies
1 ontbeende varklende van sowat 1,25 kg
45 ml (3 e) olyfolie
100 ml rooi wyn
varsgemaalde swartpeper

Plaas die roosmaryn en knoffel bo-op die varklende en bind met tou vas. Plaas die lende in 'n niemetaalagtige houer. Meng die olie, rooi wyn en genoeg peper en giet oor die lende. Marineer 24 uur lank.

Draai die lende saam met 'n bietjie marinade in 'n stuk aluminiumfoelie toe en rooster sowat 'n halfuur lank hoog bo matige kole. Verwyder die foelie en braai verder tot net gaar. Verf gereeld met die marinade.

Verhit die orige marinade saam met die vleissappe tot kookpunt en dien met die varkvleis op.

Draai klein aartappeltjies saam met knoffel en 'n klein bietjie olyfolie in aluminiumfoelie toe en braai oor die kole. Dien op met die varkvleis.

Genoeg vir 6 mense.

SANNIE SMIT SE OONDGEBRAAIDE LAMSBOUD EN AARTAPPELGEBAK

Sannie Smit was een van die groot geeste in ons land se koskultuur. Sy was jare lank die hoofhuishoudkundige by die destydse Vleisraad en het inderdaad die kuns verstaan om enige kos – nie net vleis nie – baie geurig en keurig te berei. Kort nadat ek by Huisgenoot ingeval het, vra ek haar om van haar persoonlike gunstelinge vir ons te berei. Hierdie lamsboud was een van hulle. Ná tien jaar is dit steeds van my eie gunstelingresepte en maak ek lamsboud op geen ander manier gaar nie.

VLEIS
7 ml (1½ t) sout
varsgemaalde swartpeper
15 ml (1 e) fyngekapte, vars roosmaryn of 5 ml (1 t) droë roosmaryn
1 lamsboud, sowat 2 kg
15 ml (1 e) suurlemoensap

AARTAPPELGEBAK
6 groot aartappels, geskil en in dun skywe gesny
1 groot ui, in dun skywe gesny
2 knoffelhuisies, gekap
15 ml (1 e) botter
15 ml (1 e) olie
10 ml (2 t) sout
varsgemaalde swartpeper
1 vars tiemietakkie of 5 ml (1 t) droë tiemie
1 vars roosmaryntakkie of 5 ml (1 t) droë roosmaryn
250 ml (1 k) hoender- of witvleisaftreksel
250 ml (1 k) melk
50 ml parmesaankaas (opsioneel)
bossie vars kruie (opsioneel)

Voorverhit die oond tot 160 °C (325 °F).

Vryf die sout, peper en roosmaryn in die lamsboud in. Drup die suurlemoensap oor en plaas die boud met die vetkant na bo op die rakkie van die oondbraaipan. Oondbraai die vleis vir mediumgaar: 20-25 minute per 500 g en 20 minute ekstra; en goed gaar: 25-30 minute per 500 g en 25 minute ekstra.

Begin 'n uur voordat die vleis voorgesit gaan word, die aartappels gaarmaak:

Pak die helfte van die aartappels in 'n dun laag in die oondbraaipan waarop die rakkie met die vleis rus. Soteer die ui en knoffel in die verhitte botter en olie tot deurskynend. Skep die uimengsel bo-op die aartappels. Pak die res van die aartappels in 'n laag bo-op die uie. Strooi die sout en peper bo-oor. Bind die kruie in 'n bossie en plaas bo-op die aartappels. (Indien droë kruie gebruik word, strooi saam met die sout en peper oor die aartappels.) Verhit die aftreksel en melk saam en giet bo-oor die aartappels. Strooi die parmesaankaas bo-oor.

Plaas die vleis wat op die rakkie rus, bo-op die aartappels en oondbraai verder nog 1 uur lank of totdat die aartappels en vleis gaar is. Skep die aartappels op die vleisbord en plaas die lamsboud bo-op. Garneer met 'n bossie vars kruie (indien gebruik).

Genoeg vir 6 mense.

Wenk

Indien verkies, kan die aartappels in 'n aparte oondskottel ge-
bak word, maar dit smaak baie lekkerder as die uitgebraaide
vet van die vleis tydens die gaarmaakproses daarop drup.

ROERBRAAIVARK

Varkvleis is ideaal om te roerbraai, veral omdat die meeste snitte
sag is. Roerbraai dit saam met 'n verskeidenheid groentesoorte en
berei 'n lekker soetsuur sous met pynappel daarin.

olie
500 g varkvleis-roerbraairepies
sout en varsgemaalde swartpeper (opsioneel)
1 ui, in skywe gesny
1 knoffelhuisie, fyngedruk
1 rooi soetrissie, ontpit en in repies gesny
1 geelwortel, skoon geskraap en in repies gesny
2 murgpampoentjies, in ringe gesny
3 knopiesampioene, in skywe gesny
1 blik (440 g) pynappelstukke, gedreineer, maar sap behou
10 ml (2 t) mielieblom
15 ml (1 e) sojasous
15 ml (1 e) asyn

Verhit 'n klein bietjie olie in 'n groot pan. Geur die varkvleisrepies
liggies met sout en peper, indien verkies. Braai in die verhitte olie
tot ligbruin. Skep uit en hou eenkant.

Soteer die ui in dieselfde pan tot sag. Voeg die knoffel,
soetrissie, geelwortel, murgpampoentjies en sampioene by en
roerbraai tot net sag. Voeg die pynappelstukke en die gaar vark-
vleis by.

Meng die gedreineerde pynappelsap, mielieblom, sojasous
en asyn. Voeg by die varkvleismengsel en verhit terwyl geroer
word totdat die sous effens verdik. Kook sowat 3 minute lank en
geur met sout en peper, indien nodig.

Dien op met broodrolletjies, pasta of rys.

Genoeg vir 4 mense.

Roerbraaivark

Vrouewêreld

TERT EN ANDER PROBLEME — Deur 'n Onbekwame Kok

TERT bak, dit weet almal, is nie elkeen se werk nie. Daar is geheime by die aanmaak van tertdeeg, in verband met die inmeng van brandewyn, met die tyd voordag wanneer die aanmaker moet opstaan, met die sterkte van die lugtrek waarin sy moet staan by die uitvoer van die voorbereiding, sulke en ander geheime is daar waarin die aspirant alleen op verdienste ingewy word. Van sulke sake weet ek maar net: ek ken hulle nie. Altyd het ek in gesprekke van tertbakkers onder mekaar halwe wenke en aanwysinkies gevang, wat dien as indikasies van kennis of as 'n spesie van vrymesselaars-kenteken, eerder as inligting. En selfs sover as ek nou die rigtings van behandeling by name weet, sou ek ook nie gekom het nie was dit nie dat 'n onverskillige jong deskundige my die dinge opgenoem het onder die indruk van my ouderdom en waardigheid en menende dat ek reeds ingelig was en dat iemand van my jare en kennis moet kan tert bak. Ouer vrouens sou eers bewyse sou gehad het; alleen dan sou hulle geheime metodes beskryf het as hulle daardie metodes as reeds bekend vermoed het.

By hulle langs, het die onskuldige jong suster vertel, word die beste tert gebak; maar die mense is ernstig daaroor. Die beste bakker onder hulle almal is tant Hester; en van die twede graad is tant Lettie. En een dag, met 'n predikant se koms of 'n dergelike belangrike viering, kon tant Hessie nie bak nie, en moes tant Letta maar sien om te produseer wat sy kon. Die twee het oor die telefoon die saak bespreek; ek weet nie wie die eerste opgelui het nie: tant Hessie uit jammerte en bekommernis, of tant Lettie uit vrees en bekommernis. Maar tant Lettie het haar gewilligheid verklaar, en haar onkunde, vergelyk met tant Hessie se kennis, erken. Toe loop tant Hessie se jammer oor. ,,Kind,'' sê sy, ,,maar jy weet as jy die reusel in die meel invryf, moet jy dit met 'n mes doen, nie met jou hande nie.''

Op hierdie manier het tant Lettie die agterste geheim geleer ken.

,,Nee, 'n mens weet nooit hoe jou tertdeeg sal kom nie,'' sê my vertelster gulhartig verder, ,,al pas jy ook hoe op. My niggie, as sy alles klaar het, bak eers ses tertjies. Is hulle nie van die beste nie, dan rol sy weer al die deeg oop en bak dan haar baksel wat baie makliker goed kom.''

,,En weet tante hoe sy die eintlike skilfers so laat uitstaan? Sy rol die deeg so dun as 'n mes, en sit drie lae op mekaar; elkeen blaas dan op sy eie op in die oond, en dit is daardie tertjies wat so een en al skilfer is.''

Ons mense is ernstig oor koekbak in daardie distrik, dit weet ek. Ek weet van een wat met gebed by die oond staan as 'n fyn koek daarin is. En haar koek kom goed — eersteklas! Nou, waarom nie? 'n Goeie stuk werk word tog met hart en siel gedoen; ek het eenmaal gelees van 'n broeder Geronimo, die kloosterkok, wat oor al sy oondkos gebede gesê het en die storie vertel ook dat hy 'n vermaarde kok was. Daar is koeke so fyn dat jy nie kort-kort die oonddeur mag oopmaak om hulle te bekyk nie; hulle is gevoelig vir die koel lug van buite, of vir die trilling van die oonddeksel. Dit weet selfs van koekke wat gevoelig is vir die oopgaan van die kombuisdeur, al is die oonddeur toe; jou, ou tant Annie het die kinders nie toegelaat, onderwyl 'n groot suikerbrood in die stoofoond gebak het, om onnodig deur die kombuis te loop nie. By sulke *opera magna* is die geloof nie onvanpas nie, en geloof het sy uiting in gebed, nie waar nie? Ek self het al in 'n buitebakoond gebak, die nederige suurdeegbrood, dit is al, en patats en pampoen, maar ek ken die besef van die noodlot wanneer 'n mens die baksel binne het, en die oond is toe; veral as jy die deksel met klei moet toepleister om hom dig te kry. As jy daar wegstap, voel jy die saak is nou uit jou hande uit vir die finale beskikking. Ek het die gevoel afgeskud — maar, soos hierbo gesê, ek is 'n onbekwame kok, met 'n baie gebrekkige verantwoordelikheidsgevoel wat betref koskook.

By sulke hoogtes soos tert en tertjies, oop en toe, by pasteideeg wat skilfer en wat van onder gaar word, sal ek nooit uitklim nie. Ek bly op die laagtes waar gefrummel word en na die bakpoeierblikkie gegryp word. Ek voel soms geregverdig vir my lae peil as ek sien hoe min die kunswerke van die goeie baksters deur die mans b.v. waardeer word. Arme tant Kato het eintlik seer gekry as haar geliefde oudste seun kom kuier, en die toetertjies, met skilfers en al, smiddae somar in sy koffie doop. Hy het dit droog geëet as hy onthou het, om haar nie aanstoot te gee nie, maar hy was maar 'n vergeetagtige, goeie seun, en vir tant Kato so dierbaar dat sy vir ons almal afgehaal het as ons in sy gedrag iets laakbaars sou sien. Ek weet egter hoe bly sy was toe die vrouens die vals tertjies, (,,sham tarts'') uitgevind het. Dit lyk na toetertjies, toegeslaan en alles, met 'n konfytjie binne, maar dit word van gewone uitgerolde koekiesdeeg gemaak. Dan kan die seun verwelkom word met tert wat veilig in die koffie gesteek kon word!

Op sulke laagtes bly ek, en myns gelyke; maar selfs op die laagtes is struikelstrikke vir die onbekwames, en selftevredenheid bekom jou nie; dit is goed, want dan sien jy met daardie agting op na die bekwames wat elke regskape mens vir goeie en fyn werk voel. Dit is lelik om kosgeregte te verbrou.

Selfs dan vir die onbekwames, op die laagtes, is daar menige struikelstrik. Wanneer maak 'n mens werklik seker hoeveel rysgoed jy in ,,scones'' moet sit? As jy 'n gelykgestrookte lepelvol vir elke koppie meel moet neem, hoe groot moet die koppie wees, en die lepel?

Waarom is die rosyntjies, as jy dit in die brooddeeg inknie, so baie dat die een die ander uitstoot, en jy bang is dat jy nie almal toegedek gaan kry nie; en dan, as die brood, (voor die oë van die kritiserende kroos) gesny word, wil hulle oom Lewies se perd gaan opsaal om van een rosyntjie na die ander te ry? 'n Mens sit hulpeloos by; êrens, voel jy, is verraad gepleeg geword.

Wanneer maak jy gekookte vla met 'n geruste gemoed — by welke ouderdom, bedoel ek? Warm in koud — of koud in warm — keer vir rou, en keer vir skif; jy stuur maar tussen gevaarpunte in, helaas.

Hoe moet room met die klitser en met oortuiging genader word? Daar is mense wat room klits, en wat geklitste wit van eier oor 'n gebakte poeding in die oond steek, met die vaste bewustheid dat die room sal tot staan kom, en die eier as eier herken sal word by die uitkom, en nie vir 'n voeringvelletjie aangesien word nie. Daar is sulke mense; ek ken hulle self; maar nadoen kan ek nie. Nie met sekerheid nie. Dit is waar, as die ding regkom, meen ek dat my tevredenheid dieper is as Anna en Maria s'n.

En is dit nie jammer dat 'n lekker vleissous so kort moet wees, en 'n lang sous so onlekker nie? Hoe sukkel 'n mens tog om die regte lengte te kry, eweredig met die getalsterkte van die kroos — veral as hulle 'n meel-verdikking openlik en onomwonde afkeur!

Ek wonder ook wat verkiesbaar is, om pannekoek so dikwels te bak dat jy, na al die oefen, elke pannekoek soos 'n lappie kan omgooi in die pan; of so selde dat jy die omgooi laat geskied as die kinders uit die huis is, en jy die aia laat beloof om niks te sê nie. In die eerste geval lyk dit my jammer om van pannekoek so 'n alledaagse ding te maak; liewer dan die onsekerheid, wat tog pit aan die saak gee!

Nee.

Koskook, soos kinders grootmaak, is die moeite werd om te doen, en om dit goed te doen. Dit moet gedoen word: dis die vrou se werk, albei, en allerbelangrikste werk. Vermors van kosvoorrade is lelik, en is die kenmerk van 'n minder ontwikkelde mens. Maar dit behoort nie meer as 'n deel van 'n vrou se leeftyd in beslag te neem nie; en ons, vrouens, kan gerus ons lewens so inrig dat daar na die tydperk van sorg vir die huisgesin, d.w.s. as die kinders groot is, 'n tyd kom wanneer ons aan ander verlangens van ons natuur ook bevrediging kan gee. Bestee dan, susters, bestee aan kook en aan bak wat hulle toekom, maar nie meer nie; laat dit nie àl uiting, selfs nie die vernaamste uiting, vir die siel en verstand wees nie. Anders ly julle op die ou dag honger!

Onderwyseres op delwery: ,,Wie kan my 'n definiesie gee van 'n fariseër?''

Piet steek sy hand op.

Onderwyseres: ,,Ja, Piet, dit lyk of jy die slim seun in die klas is vandag.''

Piet: ,,Juffrou, 'n fariseër is 'n seun wat skool-toe kom met 'n glimlag op sy gesig as dit stormloopdag is.''

'n Bietjie
MOSTERD

Maak enige
Maaltyd
heerlik

Vis

Entree

Gebraaide Beesvlees

Koue Skaapvlees

Kaas

Huisgenoot   5 September 1924

VARKBOUD MET KRUIE EN LEMOEN

Heel varkboud bly lekker, veral as jy ook die swoerd daarby eet. Mev. I. Groenewald van Weltevredenpark steek knoffelhuisies oral by die varkboud in, strooi gekapte, vars kruie oor en pak lemoenskyfies bo-op. Daarna giet sy 'n goeie hoeveelheid wit wyn oor en bak dit in die oond tot salige lekkerte.

1 varkboud, sowat 2 kg
9 knoffelhuisies, in dun repe gesny
500 ml (2 k) droë wit wyn
sout en varsgemaalde swartpeper
45 ml (3 e) fyngekapte, vars kruie, soos tiemie, salie en pieter-sielie
1 lemoen, in skywe gesny met skil en al

Voorverhit die oond tot 160 °C (325 °F).

Plaas die varkboud in 'n oondbraaipan. Sny die swoerd af, sny dit in stukke en plaas op 'n aparte bakplaat. Sny 'n diamantpatroon in die boud se vetlaag en steek gaatjies oral in.

Druk die knoffelrepe in die gaatjies. Giet die wit wyn oor die boud en geur na smaak met sout en peper. Strooi die vars kruie oor en pak die lemoenskywe bo-op die boud en onderin die pan. Bedek met aluminiumfoelie en bak 30 minute per 500 g, plus nog 30 minute ekstra. Verwyder die foelie die laaste 30 minute sodat die boud kan bruin braai. Plaas die swoerd in dieselfde oond en bak tot bros en totdat die vet gaar is.

Verwyder die boud uit die pan. Giet 'n bietjie kookwater by die pansappe en maak 'n sous.

Dien op met die swoerd, aartappels en groente.

Genoeg vir 6 mense.

SOETSUUR RIBBETJIE

By die Leipoldt-fees wat jaarliks op Clanwilliam gehou word, het die Strassberger Hotel onder meer hierdie soetsuur ribbetjie op die spyskaart vir die feesete gehad. Die resep kom oorspronklik uit een van Leipoldt se resepteboeke.

2 heel varkribbetjies
10 ml (2 t) fyn gemmer
10 ml (2 t) heel koljander, gekneus
sout en peper
heuning

SOUS
2 knoffelhuisies, fyngedruk
1 groot rooi of groen soetrissie, ontpit en in repies gesny
1 groot geelwortel, skoon geskraap en in dun repies gesny
olie
1 hoendervleisaftrekselblokkie opgelos in 500 ml (2 k) kook-water
45 ml (3 e) suiker
45 ml (3 e) rooi wynasyn
5-10 ml (1-2 t) sojasous
mielieblom om mee te verdik

Smeer die varkribbetjies alkant met fyn gemmer, koljander, sout en peper en laat oornag in die yskas staan.

Voorverhit die roosterelement van die oond en verbruin die ribbetjies. Giet enige oortollige vet af. Verlaag die hitte tot 160 °C (325 °F). Oondbraai die ribbetjies in die verhitte oond tot gaar – sowat 1½ uur lank. Verf die ribbetjies dan met gesmelte heuning, plaas terug in die oond en oondbraai tot goudbruin.

Berei intussen die sous. Roerbraai die knoffel, soetrissie en geelwortel in olie tot sag. Voeg die aftreksel, suiker, wynasyn en sojasous by en laat 15 minute lank stadig prut. Verdik dan die sous met 'n bietjie mielieblom wat aangemaak is tot 'n pasta en dien op met die ribbetjie wat in porsies gesny is.

Genoeg vir 6-8 mense.

Bredies en skottels

Bredies is al eeue lank deel van die Suid-Afrikaanse koskultuur. 'n Mens moet egter nie vir een oomblik dink dat dit net 'n konkoksie van vleis en groente is nie. Allermins, want om 'n ordentlike bredie te kan berei, moet jy tyd en 'n passie daarvoor hê.

Die lekkerste bredies kom uit ons Maleier-kombuise en dis waar ek by Cass Abrahams al die geheimenisse van bredie-kook leer verstaan het. Sy ken die kuns om vir elke bredie net die regte geurmiddels te gebruik en alles dan lank en stadig saam te prut tot 'n geurige bredie wat uitstaan bo die gewones en 'n smaakervaring soos min bied.

Ons bekendste bredies is seker tamatie- en groenbonebredie, maar Cass se pampoenbredie bly vir my die lekkerste. Waterblommetjiebredie eet ek van kleindag af en laat 'n mens terugverlang plaas toe, maar vir die skoonmakery was ons maar altyd baie sku.

C. Louis Leipoldt het van 'n skottel gepraat wanneer hy 'n gereg bedoel, maar vir my is dit 'n raak beskrywing vir daardie geurige eenskottel- of stowegeregte waarin geure en teksture maats word en mekaar so lekker aanvul.

Aanvanklik het ons nie sommer al ons kos in een skottel voorgesit nie of soos daar geskryf staan in Die Huisgenoot van 11 Maart 1960: "Ons Boermense skep graag ons 'toekosse' elkeen in sy afsonderlike skottel, met sy deksel. Maar weet u dat ons gerus in hierdie opsig kan les neem by die buitelanders, wat lankal hulle eie huiswerk doen en dus meer kortpaadjies ken as ons." En dan volg daar resepte vir 'n kerrierol met groente, beestong met portwynsous en sout-vleis met sampioensous.

In die sestigerjare word stowe- en eenskottelgeregte van goedkoper vleis-snitte 'n manier om die kosbegroting te laat klop. Geregte soos "goulasch", gestoofde skaapnek en beesvleis in bier gestoof verskyn in die uitgawe van 12 Augustus 1966, en in dié van 30 Mei 1969 vind ons die artikel "Só hou 'n mens jou vleisrekening laag" met resepte vir 'n oorskietbeesvleisgereg, groente-bredie met kluitjies en Boergondiese beesvleisbredie.

Tong in appelkoos-rosyntjiesous (bl. 72)

Maleise bredies

Cass Abrahams, Kaapse kenner van Maleierkos, maak gereeld 'n draai by Huisgenoot se toetskombuis en dan verlekker jy jou omtrent aan al daardie heerlike kombinasies van geure wat haar kos so onverbeterlik maak.

TAMATIEBREDIE

Heel speserye soos swartpeperkorrels, kruienaeltjies, pypkaneel en gemmer gee aan tamatiebredie 'n heerlike smaak.

2 groot uie, in ringe gesny
2 ml (½ t) swartpeperkorrels
2 ml (½ t) kruienaeltjies
125 ml (½ k) water
25 ml (5 t) olie
2 stukke pypkaneel
1 kg dik skaaprib, in ewe groot stukke gesny
3 cm-stuk vars gemmerwortel, geskil en fyngekap
2 kardemomsade (opsioneel)
1 kg baie ryp tamaties, ontvel en gekap
1 groen brandrissie, ontpit en gekap (opsioneel)
6 middelslagaartappels, geskil en gehalveer
sout, peper indien verkies en knippie suiker

Plaas die uie, swartpeperkorrels, kruienaeltjies en water in 'n groterige kastrol en kook totdat die meeste van die water verdamp het. Voeg die olie en pypkaneel by en smoor totdat die uie effens verbruin het. Voeg die vleis, gemmerwortel en kardemomsade (indien gebruik) by en roer goed. Bedek en laat die vleis sowat 30 minute lank stadig prut. Voeg die tamaties en die brandrissie by en laat 'n verdere 20 minute lank prut. Voeg daarna die aartappels by, geur na smaak met sout, peper en suiker en laat prut totdat die aartappels sag is.
    Dien op met rys.
    Genoeg vir 6-8 mense.

PAMPOENBREDIE

Vir my 'n persoonlike gunsteling. Sorg net dat die bredie nie waterig is nie.

2 groot uie, in ringe gesny
5 ml (1 t) wonderpeperkorrels
2 ml (½ t) kruienaeltjies
2 ml (½ t) swartpeperkorrels
3 stukke pypkaneel
3 knoffelhuisies, gekneus
25 ml (5 t) olie
1 kg skaapvleis, in stukke gesny
3 kg ryp pampoen, geskil en in stukke gesny
1 groen brandrissie, ontpit en gekap (opsioneel)
5 ml (1 t) neutmuskaat
50 ml fyngekapte, vars pietersielie

sout, peper indien verkies en knippie suiker

Braai die uie, wonderpeperkorrels, kruienaeltjies, swartpeperkorrels, pypkaneel en knoffel in die olie in 'n groot kastrol totdat die uie sag is. Voeg die vleis by en laat sowat 20 minute lank prut totdat die vleis halfpad gaar is. Voeg die pampoen, brandrissie (indien gebruik), neutmuskaat en helfte van die pietersielie by, en laat prut totdat die pampoen sag is en die meeste van die vog verdamp het. Geur na smaak met sout, peper en suiker. Strooi die res van die pietersielie net voor opdiening oor.
    Dien op met rys.
    Genoeg vir 6-8 mense.

ERTJIE-EN-GEELWORTEL-BREDIE

Die Maleiers sit tradisioneel hierdie bredie aan begrafnisgangers voor.

3 middelslaguie, in ringe gesny
3 kruienaeltjies
3 wonderpeperkorrels
5 ml (1 t) swartpeperkorrels
250 ml (1 k) water
25 ml (5 t) olie
500 g skaapvleis, in stukke gesny
500 g ertjies, bevrore
500 g (7-8 middelslag-) geelwortels, skoon geskraap en in repies gesny
1 brandrissie, ontpit en in repies gesny (opsioneel)
5 ml (1 t) neutmuskaat
25 ml (5 t) fyngekapte, vars pietersielie
5 ml (1 t) suiker
sout en peper indien verkies

Plaas die uie, kruienaeltjies, wonderpeperkorrels, swartpeperkorrels en die helfte van die water in 'n groterige kastrol en verhit totdat al die water verdamp het. Voeg die olie by en braai die uie tot goudbruin. Voeg die res van die water en die vleis by die uie. Laat stadig prut totdat 'n dik sous gevorm is. Voeg dan die ertjies, geelwortels, brandrissie (indien gebruik), neutmuskaat, pietersielie en suiker by en laat prut totdat die vleis sag en die groente gaar is. Geur na smaak met sout en peper.
    Dien op met rys.
    Genoeg vir 6-8 mense.

15 FEBRUARIE 1935.] DIE HUISGENOOT 51

ONS KOOKKUNS

DEUR LYDIA.

DIE Afrikaanse huisvrou is bekend vir haar vaardigheid in die kookkuns — 'n kuns wat baie fyner en oneindig meer ingewikkeld is as wat die oningewyde hom mag voorstel.

Borde-tert, melktert, pannekoek, koeksisters, om maar 'n paar te noem, is die trots van die boervrou, en haar alleen-besit, van geslag op geslag oorgelewer. Sy is ook meesteres in die moeilike kuns van smaaklike vleesgeregte voor te berei.

Die boervrou wat die naam werd is, het nooit daaraan gedink om haar kokery aan 'n kleurling toe te vertrou nie, hoe sindelik dié ook mag wees! Die gewoonte van gekleurdes te huur om met die kos te werk, het dan ook nie by die Afrikaner-deel van ons bevolking ontstaan nie. Tog vind ons vandag talle Afrikaanse huisvrouens, veral in ons gegoede kringe, wat sonder blik of bloos die voorbereiding van die gesin se etes, sowel as die kokery vir die spesiale dineetjie, aan Jim of Charlie oorlaat. Dikwels word die samestelling van die spyskaart ook nog aan hom toevertrou!

Die jong moderne huisvrou het op dié manier natuurlik baie meer vrye tyd vir brug- en tennispartytjies. Baie dergelikes bring hul dae feitlik buitenshuis deur en weet nie eens, wanneer hulle aan tafel gaan sit, wat voor hulle sal verskyn nie!

Miskien is die gekleurde kok baie vaardig. Maar hy eis, veral in die stad, in die eerste plek 'n hoë loon vir die beoefening van sy kuns. (In Johannesburg ag 'n huisvrou haarself gelukkig as sy 'n kok kan huur teen £5 per maand.) Tuinwerk, ens. is dan nog benede die waardigheid van so 'n *chef*, en word hy dus dikwels gehuur *net* om met die etes te werk. 'n Spaarsame reëling is dit dus nie. Wat weet die geleerdste kleurling-chef origens van die gesonde samestelling van voedingsbestanddele? As die kokery heeltemal aan hom oorgelaat word, waar die huisvrou haar b.v. nie eens wil bemoei met die opstel van 'n spyskaart nie, kan ons seker moeilik 'n gesonde familie, vry van maagkwale verwag.

Dit is egter alleen die gegoede gesin wat vyf pond en meer vir die dienste van 'n kok kan betaal. Baie rou materiaal op die gebied van diensbodes word teen laer lone aangeskaf en party huisvrouens probeer dan maar om die skepsel min of meer touwys te maak. Min of meer. En die etes wat op tafel verskyn, is ook: min of meer. Taai vlees, half-gekookte groente; of anders doodgekookte voedsel wat skaars nog enige voedingswaarde en smaaklikheid oorhou.

Die huisvrou is vas daarop uit om nie 'n slaaf van haar huishouding te wees nie. Sy wil vry wees om haar eie wil uit te voer, en doen dit ten koste van die geluk en gesondheid van haar gesin.

Dit is nie die natuurlike evolusie van die Afrikaanse huisvrou nie. Dit is nie dat die tradisie van moeder en grootmoeder op onverklaarbare wyse verlore gegaan het nie. Dit is bloot 'n na-apery van vreemde gewoontes. Die Engelse of Joodse buurvrou hou 'n „cook boy" aan, en sy lag skamper as jy vir haar vra of sy die koek op haar teetafel self gebak het. O, nee, sy kan nie kook en bak nie! En, te meer, watter *dame* bemoei haar nou met sulke minderwaardige beuselagtighede (sê haar houding duidelik.) En ons Afrikaner-huisvrou besluit daar en dan om nooit weer self met kokery of bakkery te werk nie, ten minste nie as sy dit kan help nie.... en so dom as om 'n gasvrou te vra of sy haar gebak self voorberei, sal sy ook nooit weer wees nie!

Wat 'n belaglike, valse snobisme!

En wat moet word van die kuns wat as 'n erfstuk van moeder op dogter oorgedra is? Sal die beroemde kookkuns van die Afrikaanse huisvrou tot 'n verlore kuns moet gereken word in die toekoms? Ons moderne leefwyse wat so baie jonggetroude vrouens dwing om te werk om die man se salaris te rek, bring juis al mee dat ons kookkuns afgeskeep word. Vir die vrou wat rustig tuis kan bly, is daar egter geen verskoning om haar gesin af te skeep met hals-oor-kop, ongebalanseerde, onvoedsame etes nie.

En as die jong huisvrou se buurvrou of haar vriendinne haar dan as „minder intellektueel" wil beskou omdat sy haar daarin verlustig om haar verstand ten gunste van man en kinders te gebruik, dan kan dit gerus vir haar 'n teken wees dat sy 'n bietjie ongelukkig was in die keuse van haar vriendinne — veral as sy hulle nie kan oortuig dat sy reg het nie!

Hutpoedings

DEUR ALIE BRANDT.

HUTPOEDINGS is min of meer soos 'n eenvoudige, ligte koek, en word óf warm óf koud opgedis met 'n sous. Dit word in enige soort koekvorm gebak, en dit kan selfs in klein vormpies gebak word.

Hutpoeding No. 1.

¼ koppie botter;
⅜ koppie suiker;
2¼ koppie meelblom;
1 eier goed geklits;
1 koppie melk;
4 teelepels bakpoeier;
'n Knypie sout.

Klits die botter tot room en voeg suiker by, klits weer goed tot room, voeg sout by, dan die goedgeklitste eier; sif saam die meelblom en bakpoeier; voeg dit beurtelings met die melk by die suikermengsel. Voeg lemoengeursel by. Gooi uit in 'n gesmeerde pan en bak vir 35 minute in 'n middelmatige oond.

Dis dit op met enige sous of met fyngemaakte en soetgemaakte aarbeie, of gestoofde vrugte en opgeklopte room.

Hutpoeding No. 2.

⅓ koppie botter;
1⅔ koppie meelblom;
1 koppie suiker;
knypie sout;
2 eiers goed geklits;
½ teelepel vanilla-geursel;
½ koppie melk;
2 teelepels bakpoeier.

Klits die botter tot room, voeg die helfte van die suiker by, voeg die ander suiker by die eiers, meng elke mengsel goed en voeg dan die twee bymekaar. Sif saam die meelblom en bakpoeier. Voeg beurtelings die melk by die eerste mengsel. Voeg vanilla by en bak in 'n gesmeerde pan vir 30 minute of tot dit gaar is. Bak in 'n middelmatige oond. Sny dan in vierkante en bedien volgens smaak.

Sjokolade-Hutpoeding.

½ koppie botter;
1 koppie suiker;
2 eiers;
½ koppie melk;
1½ koppie meelblom;
'n Knypie sout;
2½ teelepel bakpoeier;
2 sjokolade-vierkantjies of 2 teelepels kakao;
Vanilla-geursel.

Maak die botter sag, voeg stadig by die helfte suiker. Klits die wit van die eiers tot dit styf is en voeg by die res van die suiker. Klits die eiergeel tot dit dik is, voeg by die bottermengsel. As sjokolade gebruik word, smelt dit en voeg by die bottermengsel, maar as kakao gebruik word, maak dit eers gaar in 3 eetlepels kookwater en voeg dit dan baie stadig by die bottermengsel. Sif saam die meelblom en bakpoeier, meng dit beurtelings met die melk in die bottermengsel. Voeg by die vanilla-geursel en eiwitte. Bak in 'n gesmeerde engel-koekpan of tuitpan vir 40 minute in 'n matige oond. Gooi uit en laat afkoel, vul dan die middel met geklopte room soet gemaak en gegeur. Gooi dan oor die poeding 'n dun sjokolade-sous.

Pynappel-Hutpoeding.

Gebruik mengsel van Hutpoeding No. 1 of 2. 4 eetlepels botter; 4 eetlepels bruin suiker; snye ingelegde pynappel. Of kook 'n pypappel eers gaar as die ingelegde nie by die hand is nie. Klits die botter en bruin suiker tot room. Smeer die mengsel aan die kante en die boom van die pan, sit die pynappelstukke in die boom, gooi dan die aangemaakte mengsel van hutpoeding oor. Bak in 'n matige oond tot dit gaar is. Gooi dit dan uit op 'n skottel sodat die pynappelstukke bo is. Versier met geklopte room.

GOEIE DIENSBODES.

(*Vervolg van bladsy* 47.)

de eise van goeie bediening, en as sy goeie diens verlang, moet sy van die heel begin af vir haar diensmeisie presies wys wat sy verlang en presies hoe elke ding gedoen moet word. Vir minstens die eerste maand sal sy noukeurig die werk van haar diensbode moet nagaan en waar nodig kalm maar ferm teregwys, en dit weer aan die verstand van die meisie bring dat sy dit presies só of só wil hê. Sy sal natuurlik dan konsekwent moet handel en nie vandag dit en môre dat verlang, totdat die werksmeisie self nie meer weet waar sy is nie. Sy sal bes moontlik moet geleer word dat 'n mens van links af aan tafel bedien en dat sy regop en stil agter moet staan solank sy nie benodigd is nie; dat sy altyd met skoon hande en netjies van voorkome voor haar miesies moet verskyn as dié haar ontbied het; presies hoe sy haar werkgeefster moet aanspreek en antwoord; hoe sy op 'n klop aan die deur moet antwoord: die deur dadelik heeltemal wyd oopmaak, en nie deur 'n smal skrefie loer nie, en dan dadelik vir die persoon, ná hy hom aangemeld het, binnenooi, tensy dit 'n gewone rondloper is of iemand wat by die agterdeur tuishoort; dat sy nooit 'n slaapkamer binnegaan sonder eers te klop nie, maar dat sy by die openbare woon- en eetkamers nie eers hoef te klop nie; dat sy enigiets soos briewe, of 'n glas, koppie ens., altyd op 'n klein skinkbordjie vir iemand voorhou; hoe om die telefoon te beantwoord en beleefd te vra wie dit is wat praat en hoe om 'n boodskap aan te neem. Bes moontlik sal sy ook geleer moet word hoe om die tafel behoorlik te dek en hoe om 'n lekker koppie tee te maak en die teetafel mooi te dek of 'n skinkbord reg te rangskik.

WAAR DIE LIEFDE WOON.

(*Vervolg van bladsy* 43.)

sy deur die huis stap en blomme rangskik. 'n Sterk, blonde vrou, in wie se are die Hollandse bloed haar onbewus 'n smaak vir ou koloniale meubels gegee het. Miskien 'n slank, donker gestalte, met dromerige groen oë, soos uit die liefde vir fynheid en kuns oral geopenbaar. 'n Warmbloedige, suidelike temperament, met gloedvolle donker oë, wat die wellus wat daar agter skoonheid skuil, besef.

Hoe dit sy, sy het haar wese in al sy rykdom op honderd verskillende maniere geopenbaar: liefde vir skoonheid; gasvrye liefde vir 'n medemens, deur 'n woordelose blommegroet uitgespreek; liefde vir die weelde en rus van stille toewyding en arbeid; die liefde van twee siele wat in fyne sensualiteit diep uit die lewenskelk drink.

* * *

Bedags, as ek in die drukte en rumoer van die stad oor die harde stene van die krom ou Kaapstadse strate stap; of as ek van hoog bo uit my kamervenster die reën sien silwer-sprei oor honderde prosaïese dakke, en saans as duisende liggies hulle in 'n towerglans omhul, sluit ek my oë en put opnuut uit die bron van ryke herinneringe wat ek meegebring het uit die huisie waar die *Liefde* woon.

MODERNE HUISE.

(*Vervolg van bladsy* 49.)

gestelde meubelstuk wat so in die moderne smaak val, is rakke en kassies gemaak van onversierde, goeie, gepoleerde hout. 'n Langwerpige boekrakkie met 'n paar boeke daarin is hoogs dekoratief sowel as prakties nuttig. Binne die bereik van die fynproewer is sy wynflesse en -glase in die sierlike kassies met hul heel eenvoudige afwerking en knoppe, terwyl sy asbak en sigaretdoos vir hom byderhand lê.

Die vertrek is voorsien van 'n deftige parkeevloer waarop alle meubels altyd ten beste vertoon en waarop beide modernistiese sowel as bekende Persiese of ander ontwerpe so mooi pas.

WATERBLOMMETJIEBREDIE

Waterblommetjiebredie (terloops, Leipoldt het dit wateruintjies genoem) is 'n heerlike Kaapse lekkerny. Aan die Weskus kook die mense dit baiekeer tot heeltemal fyn en voeg sommer baie suurlemoensap by. Ek verkies dat die waterblomme nog heel en net lekker sag gekook is.

700 g stoweskaapvleis, in stukke gesny
sout en varsgemaalde swartpeper
olie
2 uie, in ringe gesny
1 knoffelhuisie, fyngedruk (opsioneel)
125 ml (½ k) warm water of vleisaftreksel
500 g waterblommetjies, goed afgespoel in koue water, harde stele en blare verwyder
3-4 aartappels, geskil en in stukke gesny
20 ml (4 t) suurlemoensap

Geur die skaapvleis na smaak met sout en peper en braai in 'n klein bietjie verhitte olie tot bruin buiteom. Voeg die uie en knoffel by en roerbraai totdat die uie sag is. Voeg die warm water of aftreksel by, bedek en laat prut totdat die vleis so te sê sag is. Voeg die waterblommetjies en aartappels by en laat prut tot die vleis heeltemal sag is en die groente sag maar nie gebreek nie. Geur met nog sout en peper, asook die suurlemoensap. Meng liggies sodat die blommetjies nie breek nie.
    Dien op met witrys.
    Genoeg vir 4 mense.

ANDRÉ SE BREDIE

Dis 'n resep wat hy in 'n tydskrif van Sainsbury – die grootste Britse supermarkgroep – gesien het toe hulle nog in Londen gebly het, sê André Brink, Huisgenoot se eindredakteur. Dis 'n geurige bredie met 'n lekker byt en baie maklik om te maak – selfs vir onhandige mans soos hy, vertel André. Maar pasop vir die byt, dit kan nogal 'n probleem wees. Die oorspronklike resep het gelui 'n teelepel brandrissiepoeier, maar hy het gevind dis hopeloos te sterk en gooi net sowat 'n derde teelepel vol in. Hy stel voor 'n mens voeg 'n baie klein bietjie op 'n slag by, roer die bestanddele goed en proe daaraan. As jy dink dis te effentjies, voeg nog piri-piri by. En stop dadelik as jy dink jou mond brand nou klaar genoeg.

olyfolie
1,5 kg stowebeesvleis, in blokkies gesny
sout en varsgemaalde swartpeper
2 groot uie, in ringe gesny
2 groot knoffelhuisies, fyngedruk
1 rooi en 1 geel soetrissie, ontpit en in blokke gesny
2 ml (½ t) piri-piri
10 ml (2 t) fyn komyn (jeera)
5 ml (1 t) droë marjolein
2 lourierblare
60 ml (¼ k) tamatiepuree

500 ml (2 k) verhitte beesvleisaftreksel
1 blik (410 g) rooi nierbone of enige bone van jou keuse
1 houer (175 ml) natuurlike jogurt

Verhit 'n bietjie olyfolie in 'n swaarboomkastrol. Geur die vleisblokkies met sout en peper en braai in die verhitte olie tot bruin. Skep uit. Soteer die uie en knoffel in dieselfde kastrol tot sag en voeg die soetrissies by. Roerbraai tot glansig en voeg al die geurmiddels by. Roerbraai nog sowat 1 minuut lank en voeg die vleisblokkies weer by. Voeg die tamatiepuree en aftreksel by, verlaag die hitte en laat prut totdat die vleis sag is. Voeg die bone by, prut tot warm en roer die jogurt geleidelik in. Prut nog sowat 5 minute lank.
    Dien op met rys.
    Genoeg vir 6 mense.

JURG SE KERRIE

Machteld Erasmus van Delmas was vroeg in die tagtigerjare sekretaresse by die Laerskool Cullinan en Jurg de Jongh was 'n onderwyser daar. Sy het hierdie bobaas-kerrieresep by hom gekry.

1 kg beesvleisblokkies
olie
sout en varsgemaalde swartpeper
2 groot uie, fyngekap
6 tamaties, ontvel en fyngekap
2 groot geelwortels, skoon geskraap en gerasper
30 ml (2 e) suiker
5 ml (1 t) kaneel
3 ml (ruim ½ t) fyn gemmer
3 ml (ruim ½ t) borrie

SOUS
30 ml (2 e) olie
30 ml (2 e) asyn
30 ml (2 e) worcestersous
125 ml (½ k) tamatiesous
125 ml (½ k) blatjang
15 ml (1 e) matige kerrie
2 ml (½ t) mosterdpoeier
30 ml (2 e) fyn appelkooskonfyt
1 lourierblaar
sout en varsgemaalde swartpeper

Voorverhit die oond tot 160 °C (325 °F). Smeer 'n groterige oondskottel met botter of margarien of bespuit met kleefwerende kossproei.
    Braai die vleisblokkies in olie in 'n dikboompan tot goudbruin. Geur na smaak met sout en peper. Skep in die voorbereide skottel. Voeg nog olie by dié in die pan en soteer die uie tot sag en deurskynend. Voeg die tamaties en geelwortels by. Geur met suiker, kaneel, gemmer en borrie en roerbraai 'n paar minute lank. Skep by die vleis in die skottel en meng deur.
    Meng al die sousbestanddele en giet oor die vleismengsel.

Meng deur. Bedek en bak 1½-2 uur lank of totdat die vleis sag is.
Dien op met rys en piesangskyfies.
Genoeg vir 6 mense.

BIER-EN-BEESVLEIS-SKOTTEL

Hierdie geurige gereg word in bier in die oond gaargemaak –
vandaar die ryk, vol smaak. Dit kry aartappelskywe bo-op, maar
'n mens kan dit ook daarsonder berei.

45 ml (3 e) olie
1 kg stowebeesvleis, in blokkies gesny
1 ui, in skywe gesny
250 g knopiesampioene, in kwarte gesny
45 ml (3 e) koekmeelblom
300 ml bier
1 beesvleisaftrekselblokkie opgelos in 500 ml (2 k) kookwater
30 ml (2 e) tamatiepuree
30 ml (2 e) worcestersous
30 ml (2 e) gort
sout en varsgemaalde swartpeper
1 kg aartappels, geskil en in skywe gesny
25 ml (5 t) botter, gesmelt
10 salieblaartjies

Voorverhit die oond tot 160 °C (325 °F). Smeer 'n oondvaste
kasserol liggies met botter of margarien of bespuit met kleef-
werende kossproei.

Verhit 'n groot kastrol en giet die olie in. Verbruin die vleis-
blokkies in die olie. Skep uit en hou eenkant. Soteer die ui in die
kastrol tot sag en glansig, voeg die sampioene by en roerbraai
nog sowat 3 minute. Skep die vleis terug in die kastrol en strooi
die koekmeelblom oor. Roer deur. Voeg die bier, warm aftreksel,
tamatiepuree, worcestersous en gort by en roer deur. Geur na
smaak met sout en peper en laat opkook. Skep uit in die kasserol
en rangskik die aartappels bo-op die vleis. Verf met die gesmelte
botter, geur en rangskik die salieblaartjies bo-op. Bedek en bak
1½ uur lank of tot vleis sag is. Verwyder die deksel en bak nog 30
minute totdat die aartappelskywe gaar is. Sit warm voor.
Genoeg vir 6 mense.

Bier-en-beesvleis-skottel

GHOELASJ

In die jare toe Jeanne Hammann aan die hoof van die kafeteria in die Naspers-gebou was, was hierdie ghoelasj een van hul gewildste geregte. Dit word met paprika gegeur en kry ook 'n bietjie wit wyn en suurroom in.

2 kg beesvleisblokkies
sout en swartpeper na smaak
100 g botter of margarien
270 g (2 medium) uie, fyngekap
900 g (sowat 14 middelslag-) geelwortels, skoon geskraap en in stukke gesny, indien verkies
1 bottel (50 g of 100 ml) paprika
100 ml koekmeelblom
2 blokkies (10 g elk) hoender- of beesvleisaftreksel opgelos in 750 ml-1 liter (3-4 k) kookwater
150 ml droë wit wyn
250 ml (1 k) suurroom

Geur die vleisblokkies na smaak met sout en peper. Smelt die botter of margarien in 'n groot kastrol en braai die vleisblokkies bietjies-bietjies daarin tot bruin buiteom.

Voeg die uie by en roerbraai sowat 5 minute lank. Voeg die geelwortels by. Meng die paprika en koekmeelblom, strooi oor die vleismengsel en roerbraai 'n verdere 5 minute. Giet die aftreksel en die wyn geleidelik by die vleismengsel. Roer goed en laat kook. Verlaag die hitte, bedek en laat prut totdat die vleis sag is en die sous effens verdik het. Roer die suurroom by en geur met nog sout en peper, indien nodig.

Dien op met rys of noedels.

Genoeg vir 10 mense (sowat 150 g per persoon).

SUURLEMOENLAMSKENKELS

Suurlemoen en tiemie gee 'n heerlike geur aan hierdie gereg. Probeer 'n slag sommer skyfies suurlemoen – met skil en al – in die gereg. Voeg dit by wanneer die gereg begin prut. Dit smaak heerlik!

2 kg lamskenkels, in stukke gesaag
sout en varsgemaalde swartpeper
30 ml (2 e) koekmeelblom
10 ml (2 t) mosterdpoeier
olie
6 knoffelhuisies, fyngedruk
3 lourierblare
6 vars tiemietakkies of 5 ml (1 t) droë tiemie
250 ml (1 k) wit wyn
250 ml (1 k) warm water
2 blikke (410 g elk) botterbone (opsioneel)
1 groot suurlemoen se sap en gerasperde skil, of skyfies (sien opmerking hierbo)

Maak met 'n skerp mes snytjies in die vetrand van elke skenkel sodat dit nie in die gaarmaakproses omkrul nie. Geur die skenkels

met sout en peper. Meng die koekmeelblom en mosterdpoeier en rol die skenkels daarin. Braai in 'n bietjie olie tot bruin aan weerskante. Voeg die knoffel by en roerbraai effens. Voeg ook die lourierblare en tiemie by. Giet die wit wyn oor en laat 'n paar minute lank prut. Voeg die warm water by, verlaag die hitte, bedek en laat prut totdat die vleis sag is. Voeg die botterbone, asook van die botterboonvloeistof by as die bredie nie souserig genoeg is nie. Geur met die suurlemoensap en -skil, asook met nog sout en peper, indien nodig.

Dien op met rys.

Genoeg vir 6 mense.

VARIASIE

Gebruik 'n heel hoender of hoenderporsies in plaas van die skenkels en bak dit sowat 'n uur lank in 'n voorverhitte oond by 180 °C (350 °F) of totdat die hoender gaar is.

SMULLEKKER SKENKELS

Skenkels in 'n geurige rooiwynsous, stadig in die oond gestowe, is net wat nodig is vir die koue winterdae. Mev. Sylvia Hayes van Durbanville skryf sy berei die gereg soms met borsstuk ("brisket") en, wanneer sy meer rojaal voel, met beesstert.

400 g klein piekeluitjies
4 knoffelhuisies, fyngedruk
olie
1 kg beesvleisskenkels, in stukke gesaag en met vetrand ingekeep
sout en varsgemaalde swartpeper
50 ml koekmeelblom
5 ml (1 t) paprika
5 ml (1 t) orego
250 ml (1 k) warm beesvleisaftreksel
1 blik (65 g) tamatiepasta
25 ml (5 t) sagte bruinsuiker
2 lourierblare
1 kaneelstok
5 heel kruienaeltjies
180 ml (¾ k) rooi wyn
250 ml (1 k) suurroom
fyngekapte, vars pietersielie

Voorverhit die oond tot 160 °C (325 °F).

Soteer die heel uitjies en fyngedrukte knoffel in 'n bietjie olie in 'n dikboompan tot glansig. Skep uit in 'n oondskottel en hou eenkant.

Geur die skenkels met sout en peper. Meng die koekmeelblom, paprika en orego en rol die skenkels daarin. Behou die orige meelmengsel. Braai die skenkels in die olie in die pan tot bruin aan weerskante. Verlaag die hitte en voeg die aftreksel, asook die tamatiepasta, bruinsuiker en geurmiddels by. Voeg die rooi wyn by en laat 'n paar minute lank prut. Skep by die uitjies in die oondskottel, bedek en bak 1½-2 uur lank of totdat die vleis sag is. Giet die sous af in 'n kastrol en voeg die suurroom by. Laat 'n paar minute lank prut totdat dit effens verdik het of verdik dit met die orige meelmengsel. Giet die sous oor die vleis en strooi die pietersielie oor.

Dien op met fynaartappel, ertjies en geelwortels.

Genoeg vir 4-6 mense.

MEDITERREENSE LAMS-VLEISSKOTTEL

'n Nuwerwetse gereg met 'n Mediterreense geurtjie, so eie aan die smake van die laat negentigerjare. Hierdie skottel het 'n bolaag van kruiebroodjies, maar dit kan weggelaat word.

KRUIEBROODJIE-BOLAAG

100 g sagte botter
2 knoffelhuisies, fyngedruk
45 ml (3 e) fyngekapte, vars gemengde kruie
sout en varsgemaalde swartpeper
1 Franse brood, in skywe gesny

45 ml (3 e) olie
700 g lamsvleis, in blokkies gesny
1 ui, in skywe gesny
2 knoffelhuisies, fyngedruk
30 ml (2 e) koekmeelblom gegeur met sout en swartpeper
700 ml verhitte vleis- of groenteaftreksel (gebruik 1 ekstrak-blokkie)
15 ml (1 e) tamatiepuree
1 suurlemoen se sap en repe skil
12 swart olywe, ontpit en gehalveer (opsioneel)
1 rooi soetrissie, ontpit en in groot wîe gesny
60 ml (¼ k) fyngekapte, vars pietersielie
sout en varsgemaalde swartpeper

Voorverhit die oond tot 160 °C (325 °F) en smeer 'n oondvaste kasserol liggies met botter of margarien of bespuit met kleefwerende kossproei.

Berei die kruiebroodjie-bolaag: Meng die botter met die res van die bestanddele, behalwe die brood, en smeer dit op die een kant van die snye brood. Hou eenkant.

Verhit 'n groot kastrol en giet die olie in. Verbruin die vleisblokkies in die olie, skep uit en hou eenkant. Soteer die ui en knoffel in die olie in die kastrol tot sag. Skep die vleis terug in die kastrol, strooi die gegeurde koekmeelblom oor en roer deur. Voeg die aftreksel en tamatiepuree by en laat opkook. Skep in die kasserol, bedek en bak 1 uur lank.

Voeg die sap en skil van die suurlemoen, asook die olywe (indien gebruik), soetrissie en pietersielie by die vleis in die kasserol en meng liggies deur. Geur na smaak met sout en peper. Rangskik die broodjies met die kruiekant na bo op die kasserol en bak nog 30-45 minute of totdat die vleis sag en gaar en die broodjies goudbruin is.

Genoeg vir 4-6 mense.

Mediterreense lamsvleisskottel

SOUSERIGE BEESSTERT

Hierdie resep het ons reeds in 1992 geplaas, maar van al die ander daarna bly dit steeds die lekkerste. Dien dié beesstert op met baie rys, want dis 'n souserige en sappige storie. Diegene wat al geproe het, het omtrent die bene afgelek so lekker het hulle gesmul aan dié gereg van mev. Girrian Coetzee van Dundee.

2 uie, in ringe gesny
olie
koekmeelblom
sout en peper
1,7 kg beesstert, in 5 cm-stukke gesny
250-500 ml (1-2 k) kookwater
60 ml (¼ k) wit druiweasyn
60 ml (¼ k) bruinsuiker
5 middelslaggeelwortels, skoon geskraap en in stukke gesny
4 groot aartappels, geskil en gehalveer
1 pak (50 g) beesstertsoppoeier
50 ml fyngekapte, vars pietersielie

Soteer die uie in 'n bietjie olie tot sag. Geur die koekmeelblom goed met sout en peper. Rol die beesstertstukke daarin tot goed bedek en braai in verhitte olie tot bruin. Voeg net genoeg kook-water by om die vleis te bedek. Voeg die druiweasyn en bruin-suiker by en prut totdat die vleis amper sag is (sowat 3 uur lank).

Voeg nog kookwater by, indien nodig. Voeg die geelwortels, aar-tappels en die helfte van die beesstertsoppoeier by. Laat prut tot-dat die groente en die vleis sag is. Voeg nog beesstertsoppoeier by indien die sous nog nie dik genoeg is nie. Geur met nog sout en peper, indien nodig, en strooi die pietersielie net voor opdiening oor.

Genoeg vir 6 mense.

MA SE BIEFSTUK

Hierdie resep is amper net so oud soos syself, skryf Heidi Kuyper van Phalaborwa. Haar ma het die gereg gereeld berei as sy vir groot groepe mense moes kosmaak – dis goedkoop, baie mak-lik om te maak en alles in een skottel.

1,6 kg bladstuk (bolo) of binneboud, in skywe gesny
sout en varsgemaalde swartpeper
olie
15 ml (1 e) fyn koljander

SOUS
180 ml (¾ k) tamatiesous
180 ml (¾ k) appelkooskonfyt
100 ml sterk blatjang
50 ml soetsuur mosterd (Mello 'n Mild)
15 ml (1 e) mielieblom
5 ml (1 t) kerriepoeier
5 ml (1 t) fyn komyn (jeera)

Voorverhit die oond tot 160 °C (325 °F).

Geur die beesvleisskywe liggies met sout en peper. Braai in verhitte olie tot bruin aan weerskante. Skep in 'n oondskottel en strooi die koljander tussen elke laag vleis.

Meng die res van die bestanddele goed en giet oor die vleis. Bedek en bak 2-2½ uur lank of totdat die vleis sag is.

Dien op met bruinrys of koring en groente.

Genoeg vir 8-10 mense.

TONG IN APPELKOOS-ROSYNTJIESOUS

In 1992 publiseer ons hierdie resep van Alta de Scande van Swakopmund. Dis vir ons so lekker dat ons sommer die resep "Tongtippie-lekkerte" doop. Met die appelkose by is dit 'n heer-like variasie op die bekende tong in rosyntjiesous. Alta skryf 'n mens kan ook 'n potjie daarvan maak, maar met rys en groente is dit doodreg vir 'n Sondagmiddagete.

1 gepekelde beestong
2 lourierblare
10 wonderpeperkorrels
10 swartpeperkorrels
2 groot uie, in ringe gesny
vars roosmaryntakkie (opsioneel)

SOUS

1 blik (825 g) appelkooshalwes, gedreineer, maar behou die stroop

400 ml bruinsuiker

10 ml (2 t) mosterdpoeier

250 ml (1 k) wit druiweasyn

160 ml (⅔ k) sultanas of pitlose rosyntjies

sout

Plaas die beestong saam met die lourierblare, wonderpeper- en swartpeperkorrels, asook die uie en roosmaryntakkie, in 'n groot kastrol of drukkastrol. Bedek met water en kook of drukkook totdat die tong sag is. Laat die tong effens afkoel en verwyder die vel terwyl nog warm. Verwyder ook enige kliere, indien nodig. Sny die tong in dun skywe.

Berei intussen die sous: Hou die helfte van die appelkooshalwes eenkant en kap die res kleiner. Plaas die gekapte appelkose saam met hul stroop, bruinsuiker, mosterdpoeier, druiweasyn en sultanas in 'n kastrol en verhit. Roer aanhoudend totdat die suiker opgelos is. Geur na smaak met sout. Laat prut totdat die sous lekker dik is. Roer af en toe. Voeg die tongskywe en die heel appelkooshalwes by en prut totdat die tong goed warm is.

Dien op met fynaartappel en groente.

Genoeg vir 6 mense.

TONG IN MOSTERDSOUS

Onthou julle die resep "Skoonma se tong" wat in die tagtigerjare so 'n treffer was? Die TV-ster Annette Hartmann skryf vir ons: "Dit laat my dink aan Kersfees en Nuwejaarsdag by my ma-hulle. Elke keer dat ek moet onthaal en my verbeelding laat my in die steek, maak ek hierdie gereg en dan is almal gaande daaroor. Eintlik is dit die volgende dag lekkerder." Mev. Issy Eksteen van Piketberg het met die jare die sous ook so effens aangepas en dan 'n pasteikors oorgesit – spesiaal vir wanneer sy gaste kry. Hierdie is haar aangepaste resep.

ROOMKAASDEEG

500 ml (2 k) koekmeelblom

1 ml (¼ t) sout

250 g koue botter, gerasper

1 houer (250 g) roomkaas

VULSEL

1,5 kg beestong

1 ui, in ringe gesny

sout en peper

1 lourierblaar

MOSTERDSOUS

20 ml (4 t) botter

15 ml (1 e) koekmeelblom

20-25 ml (4-5 t) mosterdpoeier

50 ml geelsuiker

1 ml (¼ t) sout

100 ml kookwater

50 ml bruinasyn

100 ml mayonnaise

100 ml rooi wyn

4 eiers, geklits

100-150 ml suurroom

geklitste eiergeel om bo-oor te verf

Verhit die oond tot 200 °C (400 °F). Smeer 'n 26 cm-tertbord met botter of margarien of bespuit met kleefwerende kossproei.

Sif die koekmeelblom en sout saam. Vryf die botter met jou vingerpunte in totdat die mengsel soos broodkrummels lyk. Voeg die roomkaas by en meng tot 'n stywe deeg. Draai in kleefplastiek toe en plaas vir 30 minute in die yskas.

Bedek die tong met koue water en voeg die ui, sout, peper en die lourierblaar by. Bedek en verhit tot kookpunt. Prut dan 1-1½ uur lank of totdat die tong gaar en sag is. Laat die tong effens afkoel en verwyder die vel en ook enige kliere terwyl nog warm. Sny die tong in dun skywe of kap dit fyn en skep dit in die voorbereide tertbord.

Berei intussen die mosterdsous: Smelt die botter in 'n kastrol. Meng die koekmeelblom, mosterdpoeier, geelsuiker en sout. Voeg by die botter en roer goed. Voeg die kookwater en asyn by. Verhit totdat die sous kook en verdik. Roer gedurig.

Verwyder van die stoof en voeg die mayonnaise en die res van die bestanddele by. Giet die sous oor die tong en meng liggies. Skep in voorbereide bak en koel af.

Rol die verkoelde deeg sowat 3 mm dik uit en plaas bo-oor die vulsel. Maak 'n gaatjie in die middel van die deeg sodat die stoom tydens die baktyd kan ontsnap. Sny die kante netjies en sny interessante vorms uit die orige deeg en rangskik bo-op. Verf die geklitste eiergeel oor.

Bak 30-40 minute lank of totdat die deeg gaar en goudbruin is en die sous effens gestol het. (Bedek die kors met aluminiumfoelie indien dit te bruin word en die sous nog nie dik is nie.)

Genoeg vir 6 mense.

Pastei en maalvleis

As ons aan die kombuise van toentertyd dink, sien ons in die verbeelding die allerheerlikste pasteie met die veerligste korse en dan water ons mond vir hoenderpastei, lamspastei, niertjiepastei en wildspastei. Pastei is deel van ons kultuur. In Die Huisgenoot van die twintigerjare was daar selfs ook 'n rubriek genaamd "Korsies van pasteie". Weliswaar het dit nie oor kos gehandel nie, maar het dit grappies en verhaaltjies bevat wat lesers ingestuur het.

Vroeër jare was lamspastei 'n Sondagmaal, maar hoenderpastei bly die lekkerste hoendergereg wat daar is en klein vleispasteitjies ons gewildste peuselhappie. Later van tyd neem maalvleis die plek van fynvleis in, hoewel ons reeds in Die Huisgenoot van Mei 1920 'n reseppie kry vir "aartappels en gemaalde vleis", gemaak kompleet soos herderspastei. Terloops, fynvleis afgekook van die bene is nou weer groot kosnuus.

Maalvleis word ook van die sestigerjare af die manier om jou kosbegroting te laat klop, en op 11 November 1966 is daar 'n artikel "Baie planne met gemaalde vleis". Sugnet Kriel skryf: "Gemaalde vleis vorm die basis van 'n verskeidenheid geurige geregte . . . Tog gebruik ons huisvroue dit nog nie genoeg nie, veral nie as 'n mens in ag neem dat dit nog die goedkoopste soort vleis is om voor te sit nie. Want watter snit lewer ses tot agt porsies per pond?" Vervolgens is daar resepte vir onderstebo-vleisbrood, frikkadelle met rissiesous of een vir frikkadelle met kaas, spesifiek blouskimmel, in die middel.

Vandag nog maak ons pastei, maar met vinnige min-moeite-mengsels soos skondeeg. Ons berei ook bobotie met maalvleis in plaas van gaar oorskietlamsboud soos vroeër. Frikkadelle is steeds met ons, nou baiekeer voorgesit in 'n sous soos daardie immergewilde frikkadelresep met sy kerrie-piesangsous (sien bl. 83).

Skonmaalvleispastei (bl. 82)

Pastei

OUMA SE KAROOLAMSPASTEI

'n Ou gunsteling wat net so heerlik smaak as wat dit ruik, vertel Ina Paarman, bekende koskenner aan wie se gunstelingresepte ons in 1998 'n hele artikel gewy het. Hierdie pastei kan vooraf gemaak en ongebak gevries word. Ontvries dit dan oornag in die yskas, bestryk met eier en bak. Die pasteideeg het sy ontwikkel om aan haar studente 'n maklike en flatervrye deeg te gee wat nes toeka s'n smaak.

SUURROOM-PASTEIDEEG

750 ml (3 k) wit broodmeel
5 ml (1 t) sout
250 g ongesoute botter
250 ml (1 k) suurroom

Sif die meel en sout 3 keer saam en sny of vryf die botter in totdat die botter soos klein ertjies in die meel lyk. Voeg al die suurroom gelyk by die meel en sny dit met 'n mes in tot goed gemeng. Knie die deeg liggies met een hand totdat dit 'n bol vorm. (Moenie ekstra water byvoeg nie, hou net aan knie totdat deeg hanteerbaar word.) Laat die deeg 30 minute of selfs oornag rus.

Rol die deeg op 'n meelbestrooide oppervlak uit en vou in derdes. Draai die deegpakkie sodat die oop kante na jou toe wys. Rol weer uit en vou in derdes. Herhaal 1 maal. Laat die deeg weer 30 minute lank rus. Herhaal die rol-en-vou-proses nog 2 keer. Die deeg is reg om te gebruik, maar kan ook 3 dae lank verkoel of tot 3 maande lank gevries word.

VULSEL

3 kg lamskenkels, in 3-5 cm-stukke gesaag
500 ml (2 k) groente- of hoendervleisaftreksel
1 heel ui waarin 10 heel kruienaeltjies gedruk is
1 lourierblaar
5 peperkorrels
3-4 middelslagaartappels, geskil en in blokkies gesny

GEURMIDDELS

5 ml (1 t) koljander
2 knoffelhuisies, fyngedruk
2 ml (½ t) rissiepoeier of rooipeper
10 ml (2 t) mosterdpoeier
10 ml (2 t) suiker
60 ml (¼ k) asyn
10 ml (2 t) sout
3 ml (ruim ½ t) varsgemaalde swartpeper
klein bietjie mielieblom om mee te verdik
1 ui, ook met 10 heel kruienaeltjies ingedruk

geklitste eier om bo-oor te verf

Voorverhit die oond tot 190 °C (375 °F). Smeer 'n groot oondvaste pasteibak met botter of margarien of bespuit met kleefwerende middel.

Laat die vleis saam met die aftreksel, ui, lourierblaar en peperkorrels sowat 2 uur lank stadig prut of totdat die vleis van die bene loskom. Voeg die aartappels die laaste 20 minute by en laat tot sag prut. Laat die vleis en aartappels in die aftreksel afkoel. Skep die vleis en aartappels met 'n gaatjieslepel uit en verwyder ook die heel ui, lourierblaar en peperkorrels. Vlok die vleis en verwyder die bene, vet en senings. Voeg al die geurmiddels, behalwe die ui, by die orige aftreksel en laat opkook. Verdik met 'n bietjie mielieblom indien dit te waterig is. Voeg die gevlokte vleis en die aartappels by en roer deur.

Skep vleis in die voorbereide bak en plaas die ui in die middel om te voorkom dat die deeg insak. Laat heeltemal afkoel.

Rol die deeg uit en bedek die vleis daarmee. Versier met deegrepies, verf met eier en bak sowat 45 minute lank of tot goudbruin.

Sit warm voor met groente.

Lewer 1 groot pastei.

BIEFSTUK-EN-NIERTJIE-PASTEI MET VOLKORINGKORS

Biefstuk-en-niertjie-pastei het ons by die Engelse leer eet. Hierdie een waarvoor mev. Janet Shelford van Marshalltown die resep vir ons gestuur het, kry 'n volkoringkors en is beslis baie lekkerder as enige gekoopte gedoente.

VULSEL

60 ml (¼ k) botter
1,25 kg ontbeende beesnek, in blokkies gesny
450 g lamsniertjies, buitenste membraan en grootste buise
  verwyder en in kwarte gesny
2 uie, gekap
sowat 600 ml vleisaftreksel, verhit
7 ml (1½ t) sout
4 ml (¾ t) varsgemaalde swartpeper
2 lourierblare
10 ml (2 t) fyngekapte, vars pietersielie
60 ml (¼ k) koekmeelblom

VOLKORINGKORS

200 ml volkoringmeel
200 ml koekmeelblom
2 ml (½ t) sout
125 g koue botter, in blokkies gesny
25-30 ml (5-6 t) koue water

1 eiergeel
125 ml (½ k) melk

Smeer 4 oondbakkies (of 1 groot tertbord) met botter of margarien of bespuit met kleefwerende kossproei.

Verhit die botter en braai die vleisblokkies en niertjies daarin tot bruin. Skep die vleis en niertjies uit en soteer die uie in die panvet tot sag. Voeg die vleis weer by, asook die warm aftreksel en geurmiddels. Bedek en laat 1-1½ uur lank stadig prut of tot sag. Meng die koekmeelblom en 'n bietjie water tot 'n gladde pasta, voeg by en verhit totdat die sous kook en verdik. Skep die vleis in die voorbereide bakkies en laat afkoel.

Berei intussen die deeg: Meng die volkoringmeel, koekmeelblom en sout in 'n mengbak. Vryf die botter met die vingerpunte in totdat die mengsel soos fyn broodkrummels lyk. Voeg 'n klein bietjie water by en meng om 'n sagte, hanteerbare, nie-klewerige deeg te vorm. Bedek die deeg met kleefplastiek en laat eenkant rus.

Voorverhit die oond tot 200 °C (400 °F).

Rol die deeg tot 3 mm dik uit. Verf die kante van die bakkies met water. Sny deegsirkels uit wat effens groter as die omtrek van die bakkies is. Plaas die sirkels oor die bakkies en druk dit met die vingers op die kante vas. Druk met 'n vurk patroontjies op die rande en sny blaarpatrone uit die orige deeg. Klits die eiergeel en melk en verf die deeg daarmee. Plaas die blaartjies bo-op, verf ook met die melk-en-eier-mengsel en druk 'n gaatjie in die middel vir stoom om te ontsnap. Bak 35-40 minute lank of tot gaar en goudbruin. Laat effens afkoel voor opdiening.

Sit met gemengde groente voor.

Genoeg vir 4-6 mense.

RATTIE SE VINNIGE PASTEIKORS

Reeds in 1989 stuur Grace Barnett van Montagu vir ons hierdie oulike resep. Sy laat weet dat dit eintlik haar vriendin Rattie se resep is.

230 g (250 ml) margarien
250 ml (1 k) kookwater
1 pak (500 g) bruismeel
knippie sout
1 eiergeel, geklits

Sny die margarien in stukke en giet die kookwater daaroor. Laat afkoel en roer die bruismeel, sout en eiergeel daarby. Meng goed en plaas oornag in die yskas. Rol dan dun uit en gebruik soos benodig.

Lewer sowat 1 kg pasteikors.

Biefstuk-en-niertjie-pastei met volkoringkors

"EK MAAK AL JARE LANK VOLMAAKTE KOEKE EN PASTEI

maar dit is slegs omdat ek altyd gebruik gemaak het van

SNOWFLAKE -MEELBLOM!"

Huisgenoot 26 November 1937

WILDSPASTEI

Elizabeth Ferreira van Durbanville is 'n uithalerkok en een van Huisgenoot se gereelde Wenresepte-deelnemers. Vir pastei kan springbok, blesbok, koedoe of bosbok gebruik word. Gewoonlik word die vleis van die bene afgekook nadat die biltonge uitgesny is. Veral die rugstring en die blad is lekker, skryf mev. Ferreira. Met die fyn vleis kan jy dan 'n heerlike pastei berei.

FYN VLEIS
sowat 3 kg wildsvleis soos blad of rugstring
500 g vet varkvleis of 500 g streepspekvleis
125 ml (½ k) rooi wyn
2 beesvleisaftrekselblokkies
4 wonderpeperkorrels
3 heel kruienaeltjies
2 ml (½ t) fyn neutmuskaat

Plaas die wilds- en varkvleis en wyn saam met al die geurmiddels in 'n kastrol, bedek met water en prut 'n paar uur lank totdat die vleis van die bene loskom. Verwyder die bene en heel speserye, skep die vet af en skep die vleis uit. Behou ook die vleissous.

Genoeg vir 2 pasteie.

Om een pastei te maak:

VULSEL
6 x 250 ml (6 k) fyn vleis
2 groot uie, fyngekap
olie
1 pak (250 g) knopiesampioene, gehalveer
15 ml (1 e) sousverdikker (bv. Bisto)
15 ml (1 e) koekmeelblom
250 ml (1 k) vleissous wat behou is

KORS
250 ml (1 k) koekmeelblom
2 ml (½ t) sout
10 ml (2 t) bakpoeier
1 ekstragroot eier
80 ml (⅓ k) olie
125 ml (½ k) melk
15 ml (1 e) suurlemoensap
125 ml (½ k) gerasperde cheddarkaas

Voorverhit die oond tot 180 °C (350 °F). Smeer 'n oondvaste pasteibak met botter of margarien of bespuit met kleefwerende kossproei.

Skep die fyn vleis in die bak en hou eenkant.

Soteer die uie in 'n bietjie verhitte olie tot sag. Voeg die sampioene by en roerbraai tot bruin. Meng die sousverdikker en koekmeelblom met die vleissous en voeg by die sampioen-mengsel. Laat prut totdat die sous effens verdik en giet by die vleis. Meng liggies en laat effens afkoel.

Sif die droë bestanddele vir die kors saam. Meng die res van die bestanddele, behalwe die kaas, goed en voeg by die droë bestanddele. Roer tot glad en voeg die kaas by. Meng effens en giet oor die wildsvleis. Bak 30-45 minute lank of totdat die kors gaar en goudbruin bo-op is.

Dien met kweperjellie op.

Genoeg vir 6 mense.

HOENDERPASTEI

As dit by pasteie kom, is hoenderpastei die bekendste en bemindste. Viv Richards van Durban skryf juis dat haar man gek is na hoenderpastei en volgens hom is hierdie hoenderpastei lekkerder as enige restaurant se pastei wat hy al geëet het.

koekmeelblom
sout en varsgemaalde swartpeper
6 hoenderborsfilette, in repe gesny
olie en botter
½ pak (125 g) spekvleisrepe
1 houer (250 g) knopiesampioene, gehalveer
1 groot ui, fyngekap
1 groot tamatie, ontvel en fyngekap
12 spinasieblare, harde stingels verwyder en in dun repe gesny
5 ml (1 t) droë gemengde kruie
50 ml room

1 rol (400 g) bevrore skilferdeeg, ontdooi
1 eiergeel

Voorverhit die oond tot 200 °C (400 °F). Smeer 'n oondskottel met botter of margarien of bespuit met kleefwerende kossproei.

Geur 'n bietjie koekmeelblom met sout en peper en rol die hoenderrepe daarin. Braai die hoender in die verhitte olie en botter tot bruin. Skep uit en braai die spekvleis tot gaar. Skep uit en kap fyn. Braai die sampioene tot bruin en voeg die ui by. Soteer tot glansig, verlaag die hitte en voeg die tamatie en spinasie by. Geur met gemengde kruie, sout en peper na smaak en voeg die room by. Laat 'n paar minute lank prut en voeg die hoender en spekvleis weer by. Meng deur en laat prut totdat die sous lekker dik is. Skep in die voorbereide oondskottel en laat heeltemal afkoel.

Verf die oondskottel se rand met water. Rol die skilferdeeg effens dunner uit en bedek die hoendermengsel daarmee. Druk die deeg stewig vas op die rand van die oondskottel. Sny die kante netjies af en versier bo-op met die oorskietdeeg. Verf met effens geklitste eiergeel. Bak 30 minute lank of totdat die deeg bruin en mooi uitgepof is.

Dien met groente en slaai op.
Genoeg vir 6 mense.

PA SE HOENDERPASTEI

Hierdie resep vir 'n heerlike hoenderpastei daag in 1995 by Huisgenoot se toetskombuis op, maar sonder enige naam of adres. Tot vandag toe weet ons nog nie wie Pa is nie, maar die pastei is heerlik.

1 rol (400 g) bevrore skilferdeeg, ontdooi
1 heel middelslaghoender
1 ui, gekap
4 spekvleisrepe, gekap
5 ml (1 t) hoenderspeserye
sout en peper
30 ml (2 e) asyn
15 ml (1 e) worcestersous
1 blik (430 g) aspersies
1 blik (425 g) knopiesampioene
100 ml koekmeelblom
250 ml (1 k) melk
1 eier, geskei

Voorverhit die oond tot 200 °C (400 °F). Smeer 'n oondvaste pasteibak met botter of margarien of bespuit met kleefwerende kossproei.

Rol die skilferdeeg effens dunner uit en voer die voorbereide pasteibak daarmee uit. Prik die kors en verkoel tot benodig. Rol die oorskietdeeg weer in 'n bol en verkoel tot benodig.

Plaas die heel hoender saam met die ui en spekvleis in 'n druk- of diep kastrol. Geur die hoender met die hoenderspeserye, sout en peper na smaak. Voeg die asyn en worcestersous by. Voeg sowat 400 ml water by, bedek en drukkook of laat prut totdat die hoender gaar en sag is. Sny die vleis van die bene en sny dit dan in kleiner stukke. Hou die vleis eenkant. Verwyder alle bene uit die kastrol, maar behou die souserigheid.

Dreineer die aspersies en sampioene, maar behou die vloeistof. Meng die inmaakvloeistof met die koekmeelblom en melk en meng tot glad. Voeg by die souserigheid in die kastrol en verhit totdat die mengsel kook en verdik. Roer gedurig. Laat effens afkoel.

Klits die eierwit effens en verf oor die kors in die pasteibak. Skep 'n laag hoendervleis in die bak en pak die sampioene bo-op. Giet van die sous oor en plaas die res van die hoender bo-op. Pak die aspersies bo-op en giet die res van die sous oor. Rasper die oorskietdeeg oor die aspersies tot goed bedek en verf 'n bietjie geklitste eiergeel oor. Bak 20-30 minute lank of totdat die deeg gaar en goudbruin is.

Dien met slaai op.
Genoeg vir 6-8 mense.

Wenk

Koel altyd eers die vulsel af tot heeltemal koud voordat die deeg oorgesit word. Maak ook 'n paar gaatjies in deeg waardeur stoom kan ontsnap. Plak deegpatrone met effens geklitste eierwit op die deeg vas en bestryk kors met 'n mengsel van geklitste eiergeel en melk voor dit gebak word.

FEESTELIKE PASTEITJIES

Klein pasteitjies is sekerlik een van Suid-Afrika se gewildste snoe-perye. In 1996 gebruik ons in 'n spesiale bruidsuitgawe hierdie staatmakerresep wat ons van mev. Joan O'Neil van Warrenton ontvang. Sy skryf sy het die resep vir die kors by haar ma gekry en al verskeie vulsels daarin op die proef gestel.

DEEG

4 x 250 ml + 125 ml (4½ k) koekmeelblom
5 ml (1 t) sout
3 ml (ruim ½ t) kremetart
500 g koue margarien, in blokkies gesny
1 eiergeel, effens geklits
310 ml (1¼ k) yskoue water

WITSOUS

100 ml margarien
100 ml koekmeelblom
250 ml (1 k) melk
sout en peper

HAM-EN-KAAS-VULSEL

250 ml (1 k) ham, in klein blokkies gesny
250 ml (1 k) gerasperde cheddarkaas
125 ml (½ k) dik witsous

MAALVLEISVULSEL

30 ml (2 e) margarien
1 klein ui, gekap
500 g maalvleis
15 ml (1 e) blatjang
15 ml (1 e) appelkooskonfyt
125 ml (½ k) dik witsous
sout en peper

VISVULSEL

30 ml (2 e) margarien
1 ui, fyngekap
2 blikkies (185 g elk) tuna (in olie verpak), gedreineer
125 ml (½ k) mayonnaise
15 ml (1 e) blatjang
sout en peper

AFRONDING

1-2 eiers, geskei en elkeen effens geklits

Deeg: Sif die koekmeelblom, sout en kremetart saam in 'n groot mengbak. Voeg die margarien by en vryf met die vingerpunte in totdat die mengsel soos broodkrummels lyk. Meng die eiergeel en koue water en voeg by die meelmengsel. Meng deur met 'n slaplemmes, maar moenie knie nie. Druk die deeg dan liggies vas om 'n bol te vorm. Bedek met kleefplastiek en verkoel sowat 2 uur lank.

Witsous: Smelt die margarien in 'n kastrol, voeg die koekmeel-blom by, roer tot glad en verhit sowat 1 minuut lank terwyl aan-houdend geroer word. Verwyder van die stoof, roer die melk bietjies-bietjies in en meng tot glad. Verhit tot kookpunt terwyl aanhoudend geroer word. Geur met sout en peper. Hou een-kant. Lewer 250 ml (1 k) dik witsous.

Ham-en-kaas-vulsel: Meng al die bestanddele saam en hou eenkant.

Maalvleisvulsel: Smelt die margarien in 'n pan en soteer die ui daarin tot sag. Voeg die maalvleis by en braai tot gaar. Voeg die res van die bestanddele by en meng deur. Hou eenkant.

Visvulsel: Smelt die margarien in 'n pan en soteer die ui daarin tot sag. Voeg die res van die bestanddele by en meng goed. Hou eenkant.

Voorverhit die oond tot 200 °C (400 °F). Smeer 'n paar bak-plate met margarien of botter of bespuit met kleefwerende kossproei.

Rol die deeg op 'n meelbestrooide oppervlak uit tot sowat 2 mm dik. Sny dit in 5 mm breë stroke. Sny sommige stroke in reghoeke, skep die maalvleis op, smeer eierwit aan kante en rol toe. Sny die res van die deeg in vierkante, skep die ham-en-kaas- en visvulsel op, vou die punte na mekaar toe in die middel en druk vas. Verkoel, verf met eiergeel en bak 20 minute lank of tot goud-bruin.

Genoeg vir 10-12 mense.

Veelsydige maalvleis

Maalvleis is so veelsydig dat 'n mens vele watertandgeregte daarmee kan optower. Oor die jare het ons al verskeie resepte vir heerlike maalvleisgeregte ontvang, soos dié vir kerriepastei wat Mathilda Oberholzer van Bloemfontein in 1989 vir ons stuur – dit pryk ook op die omslag van *Wenresepte 4.* Later volg een vir maalvleis met 'n kaasskon-, mielie- of aartappelbolaag. Die re-sep vir kerriemaalvleis met so 'n effense Maleise geurtjie kom uit 'n promosieartikel wat ons in 1992 saam met die kenner van Maleise kos Cass Abrahams vir Bonnet-rys doen. Ons het al hier-die resepte saamgegooi, 'n basiese resep ontwikkel en verskeie variasies daarvoor geskryf.

BASIESE KERRIEMAALVLEIS

Gebruik hierdie basiese kerriemaalvleis om met rys voor te sit of om 'n kerriemaalvleispastei mee te maak.

olie
2 uie, in ringe gesny
15 ml (1 e) kerriepoeier
2 ml (½ t) fyn komyn (jeera)
2 ml (½ t) fyn gemmer
2 ml (½ t) fyn koljander
1 heel kaneelstok
500 g maalvleis
sout en varsgemaalde swartpeper
10 ml (2 t) appelkooskonfyt en/of 60 ml (¼ k) blatjang
15 ml (1 e) tamatiepasta
1-2 middelslagtamaties, ontvel en fyngekap
5 ml (1 t) borrie

Verhit 'n klein bietjie olie in 'n pan en soteer die uie daarin tot sag en glansig. Voeg die speserye by en roerbraai 'n verdere minuut lank. Voeg die maalvleis by en braai totdat dit gaar is. Roer met 'n vurk om die groot klonte te breek. Geur na smaak met sout en peper en voeg die res van die bestanddele by. Verlaag die hitte, bedek en laat stadig prut totdat die geure goed gemeng het. Gebruik soos in die resepte hieronder beskryf.

Genoeg vir 4 mense.

KERRIE EN RYS

1 x basiese kerriemaalvleis
3 aartappels, geskil en in skywe gesny
250 ml (1 k) bevrore ertjies

Berei die basiese kerriemaalvleis (sien hierbo), maar voeg ook die aartappels en ertjies by voordat die vleis begin prut. Voeg 'n bietjie water of aftreksel by, indien nodig, en prut tot die maalvleis asook die aartappels gaar is.

Sit voor met rys of roti's.
Genoeg vir 4 mense.

KERRIEMAALVLEISPASTEI

1 x basiese kerriemaalvleis

BOLAAG
450 ml koekmeelblom
7 ml (1½ t) bakpoeier
2 ml (½ t) sout
7 ml (1½ t) kerriepoeier
75 ml (5 e) botter
100 ml melk

VULSEL
50 ml botter
50 ml blatjang
50 ml sultanas
25 ml (5 t) droë klapper

Berei die basiese maalvleismengsel en skep in 'n oondskottel. Voorverhit die oond tot 180 °C (350 °F).

Sif die droë bestanddele saam en vryf die botter in. Voeg net genoeg melk by om 'n uitrolbare deeg te maak en meng liggies deur. Rol die deeg tot sowat 7 mm dik uit. Meng al die bestanddele vir die vulsel en smeer oor die deeg. Rol op en sny in 1 cm dik skywe. Pak die skywe op die kerriemaalvleis en bak 30-40 minute lank of totdat die deegskywe gaar en effens ligbruin boop is.

Genoeg vir 4 mense.

Kerrie en rys

TAMATIEMAALVLEIS VIR PASTEI

'n Geurige tamatiemaalvleismengsel wat as basis vir van her-ders- tot skonpastei gebruik kan word.

olie
1 ui, gekap
2 knoffelhuisies, fyngedruk
1 klein soetrissie, ontpit en in klein blokkies gesny (opsioneel)
3 spekvleisrepe, gekap
750 g maalvleis
1-2 geelwortels, skoon geskraap en in klein blokkies gesny
    (opsioneel)
1 blik (400 g) heel tamaties in tamatiepuree, gekap
30 ml (2 e) tamatiepasta
5 ml (1 t) droë basielkruid
1 ml (¼ t) neutmuskaat
5 ml (1 t) witsuiker
sout en varsgemaalde swartpeper

Verhit 'n pan en giet 'n klein bietjie olie daarin. Soteer die ui, knoffel en soetrissie tot glansig, voeg die spekvleis by en braai tot gaar. Voeg die maalvleis bietjies-bietjies by en roerbraai tot gaar. Voeg die geelwortels (indien gebruik), tamaties en die res van die geurmiddels by. Laat opkook, verlaag die hitte en laat sowat 20 minute lank stadig prut totdat 'n dik en geurige sous gevorm is. Gebruik soos beskryf in die resepte hieronder.

MIELIEMAALVLEISPASTEI

1 x basiese tamatiemaalvleis

BOLAAG
125 ml (½ k) mieliemeel
125 ml (½ k) koekmeelblom
10 ml (2 t) bakpoeier
1 ml (¼ t) sout
100 ml louwarm melk
25 ml (5 t) botter, gesmelt
1 eier, geklits

Voorverhit die oond tot 200 °C (400 °F). Smeer 'n oondskottel met botter of margarien of bespuit met kleefwerende kossproei.
   Skep die tamatiemaalvleis in die voorbereide oondskottel.
   Sif die droë bestanddele vir die bolaag in 'n mengbak. Klits die res van die bestanddele saam, voeg by die droë bestand-dele en meng goed. Skep die mengsel oor die maalvleis, maak gelyk bo-op en bak 30-35 minute lank of totdat die bolaag gaar en goudbruin is.
   Genoeg vir 4-6 mense.

SKONMAALVLEISPASTEI

Mev. Isabel Beyers van Emmerentia sit graag maalvleis so aan haar huismense voor. Die resep is vir 'n roerskon wat vinnig berei kan word.

1 x basiese tamatiemaalvleis

SKONBOLAAG
375 ml (1½ k) koekmeelblom
10 ml (2 t) bakpoeier
5 ml (1 t) sout
80 ml (⅓ k) olie
1 eier, geklits
80 ml (⅓ k) melk

Voorverhit die oond tot 220 °C (425 °F). Smeer 'n middelslag-oondskottel met botter of margarien of bespuit met kleefweren-de kossproei.
   Skep die basiese tamatiemaalvleis in die voorbereide oond-skottel.
   Sif die droë bestanddele vir die skonbolaag saam. Klits die olie, eier en melk saam en voeg by die meelmengsel. Roer tot net gemeng. (Dis 'n stywe beslag.) Skep lepels vol beslag op die maalvleis en bak sowat 30 minute lank of tot gaar.
   Genoeg vir 4-6 mense.

HERDERSPASTEI

Oorspronklik het mev. Jane Morgan van Edenpark ook nog 'n eetlepel kerrie by die maalvleis gevoeg wanneer sy herders-pastei maak.

1 x basiese tamatiemaalvleis

AARTAPPELBOLAAG
7 middelslagaartappels, geskil
150 ml melk
2 ml (½ t) bakpoeier
sout en peper

Voorverhit die oond tot 180 °C (350 °F). Smeer 'n middelslag-oondskottel met botter of margarien of bespuit met kleefweren-de kossproei.
   Skep die tamatiemaalvleis in die voorbereide oondskottel.
   Kook die aartappels in soutwater tot sag, dreineer en druk fyn. Voeg die melk en bakpoeier by, meng totdat dit lekker lig is en geur met sout en peper. Skep die fynaartappel op die maalvleis en bak tot effens goudbruin bo-op.
   Genoeg vir 4-6 mense.

KAASKRUMMEL-MAALVLEISPASTEI

Mev. H. du Preez van Magalieskruin het ook 'n blikkie gebakte boontjies by die maalvleis gemeng en dan hierdie krummel-mengsel oorgesprinkel.

1 x basiese tamatiemaalvleis

KRUMMELLAAG

80 ml (⅓ k) botter
200 ml koekmeelblom
200 ml gerasperde cheddarkaas
2 ml (½ t) mosterdpoeier
1 ml (¼ t) paprika
sout

Voorverhit die oond tot 180 °C (350 °F). Smeer 'n middelslagoondskottel met botter of margarien of bespuit met kleefwerende kossproei.

Skep die tamatiemaalvleis in die voorbereide oondskottel.

Vryf die botter by die koekmeelblom in tot goed gemeng. Voeg die kaas en die geurmiddels by, meng deur en strooi oor die maalvleis. Bak totdat die krummellaag goudbruin en die gereg deurwarm is.

Genoeg vir 4-6 mense.

VINNIGE MAALVLEISPASTEI

My ouma Winnie het altyd hierdie vinnige pasteikors gemaak wanneer sy gou-gou iets vir ete moes bedink. Selfs oor enige oorskiet is dit 'n wenner.

1 x basiese tamatiemaalvleis

KORS

60 ml (¼ k) botter
90 ml (6 e) koekmeelblom
500 ml (2 k) melk
sout en peper
2 eiers, geklits
5 ml (1 t) bakpoeier

Voorverhit die oond tot 190° C (375 °F). Smeer 'n middelslagoondskottel met botter of margarien of bespuit met kleefwerende kossproei.

Skep die tamatiemaalvleis in die voorbereide oondskottel.

Berei 'n witsous van die botter, koekmeelblom en melk (sien bl. 80) en geur met sout en peper. Laat effens afkoel en voeg die eiers by terwyl aanhoudend geroer word. Sif die bakpoeier by en meng goed. Giet die beslag oor die maalvleis en bak tot ligbruin en effens uitgepof.

Genoeg vir 6 mense.

Frikkadelle

Vir frikkadelle bestaan daar net so 'n magdom resepte en net soveel opinies waarvan dit gemaak behoort te word – suiwer beesvleis of 'n mengsel van bees en vark – en watter geurmiddels sal pas. Helaas, frikkadelle is so lekker soos die vleis waarvan dit gemaak is, hoe dit gegeur en gevorm en dan ook hoe dit gaargemaak word. 'n Algemene riglyn is om die bestanddele nie te veel te meng nie, net liggies, anders maak jy doodgooi-frikkadelle soos Peter Veldsman sê. Moet die frikkadelle ook nie te lank bak nie, dan word hulle droog, en as jy dit in die pan gaarmaak, moet dit oor stadige hitte wees sodat hulle mooi bruin buiteom en gaar binne-in kan wees.

KERRIE-PIESANGFRIKKADELLE

Hierdie is maklik die gewildste frikkadelle in die land.

FRIKKADELLE

4 snye witbrood, korsies verwyder
500 ml (2 k) water
1 kg maer maalvleis
2 ekstragroot eiers, effens geklits
10 ml (2 t) sout
2 ml (½ t) fyn naeltjies
2 ml (½ t) neutmuskaat
10 ml (2 t) fyn gemmer
5 ml (1 t) peper
koekmeelblom om in te rol
olie om in te braai

SOUS

25 ml (5 t) olie
3 uie, in ringe gesny
10 ml (2 t) borrie
20 ml (4 t) matige kerrie
20 ml (4 t) suiker
25 ml (5 t) koekmeelblom
30 ml (2 e) fyn appelkooskonfyt
50 ml asyn
500 ml (2 k) water
sout en varsgemaalde swartpeper
4 piesangs, in skywe gesny
klapper om bo-oor te strooi

Voorverhit die oond tot 180 °C (350 °F). Smeer 'n groot oondskottel met botter of margarien of bespuit met kleefwerende kossproei.

Week die witbrood in die water, druk die oortollige water uit en maak die brood fyn. Voeg die maalvleis en eiers by, geur met sout, naeltjies, neutmuskaat, gemmer en peper en meng goed. Vorm sowat 20 frikkadelle, rol in koekmeelblom en braai in olie tot bruin van buite. Pak in die voorbereide oondskottel.

Verhit die olie in 'n pan en soteer die uie daarin tot sag. Voeg die borrie en kerrie by en braai nog sowat 1 minuut lank. Voeg die suiker, koekmeelblom, appelkooskonfyt, asyn en water by en laat prut totdat 'n dik sous gevorm het.

Geur na smaak met sout en peper.

Voeg die piesangs by en giet die sous oor die frikkadelle. Strooi 'n bietjie klapper oor en bak sowat 30 minute lank tot goed warm.

Dien met rys en groente of slaai op vir 'n fynproewersfees.

Genoeg vir 6-8 mense.

FRIKKADELLE MET PAPRIKASOUS

Mev. Betta Pole van Keimoes skryf hierdie frikkadelle is so lekker dat sy dit baiekeer ook op 'n Sondag voorsit.

FRIKKADELLE
800 g maalvleis
3 snye witbrood geweek in 250 ml (1 k) melk
1 groot ui, fyngekap
2 eiers, liggies geklits
7 ml (1½ t) sout
3 ml (ruim ½ t) varsgemaalde swartpeper
2 ml (½ t) paprika
2 ml (½ t) droë orego
5 ml (1 t) fyn koljander
3 ml (ruim ½ t) neutmuskaat
olie om in te braai

Meng al die bestanddele vir die frikkadelle, behalwe die olie, en vorm 14 groot frikkadelle. Verkoel in die yskas totdat hulle stewig is en braai in verhitte olie tot gaar en bruin. Hou die frikkadelle warm.

SOUS
30 ml (2 e) botter
1 groot ui, gekap
40 ml koekmeelblom
10 ml (2 t) paprika
7 ml (1½ t) sout
3 ml (ruim ½ t) varsgemaalde swartpeper
2 ml (½ t) Tabascosous
125 ml (½ k) droë wit wyn, effens verhit
125 ml (½ k) vleisaftreksel
125 ml (½ k) room

Smelt die botter en soteer die ui daarin tot sag. Voeg die koekmeelblom by en roer tot glad. Verhit 1 minuut lank terwyl geroer word. Voeg die res van die geurmiddels by en roer die verhitte wyn en aftreksel geleidelik in. Verhit tot kookpunt en laat dan 10 minute lank stadig prut. Roer die room in en verhit die sous tot deurwarm. Dien op met frikkadelle.

Heerlik saam met fynaartappel waarby fyngekapte pietersielie ingemeng is en 'n skeppie gebraaide uieringe.

Genoeg vir 7 mense.

GROOTMAATFRIKKADELLE

Mev. Anna Nel van Kuruman skryf 'n mens kan maalvleis tot dubbel die hoeveelheid of selfs meer rek as jy frikkadelle volgens dié resep maak. Dit kan ook ongebak in houers gepak en gevries word. Haal dit dan vooraf uit die vrieskas, ontdooi en bak.

1 kg maalvleis
1 groot ui, fyngekap
250 ml (1 k) hawermout
1 blik (420 g) spaghetti in tamatiesous
2 pakkies (65 g elk) verskillende soppoeiers, bv.

groente- en bruinuiesop
1 dik sny brood in water geweek en droog gedruk
15 ml (1 e) matige kerriepoeier
sout en varsgemaalde swartpeper

Voorverhit die oond tot 160 °C (325 °F). Smeer 'n groot oondskottel met botter of margarien of bespuit met kleefwerende kossproei.

Meng al die bestanddele en vorm frikkadelle. Rangskik die frikkadelle in die voorbereide oondskottel en bak sowat 40 minute lank of tot gaar.

Lewer sowat 35 frikkadelle.

VARIASIE
N.W. Loubscher van Citrusdal verras al jare lank sy gaste met frikkadelle wat hy dan oor die kole gaarmaak. In 1993 ontvang ons sy resep en sedertdien is dit al verskeie kere gemaak. Gebruik enige basiese frikkadelmengsel. Rol in kleinerige bolletjies, smeer 'n bietjie mosterd aan spekvleisrepe en draai om elke frikkadel 'n reep. Ryg op stokkies in en braai oor matige kole.

SOETSUUR FRIKKADELLE

Ria Schutte van Potchefstroom het hierdie resep vir smullekker frikkadelle gekry by haar suster, Emmerentia Campbell, wat jare lank in die buiteland gebly het.

FRIKKADELLE
15 ml (1 e) fyngekapte, vars pietersielie
3 eiers, geklits
180 ml (¾ k) melk
750 ml (3 k) sagte broodkrummels
125 ml (½ k) fyngekapte ui
1,5 kg maalvleis
sout en varsgemaalde swartpeper
olie om in te braai (opsioneel)

SOUS
1 blik (820 g) pynappelstukke
250 ml (1 k) sagte bruinsuiker
90 ml (6 e) mielieblom
500 ml (2 k) water
160 ml (⅔ k) druiweasyn
2 beesvleisaftrekselblokkies
30 ml (2 e) sojasous
sout en varsgemaalde swartpeper
1 rooi soetrissie, ontpit en in repies gesny

Meng al die bestanddele vir die frikkadelle en geur goed met sout en peper. Vorm sowat 27 middelslagfrikkadelle en braai in bietjie verhitte olie of bak in die oond tot gaar. Hou eenkant.

Dreineer die pynappelstukke en behou die stroop. Meng die bruinsuiker en mielieblom en roer die pynappelstroop, water, druiweasyn, aftrekselblokkies en sojasous in. Verhit in 'n groot kastrol en kook tot effe dik en gaar terwyl geroer word. Geur na smaak met sout en peper. Voeg die frikkadelle en soetrissierepies by en laat prut tot deurwarm. Sit voor met rys

of broodrolletjies en 'n lekker mengelslaai.
    Genoeg vir 10 mense.

LEKKERBEKBOBOTIE

Bobotie is so eie aan Suid-Afrika soos wat moussaka Grieks en lasagne in Italië gewild is. Maar tog is sy oorsprong eintlik onbekend, hoewel ons weet dat die woord afkomstig is van die Indonesiese woord *bobotok* waarvoor die resep in 1609 in 'n Hollandse kookboek verskyn. Aanvanklik is dit deur die Kaapse Maleiers bekend gemaak, maar elke generasie het daaraan geskaaf en verander tot wat dit vandag is. Hierdie resep is weer eens 'n samevoeging van resepte wat ons oor jare in Wenresepte gekry het. Die gewildste by ons lesers is die een van die onbekende Isabel wie se resep jare gelede in 'n Sondagkoerant verskyn het en ook in *Wenresepte 3* opgeneem is. Hier is ons variasie:

30 ml (2 e) olie
3 uie, gekap
2 knoffelhuisies, fyngedruk
15 ml (1 e) kerriepoeier
5 ml (1 t) fyn borrie
5 ml (1 t) fyn koljander
2 ml (½ t) fyn komyn (jeera)
5 ml (1 t) fyn gemmer
5 ml (1 t) fyn kaneel
1 kg maer maalvleis
sout en varsgemaalde swartpeper
30 ml (2 e) suurlemoensap
30 ml (2 e) appelkooskonfyt
60 ml (¼ k) blatjang
30 ml (2 e) sagte bruinsuiker
30 ml (2 e) worcestersous
30 ml (2 e) tamatiepasta
2 snye witbrood, geweek in water en fyngedruk
250 ml (1 k) pitlose rosyne
250 ml (1 k) gerasperde appel
6 suurlemoen- of lourierblare

BOLAAG
500 ml (2 k) melk
4 eiers, geklits
sout en varsgemaalde swartpeper

Voorverhit die oond tot 180 °C (350 °F). Smeer 'n groot oondskottel met botter of margarien of bespuit met kleefwerende kossproei.
    Verhit 'n groot swaarboompan of -kastrol en giet die olie in. Soteer die uie en knoffel oor matige hitte tot sag en glansig. Voeg die speserye by en soteer 'n verdere minuut lank. Voeg die maalvleis bietjies-bietjies by en braai tot net voordat dit begin verbruin. Geur mildelik met sout en peper en voeg die res van die geurmiddels by, asook die brood, rosyne en gerasperde appel. Laat opkook, verlaag die hitte en laat 30 minute lank stadig prut.
    Skep die maalvleis in die voorbereide oondskottel. Druk die suurlemoenblare na willekeur in. Klits die melk en eiers vir die bolaag saam en geur. Giet oor die vleismengsel en bak sowat 40 minute lank totdat die bolaag gaar en gestol is. Laat 5 minute lank voor opdiening staan. Sit voor met geelrys, blatjang en sambals soos gekapte tamatie en uie of piesangskyfies en fyn klapper.
    Genoeg vir 6-8 mense.

Lekkerbekbobotie

Hoender

An die begin van hierdie eeu is 'n heel hoender, wat pragtig bruin gebraai en sappig is, verhef tot die Sondagmaal. Selfs ook by 'n deftige dinee is hoender voorgesit, soos blyk uit Die Huisgenoot van 1 Junie 1934 waar fyngekookte hoender met rys, rosyne en amandels gemeng en met ertjies en geelwortels opgedien is. Hoenderpastei met sy vlokkige skilferkors is steeds die gewildste pastei en daarvoor verskyn heelparty resepte in vroeë Huisgenote.

Met die styging van rooivleispryse in die sestigerjare het die gewildheid van hoender baie toegeneem en het dit weekdagkos geword. Aanvanklik het almal verskriklik gekla oor die vissmaak van die batteryhoenders, maar dit is met ander voedingsmetodes verbeter. In 8 Maart 1968 se uitgawe vind ons 'n resep vir hoender in 'n kardoes (bruinpapiersak) gaargemaak – waarskynlik die voorloper van later jare se baksakkies – en in hierdie tyd begin ons ook hoender oor die kole braai, met die resep vir 'n spesiale hoenderbraaisous in dieselfde uitgawe.

Die eerste verwysing na 'n tuisnywerheid kry ons in 1975 in 'n artikel oor 'n klomp boervroue wat uitgespring en so 'n onderneming op die been gebring het. Een van die stigterslede van die tuisnywerheid was mev. A.M. Raymer van die plaas Alice naby Steytlerville – 'n gekwalifiseerde huishoudkundige en sommer 'n baie bedrywige boervrou: sy het die museum op Steytlerville begin, dien in die dorpsbestuur en was ook al burgemeester. En omdat sy so besig is, was daar nie tyd vir ure in die kombuis nie. Haar hoendergeregte – gebraaide hoender, gestoofde hoender en hoender met kaas oor die kole gebraai, asook vir die bekende gereg van daardie tyd, hoender à la king – is almal ware staatmakers: smaaklik, gou om te berei en goedkoop, skryf Die Huisgenoot van 13 Junie 1975.

Vandag nog sorg hoendervleis elke dag vir kos op die tafel, maar staan ook sy man as dit by gourmetkos kom. Dit kry nuwe geure met smake uit Toskane en die Ooste, ons sit knoffel en heel suurlemoenskyfies by, kerrie dit of voeg klappermelk by. Hoendervleis smaak ewe goed saam met heuning en mosterd, wyn, spekvleis, lourier, roosmaryn en tiemie en saam-saam word alles maats in die hoenderpot.

Knoffelhoender (bl. 91)

HOENDER OOR DIE KOLE

Gevlekte hoender braai heerlik oor die kole. Steek die hoender vas met twee houtpenne sodat dit mooi in posisie bly. In plaas van hierdie lemoenbedruipsous kan jy net knoffelbotter oorsmeer terwyl jy braai. Dis een van die vele staatmakerresepte van Lannice Snyman, bekende kosskrywer.

2 baie jong hoendertjies
sout en varsgemaalde swartpeper
paprika

LEMOENBEDRUIPSOUS
80 ml (⅓ k) olyf- of sonneblomolie
1 lemoen se gerasperde skil
3 lemoene se sap of 30 ml (2 e) lemoensapkonsentraat
1 suurlemoen se gerasperde skil en sap
6-8 suurlemoenblare, fyngedruk (opsioneel)
2 knoffelhuisies, fyngedruk
15 ml (1 e) grasuie, gesnipper
15 ml (1 e) fyngekapte, vars pietersielie
paar vars oregotakkies of 5 ml (1 t) droë oregо
sout en varsgemaalde swartpeper

Sny die hoenders deur die borsbeen oop en druk hulle platter met jou handpalm. Hou die hoenders plat deur twee houtpenne, een deur die dye en een deur die vlerkies, te steek.

Geur die hoenders met sout, peper en paprika.

Meng al die bestanddele vir die bedruipsous deeglik en bedruip die hoenders voor en tydens die braaiproses daarmee.

Braai die hoenders oor matige hitte en draai hulle van tyd tot tyd om. (Jy kan die hoenders ook bedek met 'n deksel of met aluminiumfoelie om die hitte vas te vang en die gaarmaakproses te versnel.) Die hoenders is gaar wanneer 'n boudjie vrylik beweeg as jy dit wikkel of as die vleissappe helder uitloop wanneer jy die dik vleis met die vleispen prik.

Genoeg vir 4-5 mense.

KLEWERIGE HOENDERVLERKIES

Mense sal hul vingers aflek as hulle hierdie hoendervlerkies geproe het, skryf mev. I.A. du Plessis van Parow. Deesdae braai mense ook graag die vlerkies oor die kole. Knak hulle in die lit en ryg op sosatiestokkies in. Ek merk op hulle word só in die winkels as skemerkelkhappies ("sundowners") te koop aangebied.

16 hoendervlerkies
125 ml (½ k) vars suurlemoensap
125 ml (½ k) fyn appelkooskonfyt, gesmelt
80 ml (⅓ k) blatjang
3 knoffelhuisies, fyngedruk
1 groot ui, fyngekap en gesoteer

Voorverhit die oond tot 160 °C (325 °F).

Pak die hoendervlerkies in 'n vlak oondskottel. Meng die res van die bestanddele goed en giet oor die vlerkies. Marineer

sowat 1 uur lank. Oondbraai die hoendervlerkies dan sowat 1 uur lank onbedek of totdat hulle gaar en goudbruin is.

Genoeg vir 6-8 mense.

VARIASIE
Ryg die hoendervlerkies saam met 'n opgerolde spekvleisrepie op sosatiestokkies in en braai oor matige kole tot gaar. Bedruip van tyd tot tyd met die marinade. Andersins kan jy enige gekoopte marinade van jou keuse oorgiet, 'n bietjie piri-piri en vars roosmaryn oorstrooi en dan braai.

KERRIEHOENDERSOSATIES

Hierdie sosaties is 'n wenner by enige vleisbraai. In plaas van hoender kan jy varkvleis saam met die appelkosies en spekvleis opryg. Die resep kom van Martha Holl van Ermelo.

KERRIESOUS
1 ui, in skyfies gesny
80 ml (⅓ k) olie
250 ml (1 k) druiweasyn
80 ml (⅓ k) blatjang
80 ml (⅓ k) bruinsuiker
12 ml (2½ t) kerriepoeier
5 ml (1 t) sout
mielieblom om mee te verdik

sowat 500 g ontvelde en ontbeende hoenderborsies
sout en swartpeper
½ pak (125 g) spekvleis
5-10 droëappelkose
10 sosatiestokke, vooraf in water geweek

Soteer die ui in verhitte olie tot sag en glansig. Voeg die res van die bestanddele, behalwe die mielieblom, by en laat 3 minute lank prut. Verwyder van die stoof en laat heeltemal afkoel.

Sny intussen die hoender in blokkies en geur met sout en peper. Plaas in 'n niemetaalagtige bak en giet die koue kerriesous oor. Marineer 24 uur lank in die yskas.

Ryg die hoenderblokkies, spekvleisrepe en appelkooshalwes op die sosatiestokkies in en rooster oor matige kole tot gaar.

Verhit die orige marinade tot kookpunt en verdik met 'n bietjie mielieblom. Dien op met die sosaties.

Sit voor met brood en slaai.

Lewer sowat 10 sosaties.

WHISKY-EN-MARMELADE-HOENDER

Selfs ons het aanvanklik skepties gestaan oor hoe hierdie hoender met sy ietwat vreemde bestanddele gaan smaak. Maar watter verrassing – die whisky en marmelade doen wondere aan hoender. 'n Resep wat ons heelpad van Walvisbaai van mev. L. Grünewald gekry het.

8 hoenderdye

sout en varsgemaalde swartpeper
50 ml botter
2 uie, gekap
3 groot knoffelhuisies, fyngedruk
20 ml (4 t) fyngekapte, vars pietersielie
125 ml (½ k) halfdroë wit wyn
50 ml whisky
200 ml growwe marmelade (met skil in)

Voorverhit die oond tot 180 °C (350 °F). Smeer 'n oondskottel met botter of margarien of bespuit met kleefwerende kossproei.

Geur die hoender liggies met sout en peper. Smelt die helfte van die botter in 'n pan en braai die hoenderdye met die velkant na onder tot goudbruin. Skep uit in die oondskottel.

Soteer die uie en knoffel in die orige botter tot sag en effens bruin. Voeg die pietersielie, wit wyn, whisky en marmelade by, roer deur en verhit tot kookpunt. Giet oor die hoender. Bak sowat 40-60 minute lank of todat die hoender gaar en sag is.

Genoeg vir 6-8 mense.

KERRIEHOENDER

Hierdie resep het mev. Lens Meiring van Bellville al in 1989 vir ons gestuur. Toe reeds skryf sy dat haar man steeds hierdie kerriehoender bo enige ander hoender verkies. Dié hoender is ook in my huis 'n ware staatmaker en gereeld op tafel.

1 heel hoender
sout
1 ui, in ringe gesny
5 ml (1 t) olie

KERRIEMENGSEL

12,5 ml (2½ t) matige kerriepoeier
5 ml (1 t) borrie
12,5 ml (2½ t) vrugteblatjang
12,5 ml (2½ t) olie
10 ml (2 t) suiker
5 ml (1 t) asyn

Voorverhit die oond tot 180 °C (350 °F).

Maak die hoender goed skoon en sny dit deur die borsbeen oop. Vryf goed met sout van buite en binne in. Plaas die hoender in 'n baksakkie en vlek dit oop sodat dit plat lê.

Soteer die ui in die verhitte olie tot glansig en skep in die holte van die hoender.

Meng al die bestanddele vir die kerriemengsel en giet dit in die baksakkie. Skud die baksakkie goed totdat die hoender heeltemal met die kerriemengsel bedek is. Plaas die hoender in 'n vlakkerige oondskottel en bak 1-1½ uur lank of totdat dit gaar is. Daar moet nog 'n bietjie sous in die sakkie oor wees. Draai die hoender die laaste kwartier om.

Sit voor met gemengde groente, kerrie-aartappels en blatjang.

Genoeg vir 4-6 mense.

Kerriehoendersosaties

HEUNINGHOENDER

Die gelyke hoeveelhede suurlemoen en heuning gee aan die hoender 'n heerlike soetsuur smaak en daarby verg dit bitter min moeite. By my huis het ons al selfs die mengsel oor hoender geverf wanneer ons braai en dan is dit net so lekker.

1,8 kg hoendervlerkies of gemengde hoenderstukke
sout en peper
koekmeelblom om hoender in te rol
125 ml (½ k) heuning
125 ml (½ k) suurlemoensap
30 ml (2 e) sojasous

Voorverhit die oond tot 180 °C (350 °F).

Geur die hoenderstukke na smaak met sout en peper. Rol in die koekmeelblom en skud die orige meelblom af. Pak die hoender met die velkante na onder in 'n oondpan.

Meng die res van die bestanddele en giet oor die hoenderstukke. Bak 1 uur lank of totdat die hoender gaar en goudbruin is. Bedruip af en toe met van die pansappe en draai die hoenderstukke ná die helfte van die baktyd om.

Dien op met 'n groen slaai.

Genoeg vir 6 mense.

LEKKERSTE HOENDER

'n Gereg wat sy naam deur en deur gestand doen. Reeds in 1992 skryf mev. Grobler van Kensington aan ons dat sy soveel komplimente daarvoor kry en nie anders kan as om dit met ons te deel nie.

6 hoenderdye
6 hoenderboudjies
6 hoendervlerkies
sout en swartpeper
2 ml (½ t) paprika
2 ml (½ t) mosterdpoeier
2 lourierblare
1 ui, fyngekap
5 knoffelhuisies, fyngedruk
olie

SOUS
180 ml (¾ k) natuurlike jogurt
250 ml (1 k) mayonnaise
50 ml sagte bruinsuiker
75 ml (5 e) tamatiesous
10 ml (2 t) worcestersous
paar druppels Tabascosous

Voorverhit die oond tot 180 °C (350 °F).

Pak die hoenderstukke in 'n oondskottel. Geur met sout en peper en strooi ook die paprika en mosterdpoeier oor. Breek die lourierblare fyn en strooi oor.

Soteer die ui en knoffel in 'n bietjie olie tot sag en strooi oor.

Meng al die bestanddele vir die sous en giet dit bo-oor die hoenderstukke. Bedek en bak sowat 1 uur lank of totdat die hoender gaar en sag is.

Genoeg vir 8-10 mense.

MAKLIKE MOSTERDHOENDER

Mosterdhoender is baie gewild onder ons lesers en ons kry gereeld resepte daarvoor. Hierdie een is regtig verspot maklik om te maak en boonop baie lekker.

2 kg van enige hoenderstukke
sout en varsgemaalde swartpeper

SOUS

125 ml (½ k) suiker
50 ml droë mosterdpoeier
50 ml koekmeelblom
125 ml (½ k) druiweasyn
250 ml (1 k) mayonnaise
250 ml (1 k) kookwater

Voorverhit die oond tot 180 °C (350 °F). Smeer 'n groot oondskottel met botter of margarien of bespuit met kleefwerende kossproei.

Sny enige oortollige vet en vel van die hoenderstukke af en geur met sout en peper. Pak in die voorbereide skottel.

Meng al die droë bestanddele vir die sous en klits die druiweasyn, mayonnaise en kookwater by. Giet oor die hoenderstukke en bak sowat 1 uur lank of totdat die hoender gaar en sag is.

Genoeg vir 6-8 mense.

BROCCOLIHOENDER

Nog voordat ek by Huisgenoot begin werk het, was hierdie resep al bekend aan my. Dis veral 'n treffer wanneer jy vir baie mense moet kosmaak.

1 hoender, in porsies opgesny
sout en peper
1 ui, gekap
250 g (½ pakkie) macaronistukkies of skroefienoedels
500 g vars of bevrore broccoli
1 pakkie (60 g) sampioenroomsoppoeier
5 ml (1 t) kerriepoeier
5 ml (1 t) mosterdpoeier
45 ml (3 e) mayonnaise
750 ml (3 k) hoendervleisaftreksel

250 ml (1 k) gerasperde cheddarkaas
250 ml (1 k) broodkrummels

Voorverhit die oond tot 180 °C (350 °F). Smeer 'n oondskottel met botter of margarien of bespuit met kleefwerende kossproei.

Geur die hoenderstukke na smaak met sout en peper, voeg die gekapte ui by en braai die hoenderstukke in 'n bietjie olie tot gaar.

Kook die pasta in vinnig kokende soutwater tot net gaar. Dreineer. Kook die broccoli in min water tot gaar, maar nog bros. Dreineer.

Versprei die pasta egalig in 'n groterige oondskottel. Plaas die broccoli bo-op, en dan die hoenderstukke. Meng die soppoeier, kerriepoeier, mosterdpoeier en mayonnaise met die aftreksel in 'n kastrol en verhit totdat die mengsel begin verdik en kook. Roer voortdurend.

Giet die mengsel bo-oor die hoenderstukke in die oondskottel. Meng die cheddarkaas met die broodkrummels en strooi bo-oor die hoenderstukke. Bak die gereg 20-45 minute lank tot warm en tot die kaas gesmelt en effe verbruin het.

Dien op met 'n mengelslaai.

Genoeg vir 8 mense.

KNOFFELHOENDER

'n Italiaanse vriend, Ernesto, het haar hierdie gereg leer maak, skryf mev. Rene Stoch van Malmesbury. Moenie skrik vir die baie knoffel nie, sê sy, die asyn neutraliseer al die "klanke".

olie
12 hoenderborsies, ontbeen en in blokkies gesny
sout en varsgemaaldè swartpeper
sowat 150 g margarien of botter
15 knoffelhuisies, fyngedruk
5 ml (1 t) droë orego of tiemie
5 ml (1 t) droë gemengde kruie
180 ml (¾ k) bruinasyn

Verhit 'n bietjie olie in 'n swaarboomkastrol. Geur die hoenderblokkies na smaak met sout en peper. Braai die hoenderblokkies bietjies-bietjies tot goudbruin. Skep uit en hou eenkant.

Giet die oortollige olie uit die pan en smelt die margarien in die pan. Voeg die knoffel by en roerbraai 'n paar minute lank oor matige hitte sonder dat die knoffel verkleur. Voeg die gebraaide hoenderblokkies en die kruie by. Geur met nog sout en peper, indien nodig. Bedek en laat 'n paar minute prut. Voeg die asyn net voor opdiening by en verhit weer totdat die geure goed gemeng is.

Sit voor met rys, pasta of slaai.

Groente

Groente is propvol voedsaamheid, skryf "Sara" in 20 Januarie 1928 se uitgawe van Die Huisgenoot: "Vars groente is die eerste en vernaamste voedingsmiddel gedurende die paar warm maande wanneer vrugte nog skaars is." Dan volg aanwysings hoe om groente, van aartappels tot aspersies, te kook. Maar vir die tyd wanneer groente skaars is, moet ook voorsiening gemaak word, en buiten inmaak en konfytkook, kan "die huisvrou altyd plan maak vir 'n suur of blatjang" met resepte vir wat wissel van ingemaakte blomkool tot Indiese blatjang en perskesuur wat moes bydra om "die eentonigheid van maaltye te breek". Met die koms van ys- en vrieskaste verskyn daar verskeie artikels oor bevriesing, soos "Groente uit die vrieskas" in die uitgawe van 24 September 1965. Daarmee kon alle groente heeljaar deur beskikbaar en ook bekostigbaar wees.

'n Mens is geneig om te dink dat aartappels, pampoen, groenboontjies en geelwortels die enigste groentesoorte op ons tafels was, maar selfs in Die Huisgenoot van 24 Februarie 1939 skryf Sarie du Toit: "Die heel eerste eiervrug wat ek in my lewe gesien het, het my vader by 'n groentekarretjie op ons dorp gekoop. Dit was 'n pragtige grote, nes 'n volstruiseier, en die helder pers kleur het ons wat wonders laat verwag van die nuwe gereg. Of my vader nie goed geluister toe die groenteman bedui het hoe dit klaargemaak moet word nie, en of hy self nie geweet het nie, weet ek nie. Ewenwel my moeder was onder die indruk dat dit 'n slaaikos was en het dit soos tamatieslaai gesny en voorberei. Natuurlik kon ons die sponsagtige wit skywe, wat intussen swart geword het, net so min soos rou aartappel eet en is die hele skottelvol net so weggegooi. Nou egter dat ek dit ken en weet watter heerlike geregte daarvan gemaak kan word, het ek elke somer eierplante in my groentetuin." En dan volg resepte vir eiervrugkoekies en gevulde eiervrug.

In Die Huisgenoot van 1943 verskyn wel 'n hele reeks artikels oor hoe om maklik beskikbare groentes soos aartappels, kool, groenbone en geelwortels te berei volgens resepte vir soet geelwortels, geelwortel- bredie, groenboontjiebredie, slaaiboontjies, kool met kwepers, koolfrikkadelle, aartappelkoekies, aartappel- snippers en aartappels in skille gekook, maar ook in 1944 kry ons resepte vir rooikool en artisjokke. Dat ons mense 'n groot voorliefde vir soet groente het, blyk uit 'n artikel van 24 Februarie 1967 met resepte vir soet gebraaide geelwortels met ertjies, verglansde gemmeruitjies, pangebraaide pynappelringe en patat- fantasie.

Vroeër jare was daar die neiging om "'n grypie" koeksoda te voeg by die water waarin groen groente kook om die kleur mooi te laat lyk, "maar om groente met koeksoda te dokter, is nie aanbevelenswaardig nie, omdat die vitamiene C wat in die groente is daardeur vernietig word", skryf "Max" in 'n artikel "Eet meer groente" in die uitgawe van 5 April 1940. Groente is as 'n toekos in afsonderlike skottels op tafel gesit en eers later van tyd, met die koms van eenskottelgeregte, saam met vleis gaargemaak.

In Die Huisgenoot van 17 Maart 1950 vind ek die interessante artikel oor ene mev. Robertson wat in die oorlogsjare self sampioene begin kweek het en dit tot 'n winsgewende sakeonderneming uitgebou het. Om die waarheid te sê, sy was toe al ses jaar daarmee besig. Reeds toe het hierdie lekkerny wat eers met groot agterdog bejeën is, sy weg na eettafels begin vind en deesdae gebruik ons dit in alles, van groente en slaai tot voorgeregte, sop en ligte maaltye. Veral wildesampioene is nou hoogmode, maar moet dit nie self probeer pluk as jy nie baie goed vertroud daarmee is nie.

Vandag sit ons weer graag groentepuree voor soos fynaartappel, hoewel gegeur met mosterdsaad of knoffel, geelwortel- en spinasiepuree. Die groente is piepklein en bloedjonk en ons eet hulle so heel, met skil en al. Of ons rooster hulle in die oond of bak hulle. Ons verkies om elke week ons groente vars by die groentewinkel te gaan koop. 'n Kruietuintjie het ook weer plek in ons tuine gekry, hoewel dit eintlik nie nodig is nie, want vars kruie is in enige supermark te koop.

Gebakte beet (bl.97)

AARTAPPELDIS

Madeleine van Biljon is nie net gevat as dit by die skryfkuns kom nie, agter die kospotte het sy ook nog altyd geweet waarvan sy praat. In ons reeks "Kook saam met kenners" stuur sy vir ons die bydrae "Kos van my kleintyd". Oor haar hunkering na perlemoenkoekies, pampoenmoes, ingelegde perskes met vla, en bredie, veral tamatiebredie. Maar, skryf sy, buiten daardie gunstelinge, het sy eintlik 'n magdom disse waarvoor sy lief is . . . soos hierdie aartappeldis wat so ryk is dat 'n mens met elke mond vol voel hoe jy gewig aansit. Maar dis lekkerder as tien, verseker sy jou.

500 g aartappels, geskil
1 blikkie ansjovis in olie, gedreineer
3 middelslaguie, in ringe gesny
varsgemaalde swartpeper
375 ml (1½ k) room

Voorverhit die oond tot 180 °C (350 °F). Smeer 'n oondskottel met botter of margarien of bespuit met kleefwerende kossproei.

Sny die aartappels in dun skywe. Sny die ansjovis aan stukkies. Pak lae aartappel, ui en ansjovis in die voorbereide oondskottel en strooi swartpeper oor elke laag. Giet die room oor, voeg 'n bietjie van die ansjovis se olie by en bak tot gaar, gewoonlik so 'n bietjie langer as 'n uur.

Net 'n groenslaai hierby, nie eens poeding nie.
Genoeg vir 6 mense.

KONSERTINA-AARTAPPELS

Onthou julle nog die resep vir konsertina-aartappels in Wenresepte 2, waar 'n mens die aartappels net so halfpad in skywe sny, 'n pakkie soppoeier met 'n klein pakkie margarien meng en dan in die oond tot lekker bros bak? Hierdie is 'n heelwat gesonder variasie en ons het die resep vroeg in die negentigerjare van een van ons gereelde lesers, Riki Espach, toe nog van Venda, ontvang.

Maak jou eie knoffelolie deur 'n paar huisies knoffel te skil en by sonneblomolie te voeg. Maak die houer dig toe, anders ruik alles later na knoffel.

4 groot aartappels, skoon geskrop
1 tamatie, in skywe gesny
½ ui, in halwe ringe gesny
knoffelolie
growwe sout en peper

Voorverhit die oond tot 200 °C (400 °F).

Sny die ongeskilde aartappels in skywe, maar nie regdeur nie. Plaas tamatieskywe en uieringe in elke opening en smeer knoffelolie oor.

Geur met sout en peper, pak op 'n bakplaat en bak sowat 1½-2 uur totdat die aartappels gaar en sag is. Bestryk af en toe met knoffelolie.

Genoeg vir 4 mense.

SKOTTELBRAAI-AARTAPPELS

Wanneer jy in die buitelug kosmaak, is hierdie gereg 'n wenner. Dis nie nodig om die aartappels te skil nie, skrop hulle net goed en maak hulle in 'n skottelbraai gaar.

8 aartappels, skoon geskrop en in groot stukke gesny
1 ui, in skywe gesny
2-4 knoffelhuisies, fyngedruk
botter en olie
sout en varsgemaalde swartpeper
100 ml fyngekapte, vars kruie (bv. grasui, pietersielie en tiemie)

Roerbraai die aartappelstukke, ui en knoffel in genoeg verhitte botter en olie totdat die aartappels gaar is. Geur na smaak met sout en peper. Voeg die kruie by en roerbraai nog sowat 1-2 minute lank. Dien liefs dadelik op, maar dit kan weer verhit word.

Genoeg vir 6 mense.

JONG AARTAPPELTJIES MET ROOSMARYN

Jong aartappels is heerlik as dit in die oond gebak is. Vars kruie verleen 'n heerlike smaak hieraan. Jy kan ook tiemie of orego pleks van roosmaryn probeer. Een of twee huisies knoffel is ook altyd lekker.

1 kg jong aartappeltjies, skoon geskrop
80 ml (⅓ k) sonneblom- of olyfolie
3 vars roosmaryntakkies, blaartjies afgestroop
growwe sout

Voorverhit die oond tot 200 °C (400 °F).

Plaas die aartappels in 'n oondpan en giet die olie bo-oor. Strooi die roosmaryn oor en geur goed met sout. Bak 40-60 minute lank onbedek of totdat die aartappels gaar en die skil lekker bros is. Roer af en toe met 'n eierspaan. Die gaarmaaktyd sal afhang van die grootte van die aartappels.

Dien op met 'n heel lamsboud of braaivleis.
Genoeg vir 6 mense.

MURGPAMPOENTJIES MET FETAKAAS

'n Eietydse treffergereg wat maklik en vinnig is om te berei. In ons huis is dit gereeld op tafel.

30 ml (2 e) olyfolie
6 middelslagmurgpampoentjies, in skywe gesny
2 preie, goed gewas en in ringe gesny
sout en varsgemaalde swartpeper
100 g fetakaas, in stukke gebreek
5 ml (1 t) fyngekapte, vars roosmaryn

Skakel die roosterelement van die oond aan.

Verhit die olie in 'n pan en roerbraai die murgpampoentjies

en preie daarin tot sag maar nog bros. Geur na smaak met sout en peper. Skep in 'n oondskottel en strooi die fetakaas en roosmaryn oor. Rooster totdat die kaas bo effens bruin is.

Genoeg vir 4 mense.

GEROOSTERDE GROENTESKOTTEL

Hierdie groenteskottel is al 'n instelling in die Niehaus-huis. Maklik om te berei en sonder fieterjasies. Die groente word nie geskil nie, alles word net goed skoon geskrop, in groterige stukke gesny en dan in die oond gedruk met baie knoffel, kruie en olyfolie besprinkel.

4 groot uie
2 kleinerige botterskorsies, ontpit
1 groot, rou patat
2 rooi soetrissies, ontkern
5 geelwortels
5 groot aartappels
2-3 murgpampoentjies
suurlemoenwater om patatskywe in te doop
orego-, tiemie- en roosmaryntakkies
6 heel knoffelhuisies, geskil
growwe sout
olyfolie

Voorverhit die oond tot 200 °C (400 °F). Smeer 'n middelslag-oondskottel met botter of margarien of bespuit met kleefwerende kossproei.

Skrop al die groente goed skoon. Skil slegs die uie; moenie die ander groente skil nie. Sny in growwe stukke en skywe. Doop die patatskywe in suurlemoenwater om verbruining te voorkom en rangskik saam met die res van die groente, kruie en knoffel in die oondskottel. Strooi growwe sout oor en besprinkel mildelik met olyfolie. Bak ongeveer 2 uur lank totdat die groente sag en effens bros is. Roer elke 30 minute versigtig deur om te voorkom dat die groente aanbrand, en giet ekstra olie oor, indien nodig. Bedek teen die einde liggies met 'n vel aluminiumfoelie as die groente te donker word. Laat effens afkoel en sit warm voor. Die groente is ook heerlik by kamertemperatuur.

Genoeg vir 4-6 mense.

Geroosterde groenteskottel

Groen Mielies

D IS nou die tyd van groen mielies. Die lekkerste manier van voorberei is maar om dit in die water te kook; maar as jy 'n landvol het waaruit jy kan kook, dan soek 'n mens darem na ander planne ook. Ons gee hier 'n aantal resepte uit 'n boekie wat die Landbou-departement in 1911 uitgegee het, wat, soos ek meen, opgestel was deur mej. Jeanette van Duyn. Maar eers wil ek 'n resep gee vir masena wat 'n Transvaalse dame my gegee het, en wat al dikwels op die proef gestel is. Dit is nou baie makliker om jou masena in die winkel te koop as om al die werklikheid van masena-maak te onderneem; maar die werk is mooi werk, en die masena is alte baie lekkerder as die ingevoerde artiekel. Net soveel lekkerder as vanjaar se droë mielies of mieliemeel is as verlede jaar s'n en voor verlede jaar s'n, net soveel lekkerder is die tuisgemaakte masena as die winkel s'n. Dit smaak na 'n ander ding—soveel geuriger is dit.

Pluk die groen mielies as dit uitgegroei is, maar as jy die pit nog kan stukkend druk met jou vingers dat die sop daaruit loop. Sny dan die pitte van die stronke af, en maal dit deur 'n vleismasjientjie in 'n bak water. Laat die mengsel dan deur 'n growwe sif loop, druk dit terdeë deur, en gooi die oorblyfsels, of ,,semels,'' weg. Dit is goed vir varke- of hoenderkos. Die mengsel wat deur die sif geloop het, word nou weer deur 'n doek gegooi; dit lyk nou net soos aangemaakte rou stysel (wat dit ook is). Die twede agterblywende ,,gruis'' is lekker om te kook, met suiker en 'n stukkie botter, of op ander maniere. Die masena moet nou opsy staan in 'n groot bak, met skoon water daarop. As dit 'n uur of ses gestaan het, is dit skoon uitgesak in 'n dik laag onder in die bak; die water kan dan stadig afgegooi word. Die water lyk nog wit en melkerig, maar die masena lê darem alles onder-in. Dit word nou uitgeskep op 'n vlak skottel, en in die son gesit om droog te word. Dan word dit deurgesif deur 'n baie fyn sif, en word in skoon blikkies weggebêre. Maak gou-gou poeding daarvan en kyk hoe lekker dit is.

Daar is een fout wat 'n beginner maklik maak, en dit is om die masena te lank in die water te laat staan. Dan kan dit suur word, en jou hele maaksel is bederwe. 'n Goeie plan is om in die namiddag te begin, nie alte vroeg nie; dit hang natuurlik af van die hoeveelheid waarmee jy besig is. As jy dan klaar het met deurgooi, is dit koel, en dan kan jy dit deur die nag laat staan tot die volgende oggend.

GROENMIELIE-RESEPTE.

Sny die mielies van die stronke af. Sny 'n aantal ryp tamaties stukkend. Smeer 'n bakkie met botter, pak dan 'n laag tamaties, dan weer 'n laag mielies, met sout en peper, en, as dit verlang word, ook 'n paar skyfies uie. Maak weer so tot die bakkie vol is. Strooi dan 'n goeie laag brood- of beskuitkrummels bo-op, sit 'n paar klontjies botter daarop, en bak in 'n warm oond.

MIELIERIBBETJIES.

Kook eers die groen mielies, maar nie te lang nie, en sny dit dan van die stronke af. Maal dit rou deur die vleismasjien, met 'n gekapte rissie, en met twee hard-gekookte eiers. Meng met broodkrummels, 'n bietjie sout, en wat vir geursel in die smaak val, soos b.v. uie of selery, en maak dit nat met 'n bietjie room, net soos vir frikkedel. Die mengsel word dan met aangeklamde hande gevorm aan lang stukkies, in eier gedoop en in broodkrummels gerol. Dan word dit in diep vet gebak. Skik mooi op die skottel met bronkors of stukkies pieterselie.

GESTOOFDE GROEN MIELIES.

(Die Amerikaanse ,,Corn-Chowder.'')

Benodighede: Groen mielies, aartappels, spek, 'n droë uie, tamaties, 'n bietjie botter, 'n bietjie meel, melk, sout, peper.

Sny die mielies van die stronk af; kook dan die stronke vir twintig minute in genoeg water om dit toe te dek. Haal nou die stronke uit; die krag en soetigheid is nou in die water.

Smoor die helfte van die uie met 'n paar stukkies spek. Skil en sny die aartappels, die tamaties en die ander helfte van die uie. Meng die peper en sout in die meel. Pak nou die afgesnyde mielies, die aartappels, die tamaties en die uie in lae in die pot waarin die uie gesmoor was, gooi die stronke se water daaroor en stowe tot alles sag is. As dit byna klaar is, kom 'n stuk botter en 'n skootjie melk daaroor om 'n sous te maak.

GEWOON GEKOOKTE MIELIES.

Om die beste smaak in groen mielies te bewaar, moet dit met blare en al gekook word. Neem die buitenste blare af, laat net 'n deksel blare bly, buig dié om en haal dan al die hare af. Vou weer toe, bind vas van bo, sit in kokende water en kook van 10 tot 20 minute. Sny die stengel skoon af met die blare daaraan en bring baie warm op tafel. Pas op vir te lang kook: dan gaan al die geur verlore, en die mielies word hard.

MIELIEPOEDING.

Sny ses mielies van die stronke af, meng met twee geklitste eiers, 'n bietjie sout en een en 'n half koppies melk. Bak 'n geruime tyd. As dit soet verlang word, kan suiker bygevoeg word.

MASENAKOEK.

1 koppie fyn meel; ½ koppie masena; 3 eiers; 2 teelepels bakpoeier; 1 teelepel vanille-essens; ¾ koppie water; ½ koppie suiker en 6 eetlepels botter. Klits eers die botter en suiker goed, dan die eiers, dan die ander goed, die essens die laaste.

SOETPATATS

Die bekende Hanekom-spyseniers van Moorreesburg berei nog stroperige soetpatats soos Ouma dit sou maak. Só gaan hulle te werk:

1 kg patats, geskil en in dik skywe gesny
90 g (100 ml) botter
250 ml (1 k) geelsuiker
knippie sout
1 heel kaneelstok

Pak die patat, botter en geelsuiker in lae in 'n kastrol en voeg die sout en kaneelstokkie by. Laat oor stadige hitte prut totdat die patat sag en gaar is.

Skud die kastrol af en toe om te verhinder dat die patat brand, maar moenie roer nie.

Gooi die inhoud van die kastrol oor in 'n bak sodat die stroop lekker kan deurloop.

Genoeg vir 6-8 mense.

ROERBRAAIPATATS

Pleks daarvan om patats in skywe te sny, sny Mari Olivier van Panorama dit in blokkies en roerbraai dit in die stroop tot gaar.

SOUS

125 ml (½ k) sagte bruinsuiker
30 ml (2 e) botter
60 ml (¼ k) water
20 ml (4 t) suurlemoensap
1 ml (¼ t) sout

500 g rou patats, geskil en in klein blokkies gesny

Plaas al die bestanddele vir die sous in 'n kastrol en verhit totdat die suiker en botter gesmelt is. Roer gedurig. Laat dan 2 minute lank kook. Voeg die patatblokkies by, verlaag die hitte en roerbraai totdat die patatblokkies gaar en glansig is. Indien die stroop min raak voordat die patats gaar is, kan jy 'n klein bietjie water byvoeg.

Genoeg vir 4 mense.

GEBAKTE BEET

Beet word nie net meer ingespan as slaai nie, maar warm as groente is dit net so lekker. Vul gaar beet met 'n mengsel van broodkrummels, pietersielie en kaas en bak dit in die oond, laat weet mev. Alta Elsa van Mangoldpark, Port Elizabeth.

1 groot ui, fyngekap
olie
180 ml (¾ k) sagte broodkrummels
50 ml fyngekapte, vars pietersielie
125 ml (½ k) gerasperde cheddarkaas
sout en varsgemaalde swartpeper
9-10 gaar middelslagbete, skille afgetrek (1 beet per persoon)

Voorverhit die oond tot 180 °C (350 °F). Smeer 'n oondskottel liggies met botter of margarien of bespuit met kleefwerende kossproei.

Soteer die ui in 'n klein bietjie olie tot sag. Voeg die broodkrummels by en roerbraai 'n verdere minuut lank. Verwyder van die stoof en laat afkoel. Roer die pietersielie en kaas by en geur goed met sout en peper.

Sny die bo- en onderkant van die bete gelyk en hol elke beet versigtig met 'n skerppuntmessie uit. Skep van die vulsel in elke holte en strooi van die orige krummels oor en tussen die bete.

Bak 15 minute lank totdat die vulsel goudbruin en die bete warm is.
Genoeg vir 9-10 mense.

GROENBONE MET DROËPERE

Diegene wat van interessante smake hou, sal hierdie resep geniet. Buiten die pere, kry dit spekvleis in en het dit so 'n lekker soetsuur sousie. Heerlik saam met varkboud.

125 ml (½ k) gekapte droëpere
100 ml hoendervleisaftreksel
1 reep suurlemoenskil
500 g groenbone, stingelente afgesny
olie
6 spekvleisrepe
30 ml (2 e) suiker
10 ml (2 t) suurlemoensap
25 ml (5 t) wynasyn
sout en varsgemaalde swartpeper

Meng die pere, aftreksel en suurlemoenskil en kook 5 minute lank. Hou eenkant.

Roerbraai die groenbone in 'n klein bietjie olie of kook in 'n klein bietjie water tot net sag, maar nog bros. Skep uit en hou eenkant. Braai die spekvleis in 'n pan tot gaar, skep uit en kap fyn. Voeg saam met die droëpeermengsel by die groenbone. Voeg die suiker, suurlemoensap en wynasyn by die pansappe waarin die spekvleis gebraai is.

Laat 'n paar minute lank prut en giet oor die groenbone. Geur met sout en peper.

Sit met 'n varkboud voor.
Genoeg vir 4-6 mense.

PAMPOENPOFFERTJIES

Probeer hierdie poffertjies in plaas van pampoenkoekies. Hulle vries ook goed.

250 g rou pampoenblokkies
250 ml (1 k) sagte botter
250 ml (1 k) suiker
5 ml (1 t) vanieljegeursel
4 ekstragroot eiers
450 ml koekmeelblom
250 ml (1 k) bruismeel
5 ml (1 t) bakpoeier
olie om in te braai
kaneelsuiker om bo-oor te strooi

Kook die pampoen in 'n klein bietjie soutwater tot sag. Dreineer, indien nodig, en druk baie fyn. Hou eenkant.

Klits die botter tot lig en romerig. Voeg die suiker bietjiesbietjies by terwyl aanhoudend geklits word. Voeg die vanieljegeursel by. Voeg die eiers een-een by en klits goed ná elke byvoeging. Sif die koekmeelblom, bruismeel en bakpoeier saam en voeg by. Voeg die fyngemaakte pampoen by en meng deur.

Verhit genoeg olie in 'n pan vir diepvetbraai en braai lepels vol van die beslag in die olie. Dreineer op handdoekpapier.

Dien op met 'n bietjie kaneelsuiker bo-oor gestrooi.
Lewer 25 groot poffertjies.

GEURIGE PAMPOENMOES

Hulle het maar altyd soet pampoen in hul huis geëet, skryf mev. René Bonzet van Welgelegen, maar sedert hulle dit met salie geproe het, is dit al pampoen wat hulle nou eet.

2 uie, fyngekap
2 knoffelhuisies, fyngedruk
olie
1 kg rou pampoenblokkies
10 ml (2 t) fyngekapte, vars of 2-3 ml (½ tot ruim ½ t) droë salie
10 ml (2 t) tamatiepuree
15 ml (1 e) bruinsuiker
125 ml (½ k) hoendervleisaftreksel
sout en varsgemaalde swartpeper
25 ml (5 t) botter
250 ml (1 k) gerasperde Tusserskaas

Braai die uie en knoffel in 'n klein bietjie olie tot sag en voeg die pampoen, salie, tamatiepuree, bruinsuiker en aftreksel by. Verlaag die hitte, bedek en laat prut totdat die pampoen sag is. Dreineer soveel moontlik van die vloeistof en druk die pampoen effens fyn. Geur met sout, peper en botter en roer die gerasperde kaas by.

Sit warm as heerlike, geurige bygereg voor.
Genoeg vir 4-6 mense.

Bakpoedings

"As 'n mens nie baie versigtig is nie, word jou poedings maklik baie eentonig," word in Die Huisgenoot se uitgawe van 21 Maart 1930 gewaarsku. Ons Suid-Afrikaners was nog altyd lief vir iets soets na ete en vroeër was dit aldag poedingdag. "Daar is een huis waar ek, byvoorbeeld van weet waar jy somar kan sê watter dag van die week dit is aan die poeding wat aan jou voorgesit word. Sondag is dit konfyttert met vla, Maandag, melkpoeding en gestoofde vrugte ens. Daar is so byna 'n eindelose verskeidenheid heerlike soorte poeding, dat so 'n vervelende eentonigheid werklik nie nodig is nie." Die resepte wat volg, is vir macaronipoeding gemaak van lae macaroni en gestoofde vrugte waaroor vla (nog van eiers en melk berei) gegiet is met styfgeklopte eierwit boor. Daardie tyd is poedings ook meestal gestoom en daar is 'n basiese resep vir 'n stoompoeding wat afgewissel kan word deur vrugte by te voeg voordat dit in 'n goed gesmeerde vorm of bak geskep, gaar gestoom en met 'n soet sous voorgesit is.

In die uitgawe van 21 Oktober 1927 vind ons ook onder die afdeling " Potte en panne" verskeie resepte vir alledaagse poedings, soos appelkooskonfytpoeding, gestoom en voorgesit met 'n appelkoossous, asook gemmerpoeding en ryspoeding wat gestoom is. Vandag stoom ons meestal nog net Kerspoedings soos dit destyds gedoen is. Daarvoor vind ons resepte in Die Huisgenoot van 19 November 1937. Die grootste werk was om die vrugte en neute skoongemaak en fyngesny te kry. "Laat die kinders speel-speel help om okkerneute en amandels te kraak – almal moet fluit solank dit gedoen word – en saans na ete help almal rosyntjiepitte uithaal."

Outydse souskluitjies, in water gekook, uitgeskep in 'n bak en bestrooi met kaneelsuiker, was 'n staatmaker waarvoor ons in 3 Maart 1939 'n resep vind op "Almal se bladsy".

Appels was volop en met ingemaakte appels kon benewens appeltert allerlei heerlike poedings gemaak word. In 3 Mei 1940 se uitgawe vind ons resepte vir appelstoompoeding en appelrolpoeding, in 'n soet sous gebak soos "roly-poly".

Met ou brood word reeds geslagte lank die lekkerste broodpoedings gebak en die variasies daarvan is legio. In 'n uitgawe van 21 Augustus 1964 is daar resepte vir gewone broodpoeding, appelbroodpoeding, met karamel of sjokolade, piesang en koffie.

Gebakte poedings neem later die plek van stoompoeding in en met bruinpoedings soos malva- of gemmerpoeding word dié poedings kenmerkend van Suid-Afrika. Vir 'n gebakte sultana- en konfytpoeding vind ons reeds in die uitgawe van 21 Oktober 1927 resepte. En in die uitgawe van 19 Februarie 1935 kom ons af op hutspoedings, wat min of meer soos 'n eenvoudige ligte koek is en warm of koud voorgesit word met 'n sous. Dit kan in enige soort koekvorm gebak word, selfs in klein vormpies.

Snaaks hoe name vir dinge oor tyd dieselfde bly. In die uitgawe van 25 Junie 1948 kry ons in die artikel "My kleinspan eet graag" resepte vir kinders se gunstelingpoedings: "padda-oë", gebakte tapiokapoeding en "padda-eiers" oftewel gebakte sagopoeding wat met 'n lepel appelkooskonfyt opgedien is. Net so het ons dit in die sewentigerjare in Citrusdal se skoolkoshuis gekry en ook presies so genoem.

Met verloop van tyd het die mense meer gesondheidsbewus geraak en daarmee saam raak die poedings minder soet en ryk. 'n Voorbeeld is karringmelkpoeding waarvoor in die uitgawe van 22 Maart 1940 'n resep verskyn – met slegs twee eetlepels botter in. Toe het hulle dit met vla voorgesit.

Vla het voorwaar die toets van die tyd deurstaan en deesdae maak ons dit baiekeer weer ordentlik, soos van ouds, met eiers, melk en suiker en roer dit oor kookwater gaar. Drywende eilande (iles flottantes), petits pots de crème (vla in klein bakkies gebak) en crème brûlée (gebakte vla met room gemaak en met suiker besprinkel voordat dit gerooster is) was jare lank treffers. Hiervoor kry ons alles resepte in 11 Augustus 1967 se uitgawe. By aansit-etes word ons vandag nog getrakteer op crème brûlée, maar vir aldagpoeding is gebakte vla saam met gouestroop soos ons dit kleintyd geëet het, meer as genoeg.

'n Verskeidenheid brood- en ryspoedings (bl. 105)

SPESERYKLUITJIES

Ons kookkuns is deurspek met kluitjies – van outydse souskluitjies met kaneelsuiker tot rys- en sagokluitjies. Vir my bly die kluitjies wat jy sommer in sy eie stroop in die kastrol gaarmaak, die maklikste manier van doen. Hierdie een het 'n heerlike speserygeur.

SOUS
530 ml (2 k + 2 e) water
180 ml (¾ k) suiker
1 ml (¼ t) sout
5 ml (1 t) fyn gemmer
5 ml (1 t) fyn kaneel
2 ml (½ t) fyn naeltjies

BESLAG
60 ml (¼ k) botter
125 ml (½ k) fyn appelkooskonfyt
10 ml (2 t) koeksoda
375 ml (1½ k) koekmeelblom
1 ml (¼ t) sout
1 eier

Verhit die water, suiker, sout en speserye saam. Roer totdat die suiker opgelos is.

Smelt die botter in 'n ander kastrol en voeg die appelkooskonfyt by. Roer tot gesmelt en roer die koeksoda in. (Die mengsel skuim baie.) Voeg die koekmeelblom en sout by en roer met 'n houtlepel totdat 'n stywe deeg vorm. Roer totdat dit 'n bol in die kastrol vorm. Verwyder van die stoof en laat effens afkoel. Klits die eier, voeg by en klop met 'n houtlepel totdat 'n klewerige deeg vorm.

Skep lepels vol deeg in die kokende stroop, bedek en laat 15-20 minute lank prut totdat die kluitjies gaar is.

Dien op met vla of roomys.

Genoeg vir 6-8 mense.

SPONSKLUITJIES

'n Ander gunsteling is sponskluitjies. Die sagte kluitjie, wat eintlik eerder 'n melkpap as 'n kluitjie is, het ek geëet by die bekende Hanekom-spyseniers op Moorreesburg toe ons met Huisgenoot se heel eerste blommetrein afgesit het Namakwaland toe.

1 liter (4 k) melk
1 heel kaneelstok
200 ml koekmeelblom
knippie sout
3 ekstragroot eiers, geskei
125 ml (½ k) suiker
15 ml (1 e) botter
ekstra botter, gesmelt
kaneelsuiker

Hou 125 ml (½ k) van die melk eenkant en verhit die res saam met die kaneelstok tot kookpunt. Meng die 125 ml (½ k) melk

met koekmeelblom en sout tot 'n pasta, voeg dan 'n bietjie van die verhitte melk daarby en meng goed. Voeg by die orige verhitte melk en verhit stadig terwyl geroer word totdat die mengsel kook en verdik. Laat 'n paar minute lank prut.

Klits die eiergele, voeg die suiker bietjies-bietjies by en klits tot lig en dik. Meng 'n bietjie van die melkpap by die eiergele en voeg dan alles by die res van die melkpap. Meng goed deur, voeg ook die botter by en verwyder dan van die stoof. Klits die eierwitte styf en vou by die mengsel in.

Druk 'n poedinglepel in die gesmelte botter en skep lepels vol van die beslag in 'n bak. Strooi die kaneelsuiker oor en giet ook die orige gesmelte botter oor, indien verkies.

Genoeg vir 8 mense.

SOUSERIGE SJOKOLADEPOEDING

Sjokoladepoeding met sy eie sousie bly watertandlekker. Hierdie een word sommer in 'n kastrol op die stoof gemaak.

SOUS
250 ml (1 k) suiker
15 ml (1 e) kakao
625 ml (2½ k) kookwater
2 ml (½ t) sout

BESLAG
375 ml (1½ k) bruismeel
2 ml (½ t) bakpoeier
15 ml (1 e) kakao
2 ml (½ t) sout
180 ml (¾ k) suiker
2 ekstragroot eiers
30 ml (2 e) olie
50 ml melk

Meng al die bestanddele vir die sous in 'n groot kastrol. Verhit totdat die suiker gesmelt is en kook dan 5 minute lank.

Sif die bruismeel, bakpoeier, kakao en sout saam. Voeg die suiker by en meng deur. Klits die eiers, olie en melk saam en voeg by die droë bestanddele. Meng goed en skep lepels vol van die beslag in die stroop in die kastrol. Bedek en laat 20-30 minute lank oor lae hitte prut of tot gaar en 'n toetspen skoon uit die middel van die poeding kom.

Dien op met vla.

Genoeg vir 6 mense.

Oom Paul *vra*

haar die RESEP...

ROYAL
„*Outydse*"
Suid-Afrikaanse
Resepboek

*Pryswennende „Ou-
tydse" Suid-Afri-
kaanse reseppe van
Suid - Afrikaanse
huisvrouens. Vir 'n
gratis eksemplaar,
stuur 2 pennieseëls
om posgeld te dek,
aan*
Posbus 11,
HUGENOOT, K.P.

PRESIDENT KRUGER was op pad na 'n onder-handeling met die Griqua Kapteine. Hy laat weet dat hy by die Kommandant se plaas "Vuurfontein" in die Westelike Transvaal thuis sou kom.

Urelang was die kombuis op "Vuurfontein" in rep en roer. Die huisvrou en haar dogters swoeg om 'n welkomsfees vir Oom Paul te berei. Net op tyd was alles klaar. Danksy Royal, het die pasteikorsie heerlik gelyk, lig soos dons.

En die beloning was nie vêr nie. Na die maaltyd sê Oom Paul, "'n Goeie huisvrou ken die pad na 'n man se hart—deur sy maag. Ek het die ete waarlik geniet, vernaamlik die pastei. Ek sou graag die resep wil huis-toe neem."

Die dame vir wie Royal hierdie groot kompliment van haar President gewen het, was die grootmoeder van Mej. C. E. Swartz van Elandsputte, Transvaal. Drie geslagte van haar famielie het Royal gebruik. "Ons is nooit daarsonder nie," sê sy, "want g'n ander bakpoeier is Royal se gelyke nie."

In Suid-Afrika gemaak van die suiwerste, voedsaamste Suid-Afrikaanse bestanddele, bly Royal steeds die betroubaarste, mees ekonomiese bakpoeier, net soos 60 jaar gelede.

ROYAL

Die Kremetart
BAKPOEIER

SJOKOLADEPOEDING MET KLAPPER

Nog 'n heerlike sjokoladepoeding. Hierdie keer is daar klapper en asyn in die stroop. Sy het die resep reeds jare gelede by 'n bejaarde vriendin gekry, skryf mev. Hannetjie du Preez van Magalieskruin.

STROOP

1,25 liter (5 k) water

625 ml (2½ k) suiker

10 ml (2 t) fyn kaneel

15 ml (1 e) kakao

100 ml druiweasyn

125 ml (½ k) droë klapper

BESLAG

750 ml (3 k) koekmeelblom

5 ml (1 t) sout

15 ml (1 e) koeksoda opgelos in 200 ml melk

30 ml (2 e) margarien, gesmelt

125 ml (½ k) gouestroop of fyn appelkooskonfyt

Meng al die sousbestanddele in 'n groot kastrol. Verhit tot kookpunt terwyl aanhoudend geroer word, en laat dan 5 minute lank kook.

Sif die koekmeelblom en sout saam. Meng die res van die bestanddele en voeg by die droë bestanddele. Meng tot 'n gladde beslag.

Skep teelepels vol van die beslag in die kokende stroop, bedek en prut 15-20 minute lank of tot gaar en 'n toetspen skoon uit die middel van die poeding kom.

Dien op met vla of roomys.

Genoeg vir 8-10 mense.

GEKONFYTE LEMOENPOEDING

C. Louis Leipoldt was gek na die geur van sitrusvrugte. Hierdie is een van sy resepte waarvan ons kon proe op die Leipoldtfees wat nou jaarliks op Clanwilliam gehou word.

BESLAG

375 ml (1½ k) growwe marmelade of koemkwatkonfyt

5 ekstragroot eiers

250 ml (1 k) suiker

250 ml (1 k) melk

125 ml (½ k) botter

1 lemoen se fyngerasperde skil

500 ml (2 k) koekmeelblom

10 ml (2 t) bakpoeier

5 ml (1 t) sout

SOUS

500 ml (2 k) suiker

250 ml (1 k) water

30 ml (2 e) botter

250 ml (1 k) lemoensap

5 ml (1 t) fyngerasperde lemoenskil

Voorverhit die oond tot 180 °C (350 °F). Smeer 'n oondpan goed met botter of margarien of bespuit met kleefwerende kossproei.

Skep klontjies marmelade onderin die voorbereide oondpan. Klits die eiers en suiker baie goed saam. Verhit die melk, botter en skil saam totdat die botter gesmelt is. Sif die res van die bestanddele saam en vou beurtelings met die melk by die eiermengsel in.

Skep die beslag in die oondpan en bak 40 minute lank of totdat 'n toetspen skoon uit die middel van die poeding kom.

Verhit intussen die suiker, water en botter vir die sous. Roer totdat die suiker opgelos is. Kook dan 5 minute lank en voeg die sap en skil by. Druk 'n paar gaatjies in die warm poeding en giet die sous oor.

Dien op met roomys en ekstra konfyt, indien verkies.

Lewer 'n groot poeding.

GEMMERPOEDING

Enige bruinpoeding is kenmerkend van ons voorliefde vir gebakte soet poedings. C. Louis Leipoldt was ook baie lief vir speserye, veral gemmer, en hierdie een kry 'n goeie skoot daarvan in.

SOUS

750 ml (3 k) suiker

1,25 liter (5 k) kookwater

12,5 ml (2½ t) suurlemoensap of asyn

BESLAG

250 g sagte margarien

100 ml fyn appelkooskonfyt

125 ml (½ k) suiker

25 ml (5 t) koeksoda opgelos in 12,5 ml (2½ t) asyn of suurlemoensap

750 ml (3 k) koekmeelblom

10 ml (2 t) fyn gemmer

7 ml (1½ t) fyn kaneel

5 ml (1 t) sout

375 ml (1½ k) melk

Voorverhit die oond tot 180 °C (350 °F). Smeer 'n groot oondpan met botter of margarien of bespuit met kleefwerende kossproei.

Meng al die bestanddele vir die sous en verhit totdat die suiker opgelos is. Giet in die oondpan.

Klits die margarien, appelkooskonfyt en suiker saam in 'n mengbak tot goed gemeng. Voeg die koeksoda by en meng deur.

Sif die droë bestanddele saam en voeg beurtelings met die melk by die margarienmengsel. Meng deur en skep in die sous in die oondpan.

Bak 1 uur lank of tot gaar en 'n toetspen skoon uit die middel van die poeding kom.

Dien op met vla.

Lewer 'n groot poeding.

ROLY-POLY MET VRUGTE EN HEUNING

Roly-poly is 'n ou-ou gunsteling. Elna Mattheus van Pretoria gee dit meer kleur en smaak met 'n heerlike appelvulsel en 'n kaneel-heuningsous.

SOUS

180 ml (¾ k) heuning
180 ml (¾ k) water
3 ml (ruim ½ t) fyn kaneel
60 ml (¼ k) botter

BESLAG

500 ml (2 k) koekmeelblom
60 ml (¼ k) gesifte versiersuiker
180 ml (¾ k) botter
sowat 60 ml (¼ k) yswater
15 ml (1 e) botter, gesmelt

VULSEL

750 ml (3 k) Granny Smith-appelblokkies (geskil)
125 ml (½ k) pitlose rosyne
60 ml (¼ k) okkerneute, gekap
60 ml (¼ k) sagte bruinsuiker
30 ml (2 e) heuning
3 ml (ruim ½ t) fyn kaneel

Voorverhit die oond tot 180 °C (350 °F). Smeer 'n oondskottel van 30 x 22 x 5 cm goed met botter of margarien of bespuit met kleefwerende kossproei.

Meng die heuning, water en kaneel in 'n klein kastrol en ver-hit tot kookpunt. Voeg die botter by en roer tot gesmelt. Hou eenkant.

Sif die meel en versiersuiker saam en vryf die botter in. Voeg die yswater by en sny dit met 'n mes in totdat 'n sagte deeg gevorm is. Druk in 'n bol. Rol in 'n reghoek op 'n meelbestrooide oppervlak uit en verf liggies met die gesmelte botter.

Meng al die bestanddele vir die vulsel en versprei egalig oor die deegreghoek. Rol die deeg op (soos vir 'n rolkoek) en sny in 2,5 cm dik skywe. Plaas die deegwiele in die voorbereide oond-skottel en giet die stroop bo-oor. Bak sowat 40 minute lank totdat die deeg gaar en goudbruin en die vrugte sag is.

Dien warm op met vars room of roomys.

Genoeg vir 6 mense.

Speserykluitjies (bl. 100)

MALVAPOEDING

Praat van Suid-Afrikaanse kookkuns en jy dink aan malvapoe-
ding vir nagereg. Die resep kom nog uit Helmine Myburgh se
boek, *So eet ons aan die Kaap*, waarin daar so mooi van al die
Kaapse kosse geskryf word.

BESLAG

20 ml (4 t) botter
250 ml (1 k) strooisuiker
2 eiers
12,5 ml (2½ t) fyn appelkooskonfyt
5 ml (1 t) koeksoda
125 ml (½ k) melk
5 ml (1 t) asyn
250 ml (1 k) koekmeelblom, gesif
knippie sout

SOUS

250 ml (1 k) room
180 ml (¾ k) suiker
125 g botter
125 ml (½ k) kookwater
5 ml (1 t) vanieljegeursel

Voorverhit die oond tot 180 °C (350 °F). Smeer 'n groterige oond-
bak goed met botter of margarien of bespuit met kleefwerende
kossproei.

Verroom die botter en strooisuiker. Voeg die eiers een-een by
en klits goed na elkeen. Voeg die appelkooskonfyt by. Roer die
koeksoda in die melk in en voeg die asyn by. Voeg dan die ge-
sifte koekmeelblom en sout om die beurt met die melk by die
botter-en-suiker-mengsel. Skep die beslag in die voorbereide
oondbak. Bak sowat 45 minute lank of tot gaar en 'n toetspen
skoon uit die middel van die poeding kom.

Meng intussen al die bestanddele vir die sous en verhit dit tot
kookpunt. Giet die sous oor die gaar poeding sodra dit uit die
oond kom.

Dien op met vla.
Genoeg vir 6-8 mense.

FLUWEELPOEDING

Fluweelpoeding kom ook al uit toeka se jare en in 1989 pu-
bliseer ons weer 'n resep daarvoor. Later jare volg ons met 'n
resep vir die bekende graanvlokkiepoeding. En as jy mooi kyk,
kom jy agter dat dit maar net fluweelpoeding op 'n graan-
vlokkiekors is.

125 ml (½ k) suiker
200 ml koekmeelblom
2 ml (½ t) sout
4 eiers, geskei
1 liter (4 k) warm melk
10 ml (2 t) vanieljegeursel
50 ml botter (opsioneel)

25 ml (5 t) appelkooskonfyt
50 ml strooisuiker

Voorverhit die oond tot 180 °C (350 °F). Smeer 'n groterige, vlak
oondvaste bak liggies met botter of margarien of bespuit met
kleefwerende kossproei.

Meng die suiker, koekmeelblom en sout. Klits die eiergele tot
lig, voeg die melk, geursel en botter by en roer dit geleidelik by
die meelmengsel in. Giet in 'n dikboomkastrol en verhit oor lae
hitte terwyl geroer word totdat die mengsel begin prut en gaar
is. Giet uit in die bak en maak bo-op gelyk. Bak 15-20 minute
lank.

Smelt die konfyt in die mikrogolfoond en smeer oor die vla-
mengsel. Klits die eierwitte tot skuimerig en voeg die strooisuiker
lepelsgewys by. Klits tot styf en skep oor die konfytlaag. Bak sowat
10 minute lank totdat die meringue goudbruin en gaar is.

Genoeg vir 6 mense.

GRAANVLOKKIEPOEDING

Meng 4 x 250 ml (4 k) graanvlokkies met 45 ml (3 e) gesmelte
botter of margarien en skep onderin die bak. Berei verder soos
die fluweelpoeding.

Uitruilresep vir broodpoeding en ryspoeding

Broodpoeding kom al oor die eeue heen, skryf Peter Veldsman
in sy nuutste boek, *Kos van die eeu*, maar dis blykbaar mev.
Beeton se resep wat hier by ons posgevat het. Oor die jare pu-
bliseer Huisgenoot 'n magdom resepte vir broodpoeding, met
en sonder meringue. Hierdie basiese resep kan jy op allerlei
maniere varieer – met eiervla tot met karamelsous of sjoko-
ladesous daaroor gegiet. Ryspoeding word net soos brood-
poeding berei en daarom is hier ook variasies om dieselfde
basiese poeding net weer met gaar rys te maak.

BASIESE RESEP

BROODMENGSEL

6-8 snye brood, gebotter en kleiner gesny
50 -100 ml appelkooskonfyt

MELKMENGSEL

750 ml (3 k) melk of helfte daarvan room
125 ml (½ k) suiker
5 ml (1 t) kaneel

EIERMENGSEL

3 ekstragroot eiers

Voorverhit die oond tot 180 °C (350 °F).
Smeer 'n oondvaste poedingbak goed met botter of mar-
garien of bespuit met kleefwerende kossproei.

Rangskik die snye brood in die bak en stip met die appelkoos-konfyt.

Verhit die melk, suiker en kaneel saam en roer totdat die suiker opgelos is. Laat effens afkoel en klits 'n bietjie van die melkmengsel by die eiers. Voeg dan by die orige melkmeng-sel, klits goed en giet oor die brood. Laat 5 minute staan om in te trek.

Bak 40-50 minute lank tot gaar en gestol en laat afkoel tot louwarm.

Sit voor met vla.

Genoeg vir 6 mense.

MET MERINGUE

Hierdie variasie kan ook by ander broodpoeding-variasies ge-bruik word. Onthou dan net om die eiers te skei.

Berei die basiese resep, maar skei die eiers en klits slegs die eiergele by die melkmengsel in. Bak die poeding 30 minute lank by 180 °C (350 °F) en verlaag die temperatuur tot 160 °C (325 °F).

Klits die eierwitte tot skuimerig, klits 50 ml strooisuiker gelei-delik hierby in en klits totdat dit sagte punte vorm. Skep bo-op die poeding en bak sowat 10 minute lank tot effens goudbruin bo-op.

GRAANVLOKKIEPOEDING

In *Wenresepte 2* vertel mev. A.S. Stander hoe sy hierdie poeding voor kerk gereed kry en dan net so 20 minute voordat hulle eet, in die oond steek. Weliswaar ook 'n variasie van die bekende broodpoeding.

Berei die basiese broodpoeding, maar gebruik 750 ml (3 k) graanvlokkies en 250 ml (1 k) klapper in plaas van die brood. Sprinkel 250 ml (1 k) suiker oor. Verminder die melk tot 500 ml (2 k) en klits saam met 3 eiers en sout. Giet oor en stip met klontjies appelkooskonfyt en botter. Bak verder soos die basiese brood-poeding.

RYSPOEDING

Vervang die brood deur 750 ml (3 k) gaar rys en berei verder soos die basiese broodpoeding.

BROODPOEDING MET KARAMELSOUS

Berei die basiese broodpoeding, maar vervang die melk-mengsel deur die onderstaande karamelsous en klits dit by die eiers of eiergele in. Berei verder soos die basiese broodpoeding of soos die meringuevariasie.

KARAMELSOUS

125 ml (½ k) sagte bruinsuiker
750 ml (3 k) louwarm melk
5 ml (1 t) karamelgeursel

Roer die bruinsuiker in 'n dikboomkastrol oor lae hitte tot ge-smelt. Voeg die melk bietjies-bietjies by (die gesmelte suiker sal hard word) en roer oor lae hitte totdat die karamel gesmelt is – dit neem nogal 'n tydjie. Voeg die karamelgeursel by en laat effens afkoel. Gebruik soos tevore beskryf.

BROODPOEDING MET SJOKOLADESOUS

Berei die basiese broodpoeding, maar voeg (125 ml of ½ k) gekapte gemengde neute by die broodmengsel. Vervang ook die melkmengsel deur die onderstaande sjokoladesous en klits by die eiers in. Berei verder soos die basiese brood-poeding.

SJOKOLADESOUS

30 ml (2 e) kakao
5 ml (1 t) fyn kaneel
125 ml (½ k) suiker
750 ml (3 k) louwarm melk

Meng die kakao, fyn kaneel en suiker en meng met 'n bietjie melk tot 'n pasta. Voeg die res van die melk by en verhit tot kookpunt terwyl geroer word. Gebruik soos tevore beskryf.

BROODPOEDING MET APPELS EN ROSYNE

Berei die basiese broodpoeding, maar voeg 1 blik (385 g) tert-appels, 60 ml (¼ k) pitlose rosyne en die sap en skil van 1 suur-lemoen by die broodmengsel. Gebruik ook die basiese melk-mengsel, maar voeg ook 1 ml (¼ t) fyn naeltjies en 5 ml (1 t) vanieljegeursel daarby. Klits by die eiers in en berei verder soos die basiese broodpoeding.

BROODPOEDING MET APPELKOSE

Berei die basiese broodpoeding, maar voeg 250 ml (1 k) ge-weekte droëappelkose by die broodmengsel. Vermeerder die suiker van die melkmengsel tot 150 ml en voeg ook 1 ml (¼ t) fyn naeltjies en 5 ml (1 t) vanieljegeursel by. Klits by die eiers en berei verder soos die basiese broodpoeding.

RYSPOEDING MET APPELKOSE

Berei soos die broodpoeding met appelkose, maar gebruik net 750 ml (3 k) rys in plaas van die brood.

KARRINGMELKPOEDING

Ek het grootgeword met karringmelkpoeding. Eintlik is dit 'n heer-lik ligte poeding, want daar kom bykans geen smeer in nie. Vir my bly dit na al die jare die lekkerste om dit met karamelsous te geniet, maar saam met groenvye is dit net so lekker. Anita Vivier van Pretoria sit dit graag so voor.

250 ml (1 k) bruismeel
knippie sout
15 ml (1 e) botter of margarien
250 ml (1 k) suiker
4 ekstragroot eiers, geklits
1 liter (2 houers van 500 ml elk) karringmelk of 500 ml (2 k) melk en 1 houer (500 ml of 2 k) karringmelk
8 groenvye in stroop, gehalveer (opsioneel)

Voorverhit die oond tot 180 °C (350 °F). Smeer 'n diep oondskot-tel van 21 x 30 cm liggies met botter of margarien of bespuit met kleefwerende kossproei.

Sif die bruismeel en sout. Klits die botter en suiker saam en voeg die eiers by. Klits goed en klits die karringmelk by. Voeg by die bruismeel en klits tot glad. Giet in die voorbereide oondskot-tel en bak 50-60 minute lank of tot gestol en goudbruin bo-op.

Dien louwarm op met vye en stroop of die onderstaande kara-melsous.

Genoeg vir 8 mense.

MAKLIKE KARAMELSOUS

Die resep van mev. Tiekie Ackerman van Richmond is die mak-likste en lekkerste karamelsous wat daar is, veral as jy nie baie tyd het om te staan en roer totdat al die karamel onderin die kastrol weer gesmelt het nie. Sy berei dit graag ook vir gesellighede, maak die sous vooraf, bêre dit net in die yskas en verhit dit net weer voor gebruik. Dit vries ook goed, sê sy.

500 ml (2 k) room
60 ml (¼ k) gouestroop
125 ml (½ k) strooisuiker
10 ml (2 t) mielieblom

Verhit die room, stroop en suiker oor lae hitte en roer totdat die strooisuiker opgelos is. Laat 15 minute lank stadig prut of totdat die sous karamelkleurig is. Roer af en toe, want die sous is geneig om maklik oor te kook. Maak die mielieblom met 'n bietjie koue water aan tot 'n gladde pasta en verdik die sous hiermee. Laat prut totdat die sous gaar is en effens verdik.

Lewer 500 ml (2 k) sous.

Dadel-okkerneutpoeding

DADEL-OKKERNEUTPOEDING

Amper soos die brandewynpoeding van ouds, maar net sonder die brandewyn.

POEDING

200 ml kookwater
175 g dadels (300 ml), ontpit en fyngekap
50 ml botter, gesmelt
125 ml (½ k) sagte bruinsuiker
2 eiers, geklits
5 ml (1 t) vanieljegeursel
½ pakkie (50 g) okkerneute, grof gebreek
310 ml (1¼ k) bruismeel
5 ml (1 t) bakpoeier

SOUS

125 ml (½ k) sagte bruinsuiker
50 ml sagte botter
75 ml (5 e) koue water

Voorverhit die oond tot 180 °C (350 °F). Smeer 'n 1 liter-oondskottel liggies met botter of margarien of bespuit met kleefwerende kossproei.

Giet die kookwater oor die dadels en laat 20 minute lank staan.

Roer die botter, bruinsuiker, eiers en vanieljegeursel by die afgekoelde dadelmengsel en meng tot glad. Voeg die neute by. Sif die bruismeel en bakpoeier oor en vou liggies in tot gemeng. Skep in die voorbereide oondskottel en bak 40-45 minute lank tot ferm.

Verhit intussen al die bestanddele vir die sous in 'n klein kastrolletjie. Roer totdat die botter gesmelt het en laat 2-3 minute lank prut of totdat dit effens verdik.

Giet die warm sous oor die gaar poeding sodra dit uit die oond kom.

Sit warm voor met dun room.

Genoeg vir 8 mense.

GEBAKTE VLA MET KARAMEL

Gebakte vla was vroeër jare en is nou nog 'n gewilde nagereg. Hier is 'n minder ryk variasie van die bekende crème brûlée wat ons in 'n gesondheidsboek van Jane Fonda opgespoor het.

375 ml (1½ k) vetvrye melk
80 ml (⅓ k) suiker
5 ml (1 t) baie fyngerasperde lemoenskil
3 ml (ruim ½ t) baie fyngerasperde suurlemoenskil
5 ml (1 t) vanieljegeursel
1 ml (¼ t) sout
4 eiergele

Voorverhit die oond tot 160 °C (325 °F). Smeer 4 glasbakkies (ramekins) liggies met botter of margarien of bespuit met kleefwerende kossproei.

Klits al die bestanddele goed saam en giet in die glasbakkies. Plaas die glasbakkies in 'n oondpan wat halfpad met kookwater gevul is. Bak sowat 40 minute lank tot gaar en gestol. Laat effens afkoel en sit net so voor saam met gouestroop. Sprinkel andersins 'n klein bietjie bruinsuiker oor en plaas onder die verhitte roosterelement van die oond totdat die suiker gesmelt is.

Genoeg vir 4 mense.

KERSPOEDING

Vir Kersfees van 1988 publiseer ons 'n klompie Kerspoedings – van gestoom tot hierdie een wat in die oond gebak word. Ann Caetano van Nelspruit onthaal graag die senior burgers in die feestyd en dan sit sy altyd hierdie poeding as nagereg voor.

SOUS

250 ml (1 k) suiker
500 ml (2 k) water
25 ml (5 t) brandewyn
375 ml (1½ k) vrugtekoekmengsel
125 ml (½ k) glanskersies, gehalveer

BESLAG

110 g margarien
25 ml (5 t) fyn appelkooskonfyt
250 ml (1 k) ontpitte, fyngekapte dadels
7 ml (1½ t) koeksoda
75 ml melk
250 ml (1 k) koekmeelblom
2 ml (½ t) sout
12,5 ml (2½ t) suiker
2 ml (½ t) gemengde speserye
2 ml (½ t) gemmer
1 eier

Voorverhit die oond tot 190 °C (375 °F). Smeer 'n 2,5 liter-oondskottel goed met botter of margarien of bespuit met kleefwerende kossproei.

Verhit die suiker en water en roer totdat die suiker opgelos is. Verwyder van die stoof en voeg die brandewyn en al die vrugte by.

Dreineer 250 ml (1 k) van die sous met 'n sif en hou eenkant. Giet die res van die sous met die vrugte in die voorbereide bak.

Smelt die margarien en die appelkooskonfyt en voeg die dadels by. Meng die koeksoda en die melk en voeg by die dadelmengsel. Sif die droë bestanddele saam en meng dit met die dadelmengsel. Klits die eier en voeg by die mengsel. Meng goed.

Skep die beslag versigtig in die bak, bedek en bak 40-60 minute lank of totdat die poeding donker van kleur en ferm is.

Giet die orige sous oor die warm poeding, laat dit intrek en keer die poeding op 'n opdienbord uit.

Sit voor met vla of Ann Caetano se brandewynroomsous (sien bl. 109).

Lewer 6-8 porsies.

Alledaagse Poedings.

Deur „Sara.”

PANNEKOEK.

$\frac{1}{4}$ lb. meelblom;
2 eiers;
1 pint melk;
vet;
suiker;
1 suurlemoen.

Sit die meelblom in 'n kommetjie en maak 'n gat in die middel. Breek die eiers daarin; dis nie nodig om hul eers op te klop nie. Roer 'n bietjie van die meelblom by die eiers tot dit so dik as vla is. Die gehalte moet behou word; voeg dus altyd 'n bietjie meer daarvan en meelblom by. As al die meelblom ingeroer is en omtrent die helfte van die melk, klop die mengsel dan vir omtrent tien minute. Dit bring lug daarin en maak die pannekoek lig. Voeg al die orige melk daarby en laat die mengsel vir omtrent 'n uur staan. Smelt 'n bietjie vet in 'n pannekoekpan. As die vet goed warm is, sit 'n koppie van die mengsel daarin (dit moet net genoeg wees om die boom van die pan toe te loop). Sodra dit lig-bruin is, keer dit om. Wanneer albei kante bruin is, keer dit om op 'n papier met suiker, en strooi suiker daaroor. Rol gelyk op. Hou aan met die proses tot al die mengsel opgebruik is. Sit voor met suiker en skywe suurlemoen.

APPELBROKKIES.

$\frac{1}{2}$ lb. meelblom;
2 eiers;
$\frac{3}{4}$ pint melk;
1 lb. appels;
vet.

Maak die meel, eiers en melk aan soos vir pannekoek; daar is minder melk—dus sal die mengsel 'n bietjie stywer wees. Skil die appels af en haal die pitte uit sonder om die vrugte te breek. Sny in ringe van omtrent 'n kwartduim dik. Sit 'n taamlike diep pan op die vuur halfvol met vet. Laat die vet goed warm word. Maak die appelringe goed toe met die mengsel. Sit dit dan in die warm vet en kook tot dit bruin en gaar is. Sit op 'n papierdoilie en strooi suiker bo-oor.

GEBAKTE DEEGPOEDING.

Gebruik dieselfde resep. Smeer 'n gelyk, vlak, ronde pan. Sit die mengsel daarin en bak in 'n matige oond vir vyf-en-veertig minute. As 'n poeding , sit dit voor met stroop. As dit met braaivleis moet voorgesit word, sit dit eers vir 'n paar minute by die vleis in die pan.

SULTANAPOEDING.

1 lb. meelblom;
$\frac{3}{4}$ lb. sultanarosyntjies,
$\frac{1}{2}$ lb. niervet;
2 teelepels bakpoeier;
$\frac{1}{4}$ lb. suiker;
1 eier;
$\frac{1}{2}$ pint melk en water;
gerasperde lemoenskil.

Was die sultanas. Kap die niervet fyn en meng met die meelblom waarby die bakpoeier gevoeg is. Sit al die droë bestanddele daarby. Klop die eier op en voeg by die melk en water. Roer dit vir 'n paar minute. Smeer 'n poedingbak. Sit die mengsel daarin en bak in 'n matige oond vir 'n uur en 'n half. Keer om op 'n warm skottel en sit dit voor.

GESTOOMDE RYSPOEDING.

3 ons rys;
1 pint melk;
2 ons niervet;
3 ons suiker;
6 ons sultanas;
1 eier;
gerasperde lemoenskil.

Kook die rys in die melk tot al die melk opgeneem is (dit sal omtrent veertig minute duur). Was die sultanas en sny dit op; kap die niervet fyn; voeg die suiker, gerasperde skil, niervet en sultanas by die rys en melk en roer goed deurmekaar; roer die geklopte eier in. Sit dit in 'n vorm vir gestoomde poedings en stoom vir twee en 'n half uur.

APPELKOOSKONFYTPOEDING.

2 eiers;
hulle gewig in suiker;
botter en meelblom;
gerasperde skil van 'n suurlemoen;
1 teelepel bakpoeier;
$\frac{1}{2}$ koppie melk;
2 eetlepels appelkoosfonfyt.

Sit water in 'n kastrol om te kook; werk die botter en suiker saam tot dit soos room is; breek die eiers een vir een daarin; klop die drie bestanddele saam vir tien minute; sif die bakpoeier by die meelblom en voeg die gerasperde suurlemoenskil daarby; roer by die eiers, ens. Sit die konfyt rondom in die boom van 'n gesmeerde poedingvorm; sit die mengsel dan daarin en stoom vir twee uur. Sit voor met vla of appelkoossous.

APPELKOOSSOUS.

1 eetlepel appelkooskonfyt;
1 koppie water;
1 teelepel suurlemoensap.
Kook saam vir vyf minute.

SUIKERSTROOPPOEDING.

$\frac{3}{4}$ lb. meelblom;
6 ons botter en vet;
5 ons suiker;
4 eetlepels suikerstroop (Golden Syrup).;
$1\frac{1}{2}$ teelepel bakpoeier;
$1\frac{1}{2}$ koppie melk;
1 eier.

Smeer 'n poedingvorm en sit die suikerstroop daarin; sit die meelblom en bakpoeier in 'n kommetjie; vrywe die botter en vet daarin; roer die suiker in, en meng goed; voeg die eiers en melk by die droë bestanddele en klop die mengsel vir 'n paar minute; sit dit in die vorm sonder om dit te laat meng met die stroop; stoom vir twee uur; keer uit op 'n warm skottel. Die stroop moet rondom die poeding wees.

GEBAKTE KONFYTPOEDING.

2 eiers;
hulle gewig in meelblom;
suiker;
vanilla-essens;
botter;
1 eetlepel melk;
$1\frac{1}{4}$ lb. konfyt;
1 teelepel bakpoeier.

Werk die botter en eiers saam tot dit soos room is; klop die geel en wit apart; klop die geel in die suiker en botter; voeg die meelblom, bakpoeier, vanilla-essens en melk daarby, en die laaste, baie lig, die styf-geklopte wit van die eiers; sit in 'n gesmeerde poedingvorm en bak in 'n matige oond vir 'n uur; sit dit op 'n warm skottel; maak die konfyt warm en sit bo-oor.

GEMMERPOEDING.

$\frac{1}{2}$ lb. meelblom;
$\frac{1}{2}$ lb. broodkrummels;
$\frac{1}{2}$ lb. niervet;
2 teelepels fyn gemmer;
$\frac{1}{4}$ lb. suiker;
2 eetlepels suikerstroop;
$\frac{1}{4}$ teelepel koeksoda;
melk om aan te maak.

Meng die gemmer met die meelblom en soda; kap die niervet fyn en voeg by die meelblom met die broodkrummels en suiker; maak die suikerstroop effe warm en sit dit in die middel van die droë bestanddele; maak goed aan met die melk; sit dit in 'n poedingvorm en stoom vir twee en 'n half tot drie uur. Sit voor met vla.

Laat die Huis 'n Verjaarsdag Vier

(*Vervolg van bladsy* 51.)

Ek dink dit is 'n uitmuntende idee as een dag elke jaar vasgestel word as die Verjaarsdag van die Huis. Dan sal elke lid van die gesin iets regtig moois, soos 'n blombak, hangspieël vir die portaal, 'n deftige tapytjie of koperware, ens., vir die huis ten geskenke gee. Dan kan die huisie van daardie klein dingetjies besit wat ons almal soveel bekoor—miskien juis omdat hulle nie so noodsaaklik is nie!

BRANDEWYNROOMSOUS

Hierdie lekker ryk sous kan met enige Kerspoeding voorgesit word.

250 ml (1 k) room
5 ml (1 t) brandewyn
12,5 ml (2½ t) versiersuiker

Plaas al die bestanddele in 'n mengbak en klits totdat die room verdik.

Sit met die Kerspoeding voor (sien bl. 107).

SAGOPOEDING

Oor koue sagopoeding of een wat met jellie gemeng is, kon ek nog nooit vreeslik opgewonde raak nie. Gebakte sagopoeding is egter 'n ander saak. Die resep vir hierdie ou gunsteling ontvang ons vroeg in die negentigerjare van mej. M. van Schalkwyk van Pretoria.

100 ml rou sago
800 ml (3¼ k) melk
4 eiers
75 ml (5 e) suiker
2 ml (½ t) sout
10 ml (2 t) vanieljegeursel

Voorverhit die oond tot 150 °C (300 °F). Smeer 'n 2,8 liter-oondbak met botter of margarien of bespuit met kleefwerende kossproei.

Laat die sago minstens 1 uur lank in 200 ml melk week. Verhit die orige melk tot kookpunt en voeg die geweekte sago by. Kook totdat die sago deurskynend is en roer gedurig. Klits die eiers en suiker saam tot lig. Voeg die sout en vanieljegeursel by. Giet die eiermengsel stadig by die sagomengsel. Meng goed en giet uit in die voorbereide bak. Plaas die bak in 'n groot genoeg oondpan en vul die oondpan met kookwater. Bak sowat 45 minute lank of totdat die poeding gaar is en die mengsel gestol het.

Dien op met gouestroop of aarbeikonfyt.

Genoeg vir 6 mense.

KORENTEPOEDING

Vroeër jare is korentepoeding gestoom, maar met verloop van tyd het ons gebakte poedings begin verkies. Hierdie poeding met sy delikate tekstuur en soet wynsous kom van Queenie Horne van Kenilworth.

45 ml (3 e) botter
45 ml (3 e) suiker
45 ml (3 e) marmelade
75 ml (5 e) koekmeelblom
5 ml (1 t) koeksoda
knippie sout
3 ekstragroot eiers, geklits
250 ml (1 k) korente

WYNSOUS
250 ml (1 k) wit wyn
250 ml (1 k) suiker
5 ml (1 t) mielieblom
5 ml (1 t) botter

Voorverhit die oond tot 160 °C (325 °F). Smeer 5 ramekins (klein glasbakkies) of 'n oondskottel goed met botter of margarien of bespuit met kleefwerende kossproei.

Verroom die botter en suiker en roer die marmelade by. Sif die koekmeelblom, koeksoda en sout oor die mengsel en roer deur. Meng die eiers by en roer die korente in.

Verdeel die mengsel tussen die ramekins of giet in die oondskottel en plaas in 'n oondpan wat halfpad met kookwater gevul is. Bak 30 minute lank, verlaag die temperatuur tot 140 °C (275 °F) en bak nog 15 minute lank tot gaar.

Verhit die wit wyn en suiker vir die sous saam en roer totdat die suiker opgelos is. Laat 5 minute lank stadig prut. Los die mielieblom in 15 ml (1 e) koue water op en voeg saam met die botter by die sous. Laat prut totdat die sous effens verdik en giet dit oor die gaar poeding sodra dit uit die oond kom. (Giet die sous versigtig oor die agterkant van 'n lepel oor, want dit kan maklik 'n gat maak in die poeding met sy delikate tekstuur.)

Sit die warm, individuele poedings elk met 'n skep roomys of vla bo-op voor.

Genoeg vir 4-5 mense.

Koue poedings

Vroeër jare se huisvroue was ware voorslagte – voor die kospotte en voor die naaimasjien. Van voordag af het hulle ingemaak en ingelê, pasteideeg uitgerol en brood gebak, nuwe tabberds gemaak en gesorg vir die kinders se klere en dan het hulle boonop man en kind bederf met heerlike poedings, wat bykans elke dag op tafel was. In die uitgawe van 29 Oktober 1926 toe daar nog 'n afdeling "Vir die vrouens" in Die Huisgenoot was, kry ons onder die opskrif "Wenke vir warm dae" (sien bl. 116), 'n vermaning dat die huisvrou haar nie moet oorwerk nie, want dit kan selfs die rede vir baie ongelukkige huwelike wees. "As die middagmaal verby is, behoort iedere vrou haarself 'n tydjie van rus te gun, vir minstens 'n uur en 'n half. Die huisvrou het so veel te doen, veral noudat die somer aangebreek het. Haar werk en pligte is eindeloos." Eers hier teen die einde volg resepte vir "koel poedings wat aantreklik lyk en wat die man en kinders sal geniet in die warm weer". Die resepte is vir gestoofde appels, in stroop gekook en effens rooi gekleur met "kosjenielje" en met room voorgesit; Duitse vla gemaak met "masena"; suurlemoensneeu, wat niks anders as opgeklopte jellie is nie; vrugtejellie: lae vrugte en jellie gestol in 'n kelkie; "bananadons"; appelsneeu; "haastige dessert" gemaak van koekskywe wat met konfyt besmeer en waaroor vla gegiet is; sneeuballe, inderdaad stukke koek wat in versiersuiker gedoop en in klapper gerol is, en met vla voorgesit; asook tapiokaroom en "bananasago".

In die uitgawe van 4 Mei 1934 vind ek resepte vir "koekpoedings" gemaak soos die bekende Engelse nagereg "trifle". Dit lyk my dis waaruit die niksseggende Afrikaanse naam "koekstruif" van later gebore is. Daar is resepte vir van frambooskoekpoeding tot Switserse poeding, bitterkoekiepoeding, ratafia- en piesangkoekpoeding, almal bestaande uit afwisselende lae koek, vla, vrugte of konfyt en room. Toe was daar nog nie jellie by nie.

Pakkies jellie moes wel sorg vir allerlei poedings, en kinders is ook baiekeer met nagereg gepaai om hul kos te eet. Daarvoor kry ons in die uitgawe van 25 Junie 1948 heelparty resepte soos vir "Ouma se padda-eiers" (sago wat in jellie gestol is) of "borreltjiesjellie" (jellie waarby ysblokkies opgeklop is).

"Roomys word al hoe meer 'n alledaagsheid by ons," word geskryf in die uitgawe van 27 Januarie 1939. "Waar dit eers net 'n seldsame versnapering was as ons na die stad gaan, kry ons dit nou feitlik in elke dorpie, hoe afgeleë ook al en word dit by baie huisvrouens gewoonte om hul gaste op tuisgemaakte roomys te trakteer." En dan volg 'n standaardresep. Vrugteslaai en roomys word die poeding van die tyd en in die uitgawe van 5 Februarie 1960 kry ons verskeie resepte vir vrugte saam met roomys. Sjokolade- en karamelsous smaak net so lekker hierby en daar is ook 'n resep vir roomystert met 'n krummelkors en met vrugte afgerond. Later jare volg vele resepte vir tuisgemaakte roomys – van suurlemoenroomys tot kweperroomys en aarbeiroomys – en selfs in die sewentigerjare kry ons 'n resep vir cassata.

Meringuelae en veral meringuedoppe, soos Pavlova, is veral van die vyftigerjare af gewild. Dit word met room gevul of selfs met roomys of in lae opmekaar gestapel met room en aarbeie tussenin – die ideale afsluiting vir 'n Kersmaal soos ons in 1974 meld.

Vandag nog eet ons roomys en al is dit baiekeer winkelroomys, probeer ons dit met allerlei byvoegings opkikker. Jellie en vla hou steeds ons kinders gelukkig en in die plek van gekookte melkpoedings klits ons dikwels 'n kitspoeding saam met melk op om vinnig daardie lus vir iets soets te bevredig.

Romerige sjokolademousse (bl. 112)

PAVLOVA

Pavlova met sy gebakte meringuedop en vrugtevulsel was veral in die sewentigerjare baie gewild en menige spoggerige ete is met gevulde meringuedoppies afgesluit. Eintlik is dit 'n baie lekker ligte nagereg, veral as 'n mens die room ligter maak deur dit met natuurlike jogurt te meng. Vandag is daar so 'n groot verskeidenheid vrugte beskikbaar dat jy na hartelus kan rondspeel om dit mooi te laat lyk.

MERINGUE
3 ekstragroot eierwitte, by kamertemperatuur
knippie sout
225 ml strooisuiker
5 ml (1 t) asyn
12,5 ml (2½ t) mielieblom
100 g (250 ml) gekapte haselneute (opsioneel)

VULSEL
250 ml (1 k) dik room
1 houer (175 ml) dik Bulgaarse jogurt
45 ml (3 e) strooisuiker (opsioneel)
5 ml (1 t) vanieljegeursel

BOLAAG
hand vol groen druiwe, gewas
hand vol rooi druiwe, gewas
2 perskes, in skyfies gesny en in suurlemoensap gedoop
1 ryp peer, in skyfies gesny en in suurlemoensap gedoop
1 piesang, in skyfies gesny en in suurlemoensap gedoop
hand vol appelliefies, gewas

Voorverhit die oond tot 140 °C (275 °F). Voer 'n groterige bakplaat uit met bakpapier. Sif mielieblom oor.

Klits die eierwitte en sout tot skuimerig. Voeg die strooisuiker geleidelik by terwyl aanhoudend geklits word totdat die mengsel styf en glansend is en sy vorm behou. Vou die asyn, mielieblom en haselneute (indien gebruik) met 'n metaallepel in en skep op die voorbereide plaat. Vorm dit met 'n slaplemmes en maak 'n effense holte in die middel. Bak 1 uur lank, skakel die oond af en laat die meringue heeltemal in die oond afkoel. Moenie die oond gedurende die bak- of afkoeltyd oopmaak nie. Verwyder die afgekoelde meringue uit die oond en bêre in 'n digte houer tot benodig. Berei verder kort voor opdiening.

Verwyder die meringue versigtig van die bakplaat en plaas op 'n opdienbord.

Klits die room styf, vou die jogurt, strooisuiker en vanieljegeursel in en skep in die meringuedop. Rangskik die verskillende vrugte bo-op die roommengsel en sit voor.

Genoeg vir 8 mense.

ROMERIGE SJOKOLADEMOUSSE

Sjokolademousse het deur die jare gewild gebly. Gemaak met sjokolade en room, is dit een salige romerige lekkerte; die gestolde variasies kan maar net nie daarvoor instaan nie.

1½ plak (150 g) donker sjokolade, in blokkies gebreek
50 ml sterk swart koffie
50 ml botter
3 eiers, geskei
250 ml (1 k) room, verkoel
geklitste room vir versiering

Smelt die sjokolade en koffie in 'n glasbak oor kookwater of in die mikrogolfoond. Roer gereeld. Voeg die botter by en meng totdat die botter gesmelt is en die mengsel effens afgekoel het. Klits die eiergele en meng met 'n kwart van die sjokolademengsel. Voeg die res van die sjokolademengsel by en meng deur. Klits die room styf en vou in. Klits die eierwitte totdat dit sagte punte vorm en vou by die sjokolademengsel in.

Giet die mengsel in klein koppies of glasbakkies en verkoel oornag. Versier met 'n roomroset en vars blommetjies, indien verkies.

Genoeg vir 6-8 mense.

MILJOENÊRSROOMYS

In 1989 reeds ontvang ons van mev. Melanie Rudman hierdie heerlike resep waarmee jy winkelroomys sommer baie spesiaal maak, en in 1997 kry ons van mnr. Mather van Kroonstad 'n soortgelyke resep. Hy voeg net nog 'n klein blikkie kondensmelk en ook 'n klein blikkie room by die roomys om dit nog romeriger te maak.

2 liter vanieljeroomys, effens saggemaak
1 botteltjie (150 g) maraschinokersies, gehalveer (opsioneel)
1 pakkie (100 g) neute, soos pekan-, amandels of selfs grondbone, gekap
1 plak (100 g) pepermentsjokolade of 'n sjokoladestafie soos Flake of Tex, gekap
1 pak (125 g) vinger- of Tennisbeskuitjies (200 g), fyner gebreek en in sjerrie of brandewyn gedoop, indien verkies

Meng al die bestanddele en skep in 'n ringvorm of ronde glasbak. Vries tot hard en ontvorm net voor opdiening op 'n mooi dienbord.

Genoeg vir 8 mense.

KITSROOMYS

Die vinnigste manier denkbaar om self roomys te maak.

1 blik (410 g) ingedampte melk
1 blik (375 g) kondensmelk
2 ml (½ t) gerasperde suurlemoenskil (opsioneel)
5 ml (1 t) suurlemoensap (opsioneel)

Plaas die ingedampte en kondensmelk sowat 24 uur of oornag in die yskas.

Giet die ingedampte melk in 'n mengbak en klits deeglik. Voeg die kondensmelk, asook die suurlemoenskil en -sap, by en

klits goed. Plaas in die vrieskas en vries tot hard.
Lewer 1,5 liter roomys.

Sjokoladesouse

Roomys en sjokoladesous is onafskeidbaar. Hier is die drie maklikste resepte wat jy jou kan voorstel.

MARGARET SE SJOKOLADESOUS

100 ml gouestroop
150 ml kakao
1 blik (397 g) kondensmelk
5 ml (1 t) vanieljegeursel

Verhit die gouestroop effens en voeg die kakao by. Meng goed en voeg die kondensmelk en vanieljegeursel by. Meng deur.
Lewer sowat 400 ml sous.

BAR-ONE-SOUS

3 stafies (58 g elk) Bar-Ones, in stukkies gesny
1 blik (397 g) kondensmelk
250 ml (1 houer) room
2 ml (½ t) vanieljegeursel

Verhit die Bar-Ones saam met die kondensmelk in 'n kastrol en roer gedurig totdat die sjokolade gesmelt het. Verwyder van die stoof en roer die room en ook die geursel by. Dien warm op.
Lewer sowat 500 ml (2 k) sous.

MOKKA-SJOKOLADESOUS

250 ml (1 k) ingedampte melk
25 ml (5 t) kakao
5 ml (1 t) kitskoffiekorrels
60 ml (¼ k) strooisuiker
15-25 ml (3-5 t) Van der Hum-likeur

Giet alle bestanddele buiten die likeur in 'n kastrolletjie. Verhit tot warm en roer tot suiker opgelos is. Verwyder van hitte en roer die likeur by.
Lewer sowat 400 ml sous.

Pavlova

CASSATA-ROOMYSKOEK

Cassata was 'n ou gunsteling in my ma se huis en ons het dit al in die Valentynsuitgawe van 1992 in 'n spesiale hartvorm gemaak om verliefdes se hartsnare mee te roer.

2 liter vanieljeroomys
2 liter sjokoladeroomys

VULSEL
375 ml (1½ k) suiker
125 ml (½ k) water
3 eierwitte
125 ml (½ k) glanskersies, in kwarte gesny
50 ml gemengde sitrusskil
200 g (250 ml) gemengde vrugte in stroop, bv. groenvye,
    gemmerstukke, asook verglansde pynappel, kleiner gekap
125 ml (½ k) fyn amandels
1 pak (100 g) okkerneute, gekap
½ pakkie (50 g) pekanneute, grofgekap
60 ml (¼ k) kersie- of enige vrugtelikeur
125 ml (½ k) room, styfgeklits

Smeer 2 losboomkoekpanne van 22 cm met botter of margarien of bespuit met kleefwerende kossproei.

Laat die helfte van die vanieljeroomys effens sag word en skep 'n laag onderin elke koekpan. Maak bo-op gelyk en vries tot hard. Herhaal met die helfte van die sjokoladeroomys. Bevries weer tot hard.

Berei intussen die cassata-vulsel: Verhit die suiker en water stadig in 'n dikboomkastrol en roer totdat al die suiker opgelos is. Verf die suikerkristalle van die kante af met 'n nat kwassie en laat sowat 10 minute lank stadig prut tot sagtebalstadium. (Drup van die suikerstroop in 'n bakkie met koue water. Indien die suikerstroop 'n sagte bolletjie vorm wat plat loop as dit uitgehaal word, is dit reg.)

Klits die eierwitte totdat dit sagte punte vorm en giet dan die kokende stroop in 'n dun straaltjie by terwyl aanhoudend geklits word. Hou aan met klits totdat die mengsel effens koeler is en verdik.

Meng al die vrugte, amandels en neute en vou saam met die likeur by die eiermengsel in. Vou ook die room in en verdeel die mengsel gelykop tussen die 2 voorbereide panne. Bevries tot hard, verkieslik oornag.

Laat die res van die vanieljeroomys sag word en verdeel dit tussen die panne. Vries tot hard en verdeel die res van die sjokoladeroomys tussen die panne. Vries tot hard. Doop net voor opdiening 'n paar sekondes in louwarm water en maak die panne oop. Laat op 'n dienbord gly en sit dit met die lemoenrumsous (sien onder) voor.

LEMOENRUMSOUS
50 ml botter
75 ml (5 e) heuning
10 ml (2 t) suurlemoensap

"Trifle"

1 lemoen se gerasperde skil
375 ml (1½ k) lemoensap
12 ml (2½ t) rumgeursel
knippie sout
sowat 10 ml (2 t) mielieblom

Plaas al die bestanddele, behalwe die mielieblom, in 'n middel-slagkastrol en verhit totdat die botter gesmelt het. Laat opkook en laat 5 minute lank stadig prut. Los die mielieblom in 'n klein bietjie koue water op en roer by die sous in. Laat die sous prut totdat dit verdik en gaar is en laat dit afkoel.

Genoeg vir 8-10 mense.

"TRIFLE"

"Trifle", oftewel koekstruif, het ons by die Britte geleer en naas roomys met sjokoladesous is dit sekerlik die gewildste nagereg in baie huise, veral in die feestyd. Die lekkerte daarvan is dat 'n mens dit eenvoudig met net koek en vla kan maak, of dit 'n bietjie opkikker met glansvrugte, spesifiek groenvye en, vir my, maraschino-kersies. Oor die jare was daar vir "trifle" baie resepte in Huisgenoot se Wenresepte, soos Maggie se koekstruif van mev. Krissie Wessels van Worcester, of die Swart Woud-koekstruif met sjokoladekoek en maaskaas. Vroeg in die negentigerjare wy ons 'n hele artikel aan koekstruif, waaronder dié van gemmerbrood en gemmer en ook 'n kitskoekstruif. Hoekom ons dit koekstruif moet noem, weet ek nie, maar hierdie een is soos ons in die toetskombuis van "trifle" hou: die koeklae word in jellie gestol en dit kry lekker baie groenvye en glanskersies. Sommer vinnig om te maak ook.

1 groot wit sponskoek, in snytjies gesny
45 ml (3 e) soet sjerrie
1 pakkie (80 g) geel jellie, aangemaak en effens afgekoel,
    maar nie gestol nie
½ pakkie (75 g) gekapte okkerneute
3 heel groenvye, in stukkies gesny
½ houer (50 g) maraschinokersies, gehalveer
500 ml (2 k) dikkerige vla
1 pakkie (80 g) rooi jellie, aangemaak en effens afgekoel,
    maar nie gestol nie
125 ml (½ k) room, geklits
strooisuiker om te versoet

Pak 'n laag sponskoek onder in 'n poedingbak (verkieslik glas) en besprinkel dit met sjerrie. Giet van die geel jellie oor die koek sodat dit intrek. Bestrooi mildelik met okkerneute, vye en kersies en volg met 'n laag vla. Pak nog 'n laag koek en herhaal met sjerrie, hierdie keer rooi jellie, neute, vye, kersies en vla. Herhaal die lae totdat die bestanddele opgebruik is.

Versoet die room effens met strooisuiker en skep bo-op die poeding. Verkoel totdat die jellielae gestol is.

Genoeg vir 6-8 mense.

DIE HUISGENOOT

AS die middagmaal verby is, behoort iedere vrou haarself 'n tydjie van rus te gun, vir minstens 'n uur en 'n half.

Die huisvrou het so veel te doen, veral noudat die somer aangebreek het. Haar werk en pligte is eindeloos.

As haar huiswerk klaar is, dan moet sy elke oomblik wat sy het by die masjien gaan sit, want daar is haar eie somerklere sowel as die kinders se skoolrokkies om te maak of te verstel.

As die bome daar buite so spog met hulle lieflike, splinternuwe groen of grys somerdos, dan tart hulle 'n vroumens uit om met hulle te wedywer en net sulke nuwe, skone, frisse, splinternuwe wastabberdjies te dra . . . en die huisvrou vind haarself oorlaai met werk.

Nou kom die versoeking om maar dwarsdeur te sit by die naaimasjien en sodoende tog vinniger te kan vorder.

Dit is 'n fout. Die vrou wat al op is van halfses of miskien vroeër, moet so teen tweeuur se kant noodsaaklik gaan rus.

Kry in hierdie drukke tyd liewer 'n naaister in om met die opgehoopte naaldwerk te kom help al is dit dan maar vir 'n paar dae. Dis beter om liewer 'n bietjie meer onkoste te hê, en is baie goedkoper op die lange duur as wanneer die huisvrou haarself te veel laat aftob.

Die vrou moet sorg dat as sy gaan rus, dit dan waarlik vir haar 'n rus is. Die kinders of bediendes moet in hierdie tydjie, wat heel waarskynlik al rukkie is wat sy vir haarself het gedurende die hele dag, strenge orders hê om haar nie te stoor nie.

Nou het die vrou tyd om die koerant deur te lees sodat sy kan weet wat om haar en in die wêreld gaande is, en so nie alleen 'n lewende belang in dinge behou nie maar sodat sy ook kan saampraat met haar man oor die daaglikse gebeurtenisse. Neem 'n tydskrif of 'n mooi boek, lees en vergeet vir 'n tydjie al die huislike moeilikhede en kommer: 'n mens se senuwees is soveel beter daarna.

Ek dink bepaald dat een van die redes dat daar teenswoordig so baie ongelukkige huwelike is, is die gejaagdheid en haas en aanhoudende werk wat so vele en meestal goeie, deugsame, flukse vroue as hulle plig beskou.

Hulle is na 'n tyd afgewerk en altyd moeg, en as 'n mens moeg is, dan volg dit soos die nag die dag dat die humeur kort en sleg word. Die vrou word ongeduldig met haar man en kinders en bediendes. Sy is na 'n tyd van eindelose werk te lusteloos om op haar eie persoon ag te slaan, en vind die tyd nie meer om haarself aantreklik en so mooi moontlik te maak vir haar huisgesin nie.

Sy voel nooit lus om saam met haar man wandelinge te geniet of na geselligheide te gaan nie.

Die man verloor na 'n tyd ook die vrymoedigheid om sy vriende na die huis toe te nooi, omdat hy vrees vir die ekstra werk wat dit sal veroorsaak.

Sy kry nie tyd om te lees of te dink nie en as haar man tuis kom, het sy niks om oor te gesels nie behalwe net om te kla oor die werk, die teenspoede en die foute van die bediendes.

Hierdie soort geselskap verveel 'n man baie gou en hy word eers onsimpatiek en later soek hy ander en meer interessante geselskap op en word sodoende baiekeer totaal uithuisig en liefdeloos.

Wenke vir Warm Dae.

Deur ,,Carola.''

Nee, 'n vrou se pligte is groter en breër en edeler as om net te werk en te sloof van die oggend tot die aand.

Haar grootste werk is en bly om haar huis 'n ware tuis te maak en so aantreklik vir haar man en kinders dat dit vir hulle die lieflikste plek op aarde is. Sy moet tyd hê nie alleen vir haar man nie, maar ook vir haar kinders. Dis nie genoeg om hulle net te voed en te kleed nie. Sy moet weet wat in hulle gedagtes omgaan, hulle fyn en ongemerk studeer, en deur haar simpatie en raad en invloed bring en hou op die regte spoor.

Nie alleen is 'n tyd van rus nodig om die vrou met haar fyngespanne senuwees en wonderlike uithoudingsvermoë te help om nie haar liggaamskragte te ooreis nie, maar ook genoegsame oefening in die vars lug.

Loop lang ente, ry perd, swem, speel tennis—enige soort oefening solank dit in die oop lug is en gereeld gedoen word, al is dit warm en al is 'n mens al lusteloos en baie meer geneë om maar eers die laaste en dringendste werkie klaar te maak!

Die vrouens sal baie gesonder en jonger en mooier bly as hulle elke dag vir minstens 'n uur liggaamsoefening neem. Die spysvertering is daardeur beter en die bloedsomloop sneller, en dus vind veral die senustelsel baat daarby.

Daar sal nie so veel vrouens wees wat aan ,,emboupoint'' ly nie, maar die vrou sal, selfs al is sy diep in die veertig, haar skraal, slanke figuur behou eenvoudig net deur genoegsaam oefening te neem, of as sy alreeds te vet is, dan haarself daardeur skraler te kry.

*   *   *   *   *

So gou soos die somer daar is, dan is daar 'n baie belangrike taak wat elke huisvrou wag, naamlik om die warm wintergoed soos jasse, rokke, wolonderklere sowel as die kinderkleertjies behoorlik te bêre tot dit weer eendag nodig is.

Ek verwonder my jaar vir jaar as ek sien en hoor hoe dieselfde huisvroue dieselfde skade van motgevrete goed betreur.

Hulle is so bly om ontslae te wees van die warm, dik wintergoed dat alles halsoorkop somar in laaie of trommels gestop word, so gou soos die dinge nie meer nodig is nie, met die gevolg dat daar die volgende winter byna altyd meer of minder skade en hartseer en verwyt is.

Dis nie nodig om ooit 'n mot in enige wolartiekel te hê nie.

Sonder een dag vir hierdie werk af en weet vooraf dat dit een van die wenke is wat 'n mens nie juis op die oomblik sal laat koel voel nie. Inteendeel dit kos swaar werk.

Borsel elke artiekel deeglik skoon af. Haal die vetkolle uit met bensien en maak die ander vuil en sweetplekke skoon met seep en kookwater waarin 'n bietjie ammoniak is.

Laat die kinderkleertjies of wolonderklere waar daar die minste teken van moteiers teenwoordig is, goed was.

Maak elke skeur of gat heel en lug dan alles lank en baie goed in die warm son buite om sodoende seker te maak dat daar geen mot of sy eier teenwoordig is in enige artiekel nie.

Neem nou ongebleikte of linneslope en pak alles so glad en netjies moontlik daarin. Bind elke sloop goed styf vas en werk dan op elkeen 'n kaartjie waarop geklassifiseer is die inhoud van elke sloop.

Volgende winter sal dit alte lekker wees—die gevoel van ,,goeie-diensmaagwelgedaan''—as die slope oop kom en alles netjies en skoon en heel en, o alles, sonder motte is!

*   *   *   *   *

Nou 'n paar reseppe van koel poedings wat aantreklik lyk en wat die man en kinders sal geniet in die warm weer, waaronder enige wat mej. Helm 'n tyd gelede, namens die Huisvlyt, hier op 'n baie aantreklike wyse vir ons gedemonstreer het.

Gestoofde Appels.

Neem ses of ag lekker appels. Haal die pitte uit met 'n klein vurkie—dis baie maklik: Hou die appel vas en draai dan die vurk daardeur. Die pit kom mooi uit en die appel bly heel. (Daar is so 'n klein, ronde messie ook wat spesiaal daarvoor verkoop word.)

Skil baie dun af om die appel se fatsoen mooi te hou. Maak 'n stroop: 2 koppies suiker, 4 koppies water, en kook. Sit nou die appels in die stroop en stoof versigtig tot dit gaar is. Draai hulle om met 'n houtlepel. Die appels moet heel bly. Gooi in die stroop omtrent 'n teelepel (of meer) kosjenielje om dit 'n mooi rooi kleur te maak—as die appels te bleek is, lyk dit nie mooi nie.

Soos dit sag is, skep op in 'n glasskottel. Kook die stroop 'n bietjie dik en gooi oor. Laat afkoel. Sit bo op elke appel 'n bietjie opgeklopte room of wit van eier en dekoreer met 'n kersie of pepermunt.

Duitse Vla.

1 eetlepel botter;
2 of 3 koppies melk;
suiker na smaak;
Van 1 tot 2 eetlepels masena;
'n bietjie lemoen- of suurlemoenskil gerasper;
2 of 3 eiers.

Kook die melk met botter en suiker. Roer in aangemaakte masena. Kook saam met die skil 3 of 4 minute. Klop die eiers goed en gooi dit by. Klop goed deurmekaar en laat afkoel.

Vir afwisseling kan die wit van eiers apart geklop en laaste deurgeroer word.

Ook kan die wit van eiers heeltemal weggelaat word as dit vir iets anders nodig is.

Lemoenroom.

1 koppie lemoensap (of suurlemoen);
1 koppie water;
suiker na smaak;
Gerasperde lemoenskil;
1 eetlepel masena;
3 eiers (as hulle skaars is, kan 1 eier ook gebruik word.)

Kook sap, water, suiker en skil en voeg by aangemaakte masena. Kook vir 3 minute. Voeg by die geklopte eiers. Klop baie goed deur.

Dien op in glasskottel met room daarby.

Suurlemoensneeu.

Neem jellie wat net op die punt staan om styf te word.

KITS-KERSPOEDING

Met pakkies kitspoeding is daar oor die jare ook al verskeie lekker poedings saamgeflans. Rolene Protopapas maak 'n vinnige Kerspoeding daarmee.

3 pakkies (90 g elk) kitspoeding: sjokolade-, botterkaramel-
en karamelgeur
1,2 liter (5 k) koue melk
1 pakkie (100 g) pekanneute, gekap
1 pak (200 g) Tennis- of Nuttycrust-beskuitjies, fyngemaak
1 pakkie (250 g) rooi glanskersies, gehalveer

Gebruik 'n diep, ronde glasbak vir die poeding.

Berei elke kitspoeding afsonderlik volgens die aanwysings op die pakkies met elk 400 ml melk. Meng die neute, beskuitjiekrummels en kersies. Giet die sjokoladepoeding onderin die glasbak. Laat 'n paar minute staan om te verstewig. Strooi 'n derde van die neutemengsel oor.

Vervolg met die botterkaramelpoeding en nog 'n strooisel van die neutemengsel. Skep laastens die karamelpoeding oor en strooi die orige neutemengsel oor. Verkoel tot net voor opdiening.

Genoeg vir 6-8 mense.

SKUIM

Maak 'n koskas oop en jy sal 'n paar pakkies jellie daar aantref – vir jellie saam met vla, geklits saam met kondensmelk of met sago in. Dit is poedings wat al jare met ons is en seker nooit sal verdwyn nie, daarvoor is hulle darem net te maklik om te maak. Nog 'n gewilde poeding is om die jellie saam met ingedampte melk te klop tot 'n lekker ligte poeding. As kinders het ons dit sommer "skuim" gedoop. My ma het dit met 'n verskeidenheid ingemaakte vrugte en 'n passende pakkie jellie gemaak.

1 blik (410 g) vrugte soos aarbeie of mandarynsegmente
1 pakkie (80 g) jellie, rooi by aarbeie of geel by
mandarynsegmente
1 blik (410 g) ingedampte melk, verkoel

Dreineer die vrugte, maar behou die sap. Vul die sap aan met kookwater tot 250 ml (1 k). Los die jellie daarin op en laat dit afkoel, maar nie stol nie. Klits die ingedampte melk tot skuimerig en lig en vou by die afgekoelde jelliemengsel in. Plaas in die yskas tot amper gestol, roer dan die vrugte by en verkoel tot stewig.

Genoeg vir 4-6 mense.

Terte

"Tert bak, dit weet almal, is nie elkeen se werk nie," is die versugting van "'n onbekwame kok" in die uitgawe van 5 Augustus 1932 (sien bl. 62). "Daar is geheime by die aanmaak van tertdeeg, in verband met die inmeng van brandewyn, met die tyd voordag wanneer die aanmaker moet opstaan, met die sterkte van die lugtrek waarin sy moet staan by die uitvoer van die voorbereiding, sulke en ander geheime is daar waarin die aspirant alleen op verdienste ingewy word." Ja, aan die aantal "skilfers" wat jou skilferkors gemaak het, is jy gemeet en beskinder, want daardie dae was skilferdeeg dié kors vir van melktert tot handtertjies of appelkoosbordtert "wat die ou mense by elke geleentheid waar fees gevier is, gebak het". Vir appeltert, in 'n broskors, met 'n vulsel van fyngerasperde appel en amandel, kry ons reeds in 1930 se Huisgenoot 'n reseppie en in Die Huisgenoot van 16 April 1948 beskryf Kotie van der Spuy, 'n welbekende in daardie jare se VLV-kringe, hoe om terte, almal soet, te maak – met van pampoen tot aartappels, geelwortels en patats (sien bl. 124).

Die resep vir 'n "blikkiesmelktert" wat ons in die uitgawe van 2 Desember 1949 vind, is niks anders nie as 'n suurlemoenmeringuetert, gemaak met kondensmelk. Daar is selfs 'n resep hoe om jou eie blikkiesmelk te maak. Vir klein, soet tertjies of tertdoppe is "beskuitjiedeeg" die ideaal, soos brosdeeg in 'n artikel van 11 Februarie 1966 genoem word.

Die eerste resepte vir yskasterte kom ek in Die Huisgenoot van 5 Maart 1948 teë met resepte vir 'n rabarber- en sjokolade-yskaskoek. Vir die kors word "wafers" of "ladyfingers" gebruik. In die uitgawe van 13 Desember 1968 skryf Elize Jordaan soos volg oor koelkaskoeke: "Maklik om te maak, klaar in 'n kits, feitlik nooit 'n mislukking nie, ewe geskik vir die teetafel as vir nagereg en 'n fees vir die oog – dis maar enkele redes waarom koelkaskoeke vandag so gewild is." En ons vind resepte vir van sjokoladekoelkaskoek tot vrugte-, dadel-, pynappel- en koffiekoelkaskoek, almal gemaak met vinnige korse van Marie-, Tennis- of vingerbeskuitjies.

Tog pryk terte van gister soos ons bekende melktert met vlokkige skilferkors en al, weer deesdae op ons tafels en ons eet dit met stukke vrugtekonserf vir nagereg. Yskasterte is steeds gewild en ons maak Cremora-tert in plaas van blikkiesmelktert.

Peerkrummeltert (bl. 120)

Gebakte terte

OUTYDSE MELKTERT

By Peter Veldsman het ek vele kookgeheime geleer en hy is maar altyd die een by wie ek gaan kers opsteek as ek iets meer omtrent ons koskultuur wil weet. Die resep vir hierdie heerlike outydse melktert kom uit sy boek *Teetydtreffers* waarin hy breedvoerig beskryf hoe om hierdie treffertert van alle tye te maak.

1 rol (400 g) bevrore skilferdeeg, ontdooi
geklitste eierwit

VULSEL
500 ml (2 k) melk
1 nartjie se skil (opsioneel)
1 stuk pypkaneel
15 ml (1 e) mielieblom
45 ml (3 e) koekmeelblom
1 ml (¼ t) sout
75 ml (5 e) suiker
4 ekstragroot eiers, geskei
15 ml (1 e) botter
1 ml (¼ t) amandelgeursel
kaneelsuiker om oor te strooi

Voorverhit die oond tot 220 °C (425 °F). Smeer 'n 24 cm-tertbord met botter of margarien of bespuit met kleefwerende kossproei.

Voer die tertbord uit met die skilferdeeg. Sny ook 2 lang repe deeg van elk 4 cm breed. Plaas een al op die rand van die tertbord en verf met yswater. Plaas die ander strook bo-op. Kartel die rand van die deeg. Verf die basis van die tert met geklitste eierwit en verkoel in die yskas.

Verhit die melk, skil en pypkaneel saam. Skakel die plaat af en laat die melkmengsel vir 45 minute so staan. Verhit tot kookpunt en giet deur 'n sif. Skep 'n bietjie van die melk uit en meng met die mielieblom, koekmeelblom, sout, suiker en eiergele tot 'n gladde pasta. Roer by die verhitte melk en plaas terug op die stoof. Verhit terwyl gedurig geroer word totdat die mengsel kook en verdik. Verwyder van die stoof en plaas die botter bo-op. Laat smelt en kantel die kastrol sodat die botter die hele mengsel bedek. Klits die eierwitte en die amandelgeursel saam totdat dit sagte punte vorm en vou by die melkmengsel in. Skep in die voorbereide tertkors en bak 10 minute lank. Verlaag die hitte tot 180 °C (350 °F) en bak 'n verdere 15 minute.

Strooi kaneelsuiker oor en dien louwarm op.

Lewer 1 middelslagtert.

PEERKRUMMELTERT

'n Heerlike variasie van die gewone appelkrummeltert, laat weet Cindy Nixon van Oranjezicht, Kaapstad.

KORS
360 ml koekmeelblom
5 ml (1 t) bakpoeier
50 ml strooisuiker
½ pakkie (50 g) fyngemaalde amandels
125 ml (½ k) botter

VULSEL
500 g droëpere
1 heel kaneelstok
50 ml vrugtevulsel ("fruit mincemeat")
5 ml (1 t) amandelgeursel
15 ml (1 e) strooisuiker

Voorverhit die oond tot 180 °C (350 °F). Smeer 'n ronde tertbord met botter of margarien of bespuit met kleefwerende kossproei.

Sif die droë bestanddele vir die kors saam, voeg die amandels by en vryf die botter met jou vingerpunte in totdat die mengsel soos sagte broodkrummels lyk. Voeg 'n klein bietjie koue water by om 'n sagte, maar nie-klewerige deeg te vorm. Verdeel die deeg in 2 dele en verkoel sowat 15 minute lank. Rol die helfte van die deeg uit en voer die tertbord daarmee uit. Prik die kors. Verkoel weer saam met die orige deeg.

Kook intussen die pere saam met die kaneelstok in 'n klein bietjie water tot uitgedy en sag, maar nie pap nie. Dreineer, laat effens afkoel en sny in klein blokkies.

Meng die pere met die vrugtevulsel en amandelgeursel en skep in die tertkors. Rasper die orige deeg bo-oor en bak die tert sowat 40 minute lank tot gaar en goudbruin.

Verwyder uit die oond en strooi die strooisuiker oor terwyl die tert nog warm is.

Dien warm op met room of roomys of by kamertemperatuur.

Lewer 1 middelslagtert.

APPELMERINGUETERT

Suurlemoenmeringuetert is 'n ou gunsteling. In 1989 stuur mev. Ria Ronander van Port Elizabeth vir ons 'n variasie met appel in en nog later ontvang ons 'n soortgelyke resep van mev. H.R.P. Oelofse van Germiston wat weer die tert met ingemaakte pere maak.

KORS
1 pak (200 g) Tennisbeskuitjies, fyngemaak
100 ml botter

VULSEL
1 blik (397 g) kondensmelk
125 ml (½ k) suurlemoensap
2 eiers, geskei
1 blik (385 g) tertappels of pere (410 g), gedreineer en effens fyner gekap
50 ml strooisuiker

Voorverhit die oond tot 180 °C (350 °F). Meng die beskuitjiekrummels met die botter en druk in 'n middelslagtertbord vas.

Giet die kondensmelk in 'n mengbak en voeg die suurlemoensap bietjies-bietjies by terwyl aanhoudend geklits word. Klits die eiergele tot lig en voeg by die kondensmelkmengsel.

Voeg ook die tertappels by en meng deur. Skep die vulsel in die voorbereide tertkors en bak sowat 10 minute lank. Klits die eierwitte in 'n skoon, vetvrye bak totdat sagte punte vorm en klits die strooisuiker geleidelik by. Skep oor die tert en bak sowat 15 minute lank of totdat die meringue strooikleurig is.

Dien louwarm of koud op.

Lewer 1 middelslagtert.

VRUGTEKELKIETERT

Almal onthou seker daardie gewilde appeltert met die karamelsous – ons het ook in 1988 'n resep daarvoor gepubliseer. In 1989 volg hierdie variasie waar die appels net deur ingemaakte vrugtekelkie vervang word.

250 ml (1 k) suiker
45 ml (3 e) botter
3 ekstragroot eiers
250 ml (1 k) bruismeel
2 ml (½ t) bakpoeier
knippie sout
60 ml (¼ k) melk
2 blikke (410 g elk) vrugtekelkie, gedreineer en effens fyner
   gesny

KARAMELSOUS
1 blik (410 g) ingedampte melk
250 ml (1 k) suiker
5 ml (1 t) karamelgeursel

Voorverhit die oond tot 180 °C (350 °F). Smeer 'n 1,3 liter-oondbak liggies met botter of margarien of bespuit met kleefwerende kossproei.

Klits die suiker en botter. Voeg die eiers een-een by en klits goed. Sif die droë bestanddele saam en roer om die beurt met melk by die bottermengsel in. Voeg die vrugtekelkie by en meng goed.

Skep die beslag in die voorbereide bak en bak sowat 30-40 minute tot gaar.

Meng intussen al die bestanddele vir die karamelsous in 'n middelslagkastrol en verhit tot kookpunt terwyl geroer word. Laat 5 minute stadig prut en verwyder van die stoof. Giet die warm sous oor die warm tert sodra dit uit die oond uit kom.

Dien louwarm op met room, indien verkies.

Lewer 1 groot tert.

VARIASIE

Gebruik 1 blik (385 g) tertappels in plaas van die vrugtekelkie vir 'n appeltert of 2 blikke (410 g elk) peerhelftes, gedreineer, vir 'n peertert. Berei soos die vrugtekelkietert.

Outydse melktert

BRANDEWYNTERT

Brandewyntert, oftewel "tipsy tert", is 'n ou-ou gunsteling waarvoor daar resepte vir vele variasies al by die toetskombuis opgedaag het. Ons het dit al met piesang en selfs geelwortel in beproef en ook in muffinpanne klein tertjies gebak.

BASIESE TERT

1 pak (250 g) dadels, gekap
5 ml (1 t) koeksoda
250 ml (1 k) kookwater
125 g botter
180 ml (¾ k) witsuiker
2 ekstragroot eiers
375 ml (1½ k) koekmeelblom
10 ml (2 t) bakpoeier
knippie sout
½ pakkie (50 g) pekanneute, gekap
heel pekanneute vir versiering (opsioneel)

STROOP

250 ml (1 k) witsuiker
250 ml (1 k) kookwater
15 ml (1 e) botter
125 ml (½ k) brandewyn
5 ml (1 t) vanieljegeursel

Voorverhit die oond tot 180 °C (350 °F). Smeer 'n 26 cm-tertbord of 15 holtes van muffinpanne liggies met botter of margarien of bespuit met kleefwerende kossproei.

Meng die dadels, koeksoda en kookwater en laat minstens 5 minute staan. Verroom die botter en suiker tot lig en romerig en klits die eiers een-een by. Sif die droë bestanddele, sif oor die bottermengsel en vou liggies in. Voeg die neute en dadelmengsel by en vou in. Giet die beslag in die voorbereide tertbord of verdeel gelykop tussen holtes van muffinpanne. Pak heel pekanneute as versiering bo-op, indien verkies, en bak sowat 1 uur (vir die groot tert) of 20 minute (vir die klein tertjies) of tot gaar. Laat die klein tertjies effens afkoel en verwyder dan versigtig uit die muffinpanne. Pak op 'n draadrak en prik liggies met 'n dun toetspen.

Meng intussen die suiker, kookwater en botter vir die stroop en roer oor matige hitte tot opgelos. Laat 5 minute lank oor lae hitte stadig prut. Voeg die brandewyn en vanieljegeursel by en laat opkook. Verwyder van die stoof en giet warm stroop oor die warm groot tert of skep oor die klein tertjies. Vang die sous wat afloop van die klein tertjies, op in 'n bakplaat en giet weer bo-oor.

Sit louwarm of koud voor met room.

Lewer 1 groot tert of 15 klein tertjies.

PIESANG-BRANDEWYNTERT

Die resep vir hierdie heerlike variasie, wat trouens vir my lekkerder is as die gewone, ontvang ons in 1990 van Dienie Taljaard van Strubenvale.

Brandewyntertjies

Berei die basiese brandewyntert, maar verminder die dadels tot ½ pak (125 g). Voeg ook 15 ml (1 e) koffiepoeier by die dadelmengsel. Sif 25 ml (5 t) kakao saam met die droë bestanddele en vou 4 fyngedrukte piesangs saam met die dadelmengsel by die bottermengsel in. Berei verder soos die basiese resep.

KAHLUA-TERT

Peggy Castelyn van Welkom het eenkeer 'n Kahlua-tert by die tuisnywerheid gekoop. Later het sy haar eie resep saamgestel wat sy toe met Huisgenoot se lesers gedeel het.

VULSEL
2 ekstragroot eiers
125 ml (½ k) suiker
125 ml (½ k) melk
45 ml (3 e) olie
10 ml (2 t) kitskoffiepoeier
250 ml (1 k) koekmeelblom
10 ml (2 t) bakpoeier
2 ml (½ t) sout
125 ml (½ k) pekanneute, fyngekap

SOUS
250 ml (1 k) water
125 ml (½ k) suiker
80 ml (⅓ k) Kahlua-likeur

BOLAAG
250 ml (1 k) room, verkoel
helfte van 'n 397 g-blik (125 ml of ½ k) karamelkondensmelk
5 ml (1 t) gelatien

Voorverhit die oond tot 180 °C (350 °F). Smeer 'n 24 cm-tertbord met botter of margarien of bespuit met kleefwerende kossproei.

Klits die eiers en voeg die suiker bietjies-bietjies by terwyl aanhoudend geklits word. Verhit die melk en olie saam, maar moenie dit laat kook nie. Los die koffie daarin op. Sif die koekmeelblom, bakpoeier en sout saam en vou dit beurtelings met die melkmengsel by die eiermengsel in. Voeg die neute by en meng deur.

Giet die beslag in die voorbereide oondbak en bak 20 minute lank of tot gaar en 'n toetspen skoon uit die middel van die tert kom.

Verhit die water en suiker saam en roer totdat die suiker opgelos is. Verhit dit tot kookpunt en kook 6 minute lank of tot stroperig. Voeg die likeur by en meng deur. Prik gaatjies oral met 'n vurk in die tert en giet die stroop oor terwyl nog warm. Laat heeltemal afkoel.

Klits die room styf. Voeg die kondensmelk by en meng. Strooi die gelatien oor 'n bietjie koue water en week tot sponsig. Verhit totdat die gelatien gesmelt is, maar dit moenie kook nie. Voeg by die roommengsel en skep oor die tert. Verkoel totdat die bolaag stewig is.

Lewer 'n middelslagtert.

Ongebakte terte

SUURLEMOENVLATERT

Annette Human het Huisgenoot se toetskombuis begin en ook die eerste drie *Wenresepte*-boeke saamgestel wat gelei het tot rekordverkope in die annale van kookboeke. Hierdie tert was 'n gunsteling uit haar kinderdae toe yskasterte as 't ware ontdek is. "Ons het daardie dae nie maaskaas bygevoeg nie en 'n mens kon ook nie karamelkondensmelk by die kruidenier koop nie, maar moes maar self gewone kondensmelk twee uur lank in 'n kastrol water kook om dit te karamelliseer," skryf sy.

1 blik (397 g) kondensmelk of 1 blik karamelkondensmelk
1 houer (250 g) gladde maaskaas
1 suurlemoen se gerasperde skil
125 ml (½ k) suurlemoensap
1½ pak (300 g) Tennisbeskuitjies
sowat 125 ml (½ k) lemoensap
750 ml (3 k) dik, koue vlasous

Klits die kondensmelk, maaskaas, suurlemoenskil en -sap saam tot gemeng.

Hou 1-2 Tennisbeskuitjies eenkant om later te verkrummel. Doop die res net voor gebruik vinnig in die lemoensap sodat hulle klam, maar nie pap is nie. Pak 'n laag beskuitjies in 'n mooi vierkantige of reghoekige glasbak waarin hulle netjies pas. Smeer 'n laag van die kondensmelkmengsel oor en bedek dit met 'n laag vlasous. Herhaal die lae totdat alles opgebruik is.

Verkrummel die res van die beskuitjies en strooi dit bo-oor. Verkoel die koek oornag in die koelkas. Dien dit op, in vierkante gesny, in die bak waarin dit gemaak is.

Lewer sowat 12 blokkies.

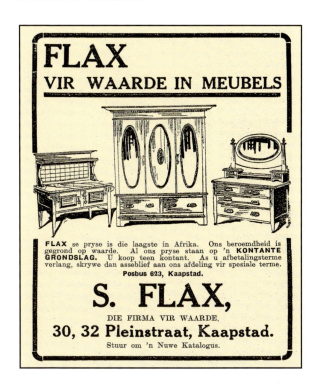

Terte gemaak van

• PAMPOEN

Voer 'n vuurvaste bord uit met *brosdeeg*.
VULSEL: 1 koppie gekookte pampoen; 2 eiers; 1 koppie gekondenseerde melk; ¼ koppie water; 2 eetlepels gekristalliseerde gemmer; 'n knypie sout.
METODE: Maak die pampoen fyn. Sny die gemmer aan fyn stukkies. Meng alles deeglik. Bak omtrent 20 minute. Versier met geklopte room.

• ERTJIES

Voer 'n vuurvaste bord uit met *rolpofdeeg*.
VULSEL: 1¼ koppies gekookte ertjies; ¾ koppie gekondenseerde melk; 2 eiers; 1 ons botter; 'n paar kersies, neute en 'n knypie sout.
METODE: Maak die ertjies fyn. Voeg al die ander bestanddele by. Bak omtrent 20 tot 30 minute. Versier met geklopte room. Indien verkies, kan die room 'n sagte ligroos kleur gemaak word. Die ertjies moet vooraf met 'n knypie soda vinnig gekook word, sodat dit mooi groen kan bly.

• AARTAPPELS

Voer 'n vuurvaste bord uit met *Rofpofdeeg*.
VULSEL: 1 pond fyn aartappels; 4 eiers; ½ pond suiker; 2 onse botter; ¼ koppie gekapte neute; vanielje- of amandelgeursel; 'n knypie sout.
METODE: Meng die eiergeel, botter en sout deeglik. Voeg dan die ander bestanddele by; die geklitste wit van die eier kom heel laaste. Bak omtrent 20 minute. Bedien met of sonder room.

• PATATS

Voer 'n vuurvaste bord uit met *skilfertertdeeg*.
VULSEL: ½ koppie suiker; 1 eetlepel water; 1 koppie melk; 4 onse fyn patats; 1 ons botter; 2 eiers; ¼ koppie klapper gemeng met 2 eetlepels suiker; 'n knypie sout.
METODE: Smelt die suiker en water in 'n kastrol op die stoof totdat dit bruin is. Voeg die melk by en laat dit net weer smelt om 'n karamel te vorm. Meng die patats, botter en eiergele met die karamel. Vou die geklitste wit van die eiers by. Gooi die vulsel in die tertbord, besprinkel die tert met klapper en suiker en bak dit omtrent 20 minute.

• WORTELS

Voer 'n vuurvaste bord uit met 'n dun lagie *brosdeeg*.
VULSEL: ¼ pond fyn amandels; of gemaalde okkerneute; ¼ pond gemaalde geelwortels; ¼ pond suiker; 2 eiers; 'n knypie sout.
METODE: Klits die eiergele en suiker deeglik. Druk die wortels se water goed uit deur dit in 'n doek te plaas. Voeg nou die wortels en neute by die eerste mengsel. Die geklopte wit van die eiers word laaste ingevou. Bak omtrent ¾ uur in 'n matige oond. Bedien koud met geklopte room.

WORTELTERTJIES: Gebruik oorsklet *skilfertertdeeg* of 'n dun lagie *brosdeeg*. Voer klein kolwynpannetjies of 'n groot bord daarmee uit en vul dit met die vulsel.
VULSEL: 8 onse gekookte geelwortels; 2 onse botter; 3 lepels korente; 3 lepels sponskoekkrummels; 4 lepels strooisuiker; 2 eiers; gerasperde suurlemoenskil; 'n knypie sout; 'n knypie neut.
METODE: Druk die wortels deur 'n sif. Voeg al die ander bestanddele by. Vul die pannetjies en bak sowat 'n kwartier lank. Bedien net so of druk met 'n meringue-buisie 'n ster bo op elkeen. (*Let wel*: Twee klein sponskoekies by enige bakker gekoop, is net genoeg vir die krummels.)

deur KOTIE VAN DER SPUY

[*Vandeesweek bied ons u iets nuuts: groenteterte om by tee te bedien. Hierdie resepte is aan ons gestuur deur mev. Kotie van der Spuy wat in V.L.V.-kringe welbekend is. Sy was 'n paar jaar lank lid van die bestuur van die V.L.V. hier in Kaapstad en is een van die vereniging se staatmakers vir hul jaarlikse uitstalling by die Rosebank-tentoonstelling — vanjaar het hulle weer die eerste prys en 'n beker verower! Ons medewerkster is veral bekend vir haar smaaklike southappies en sy het ook al belowe om later vir ons 'n artikel oor die onderwerp te stuur.*]

DAAR is seker maar min mense wat nie van tert hou nie. Sommige hou miskien van klein tertjies (wat die oumense genoem het handtertjies), ander weer van melktert of ander vulsels in kolwynpannetjies of borde gebak. Vir klein tertjies moet die tertdeeg natuurlik baie spoggerig wees, bv. poftertdeeg of skilfertertdeeg: die deeg moet agt maal so hoog rys as wat dit uitgerol is. Vir bordeterte hoef die deeg nie so erg te rys nie, derhalwe is al die ou oorsklet stukkies deeg van skilfer-, pof- of rofpofdeeg uitstekend hiervoor. Onthou dat die deeg nooit dik uitgerol op die bord of pannetjies gesit word nie. As die bord 'n rand het, kan daar 'n strokie van die lekker tertdeeg om gesit word. Almal hou van die bordetertvulsel en wil daarom nie nog 'n dik stuk deeg ook by eet nie: die deeg is tog net daar om die vulsel te hou. As die vulsel papperig is, is dit wenslik om dit liewer in klein kolwynpannetjies te bak, want dan is dit beter om te hanteer.

Feitlik enige soort tert, behalwe melktert, is lekkerder met styfgeklopte room daarop, hoewel dit nie juis noodsaaklik is nie.

Dit is verbasend hoe baie soorte terte mens kan maak as jy jou daarop toelê, of dit nou vir middagtee of vir 'n nageret is. So 'n tert kan van feitlik enigiets gemaak word — vrugte, groente, konfyt, neute, selfs koue poedings met 'n brosdeeg of 'n korsie van beskuitjies gemaak en met room daarop bedien, is heerlik. Hier volg nou 'n paar resepte vir die verskillende tipes deeg wat by die groenteterte gebruik word. Die resepte vir die vulsels verskyn links op hierdie bladsy.

MAASKAASTERT

Na 'n kuiertjie op die vrugteplaas Riverside op Simondium kry ons hierdie staatmakerresep van tannie Helene van der Westhuizen. Sy maak gereeld hierdie tert vir die Simondium-herberg daar naby. Jy kan maar die bolaag na goeddunke verander, byvoorbeeld met appelkooshalwes of aarbeie. Die tert sny baie mooi en 'n mens kry tot 18 snye hieruit.

KORS
⅔ van 'n 200 g-pakkie semelbeskuitjies ("digestive biscuits"), fyngemaak
15-30 ml (1-2 e) margarien, gesmelt

VULSEL
1 pakkie (80 g) suurlemoenjellie
250 ml (1 k) kookwater
2 houers (250 g elk) gladde maaskaas
125 ml (½ k) strooisuiker
2 suurlemoene se sap
250 ml (1 k) room

BOLAAG
rooi druiwe, ontpit en gehalveer
3 ml (ruim ½ t) gelatien
125 ml (½ k) rooi druiwesap

Meng die beskuitjiekrummels en die gesmelte margarien. Druk dit op die boom van 'n 23 cm-veerklamppan vas.

Los die suurlemoenjellie in die kookwater op en laat afkoel, maar dit moenie stol nie. Klits die maaskaas, strooisuiker en suurlemoensap saam tot goed gemeng. Voeg die room by en klits goed. Voeg die jellie stadig by terwyl geklits word. Giet die mengsel in die voorbereide pan en verkoel tot stewig. Rangskik die druiwe bo-op die vulsel. Los die gelatien op in 'n bietjie van die druiwesap, wat verhit word, meng met die res van die druiwesap en giet oor. Verkoel tot stewig. Ontvorm versigtig op 'n opdienbord.

Lewer 'n groot tert.

RUM-EN-ROSYNE-YSKASTERT

Een van my eerste artikels waaraan ek by Huisgenoot moes werk, het oor yskasterte gehandel. Net soos dit daardie tyd baie gewild was, kry ons tot vandag steeds versoeke om resepte daarvoor. "Hierdie tert smaak nes die roomys met dieselfde naam," vertel Yvonne Naudé van Pretoria.

250 g pitlose rosyne
250 ml (1 k) kookwater
250 ml (1 k) room, verkoel
1 blik (397 g) karamelkondensmelk
2 ml (½ t) vanieljegeursel
7 ml (1½ t) rumgeursel
1 pak (200 g) Tennisbeskuitjies

Bedek die rosyne met kookwater en laat dit eenkant staan.

Klits die room totdat dit styf is, roer die karamelkondensmelk in en voeg dan die vanielje- en rumgeursel by. Klits alles goed saam. Dreineer die rosyne, voeg by die mengsel en roer met 'n houtlepel.

Pak 'n laag beskuitjies in 'n middelslagtertbak met 'n inhoudsmaat van 1,5 liter en skep 'n laag tertmengsel bo-oor. Herhaal die lae en krummel die beskuitjies oor die laaste laag tertmengsel.

Plaas dit vir 2-3 uur in die yskas of totdat die tert stewig is.
Lewer 'n middelslagtert.

PEPERMENTTERT

Pepermenttert is sommer baie gewild – te oordeel na al die resepte wat ons daarvoor ontvang. Die bekendste is sekerlik dié waar jy Orley-Whip, karamelkondensmelk en pepermentsjokolade meng en dit dan in lae met Tennisbeskuitjies in 'n bak pak. Hierdie een is 'n kombinasie van 'n maaskaas- en pepermenttert. Die pepermenttert wat hulle skooldae gemaak het, was vreeslik soet, skryf E. Robertson van Somerset-Wes in 1996 aan ons. Hierdie een kry maaskaas in wat die soet smaak neutraliseer.

KORS
1 pak (200 g) Tennisbeskuitjies, fyngemaak
30 ml (2 e) botter, gesmelt

VULSEL
1 pakkie (80 g) lemmetjiejellie
200 ml kookwater
1 blik (397 g) karamelkondensmelk
1 houer (250 g) gladde maaskaas
250 ml (1 k) room, styfgeklits
1 stafie (150 g) pepermentsjokolade, gerasper

Smeer 'n 26 cm-tertbord met botter of margarien of bespuit met kleefwerende kossproei.

Meng die beskuitjiekrummels en die gesmelte botter. Druk dit op die boom en kante van die tertbord vas. Verkoel tot benodig.

Los die jelliepoeier in die kookwater op en laat effens afkoel. Voeg die karamelkondensmelk by en meng goed deur. Roer die maaskaas in en vou die room in. Voeg die helfte van die pepermentsjokolade by. Skep die vulsel in die voorbereide kors en verkoel tot gestol. Strooi die res van die pepermentsjokolade oor.

Lewer 'n groot tert.

RYK SJOKOLADE-YSKASKOEK

Hierdie ongebakte sjokoladekoek is een van die "Koeke sonder kwellings", 'n artikel wat ons in 1995 publiseer. Ek het dit al 'n paar maal ook vir 'n verjaardagpartytjie gemaak.

5 plakke (500 g) melksjokolade, in stukke gebreek
250 g botter
250 g (2½ pakkies) gemengde neute
1⅓ pak (175 g) sponsvingers, in stukke gebreek
20 ml (4 t) brandewyn (opsioneel)
3 eiers, geklits
175 g (340 ml) droëappelkose, in klein stukkies gesny

Voer 'n 20 cm-losboompan uit met waspapier en smeer goed met botter of margarien of bespuit met kleefwerende kossproei.
  Smelt die sjokolade en botter in die mikrogolfoond of oor kookwater tot heeltemal gesmelt. Laat sowat 5 minute lank af-koel. Voeg die res van die bestanddele by en meng goed tot-dat al die bestanddele met sjokolade bedek is. Skep in die voor-bereide pan. Bedek en laat oornag in die yskas staan. Verwyder die koekpan en die waspapier en plaas die koek op 'n dienbord wanneer dit voorgesit word.
  Lewer 'n middelslagkoek.

GEMMERTERT

Gemmertert is 'n ou gunsteling wat oor die jare heen gewild bly. Hierdie resep kom uit die jaar toet, laat weet Nettie Burger van Elsburg.

1½ pakkie (200 g elk) gemmerkoekies, fyngemaak in 'n
    voedselverwerker
125 ml (½ k) gesmelte botter (opsioneel)
180 ml (¾ k) gouestroop
375 ml (1½ k) kookwater
knippie sout
45 ml (3 e) vlapoeier
10 ml (2 t) koue water
125 ml (½ k) verglansde gemmerstukke, fyngekap
styfgeklitste room vir versiering

Smeer 'n 22 cm-tertbord met botter of margarien of bespuit met kleefwerende kossproei.
  Meng koekiekrummels met botter indien verkies en druk vas in die voorbereide tertbord.
  Verhit die gouestroop, water en sout in 'n kastrol tot kookpunt. Maak 'n pasta van die vlapoeier en 10 ml (2 t) water, voeg by die stroopmengsel en verhit terwyl geroer word totdat die sous verdik en kook. Meng gemmerstukke by. Giet die mengsel oor die koekiekrummels in die tertbord en meng liggies deur. Ver-koel. Versier met room.
  Lewer 1 klein tert.

Driehoek-maaskaastert

DRIEHOEK-MAASKAASTERT

Enige maaskaastert wat ons publiseer, is altyd gewild. Hierdie een wat 'n koffiesmakie het en van vinger- in plaas van Tennis-beskuitjies gemaak is, bly vir my die lekkerste.

125 ml (½ k) botter
125 ml (½ k) suiker
1 eier, geklits
5 ml (1 t) koffie, aangemaak met 10 ml (2 t) kookwater
1 houer (250 g) gladde maaskaas
125 ml (½ k) melk
5 ml (1 t) vanieljegeursel
2¼ pakke (125 g elk) sponsvingerbeskuitjies
2-3 plakke (100 g elk) melksjokolade
vars of versuikerde bessies om mee te versier

Klits die botter tot lig en romerig. Klits die suiker bietjies-bietjies by. Voeg die eier by en klits goed. Meng die aangemaakte koffie en maaskaas, voeg by die bottermengsel en vou liggies in. Verkoel die vulsel totdat dit stewiger is.

Meng die melk en vanieljegeursel en doop elke vingerbe-skuitjie daarin. Pak op 'n groot stuk aluminiumfoelie 3 horisontale rye met 5 vingerbeskuitjies in elke ry sodat die punte aanmekaar raak. Smeer van die vulsel oor die vingerbeskuitjies. Pak weer 3 rye vingerbeskuitjies, nou met 4 vingerbeskuitjies bo-op elke ry (jy bou 'n piramide). Smeer weer van die vulsel bo-op en pak weer 3 rye, dié keer met 3 beskuitjies in elke ry. Herhaal die lae totdat jy eindig met 3 rye van slegs 1 vingerbeskuitjie.

Vou die aluminiumfoelie goed toe en plaas in die vrieskas tot stewig. Verwyder die foelie. Smelt die sjokolade in 'n glasbak oor kookwater of in die mikrogolfoond en smeer buiteom die tert. Laat staan tot stewig. Versier met vars en versuikerde bessies en sny in skywe soos benodig. Vries die res.

Lewer 1 groot tert.

MOKKAKAASTERT

Mev. Charlene Kok van Tasbetpark stuur vir ons in 1996 hierdie resep wat sy nog op die agterkant van 'n baksjokolade-om-hulsel gekry het. Die tert het 'n heerlike koffiegeur en behalwe die sjokolade kry dit geen ekstra suiker in nie.

KORS
2 pakke (200 g elk) Romany Creams, fyngemaak in 'n voed-
*   selverwerker*

80 ml (⅓ k) gesmelte botter

VULSEL
10 ml (2 t) gelatien
250 ml (1 k) room, verkoel
2 houers (250 g elk) geroomde maaskaas
15 ml (1 e) kitskoffiepoeier
2 plakke (100 g elk) melksjokolade

Meng die koekiekrummels en die gesmelte botter en druk dit in 'n tertbak van 19 x 26 cm vas.

Strooi die gelatien oor 30 ml (2 e) water en verhit totdat die gelatien gesmelt het. Moenie kook nie. Klits die room styf en vou by die maaskaas in. Los die koffiepoeier in 15 ml (1 e) kookwater op en voeg saam met die gesmelte gelatien by die room-mengsel. Meng goed deur.

Smelt die sjokolade in 'n glasbak oor 'n bietjie kookwater of in die mikrogolfoond en voeg by die roommengsel. Vou in sodat die mengsel 'n marmervoorkoms het. Giet die vulsel in die voor-bereide kors en verkoel tot stewig.

Lewer 1 groot tert.

CREMORA-TERT

Kan 'n mens nou glo dat 'n tert wat met nagemaakte melk gemaak word, die land so aan die praat kan hê? En ons ont-vang klompe resepte daarvoor.

KORS
1 pak (200 g) Mariebeskuitjies, fyngemaak
100-125 ml gesmelte botter

VULSEL
250 g (1 pakkie) Cremora-melkpoeier
125 ml (½ k) kookwater
1 blik (397 g) kondensmelk
125 ml (½ k) suurlemoensap

Meng die beskuitjies en die gesmelte botter goed en druk dit in 'n 23 cm-tertbord vas.

Los die melkpoeier in die kookwater op. Klits die kondensmelk en suurlemoensap saam. Voeg die opgeloste melkpoeier by en klits tot dik, romerig en wit. Skep die vulsel in die voorbereide kors en verkoel tot stewig.

Dien op saam met sitrusstukke, indien verkies.

Lewer 1 middelslagtert.

Soutterte

Souttert is ewe geskik as hoofdis of as versnapering op die teetafel – só skryf ons in Die Huisgenoot-uitgawe van 11 Februarie 1966. "Veerligte tertkors bly die uitdaging vir elke kok. Want 'n kuns is dit beslis, maar 'n gawe waarmee mens gebore word, was dit nog nooit nie – ondanks die feit dat mens dikwels hoor dat 'n vrou met 'n 'terthand' gebore is."

'n Basiese resep vir brosdeeg volg met allerlei "belangrike puntjies" wat jy in gedagte moet hou wanneer jy brosdeeg maak. Die resepte is vir spek-en-groente-tert, kaastert, vispastei en ook vir die alombekende Quiche Lorraine.

In 20 September 1968 staan vervolgens by 'n artikel genaamd "Soutterte na elke smaak": "Van soetgoed kry mens gou genoeg. 'n Slim gasvrou besef dit en sorg vir 'n paar soutterte tussen die soet gebak." Die resepte wat volg, is doodmaklik, selfs vir beginners. Daar is hamtert, kaas-en-sultana-tert, uietert, snoektert, aspersietert en kaastert, met korse gemaak van skondeeg en beskuitjies, inderdaad maklik en vinnig om te berei.

Vandag maak ons sommer brosdeeg in die voedselverwerker aan of gebruik ons gekoopte filodeeg wat nie ryk is nie en goed kombineer met allerlei bestanddele vir ligter, internasionale smake. Vir aandete berei ons in 'n japtrap souttert met 'n beskuitjiekors en oorskiet.

Gelukkig word die goeie deugde van 'n vrou lankal nie meer gemeet aan die veerligtheid van die tertkorse wat sy bak nie.

Mini-tertjies (bl. 133)

JAPTRAP-SNOEKTERT

Daar's nie veel fieterjasies aan hierdie tert nie, maar dis net die ding om te berei as jy saans by die huis kom en almal jou inwag met: "Ma, wanneer eet ons en wat is daar vir ete?" skryf mev. Beryl Coetzee van Vryburg.

KORS

1 pak (200 g) cheddarkaasbeskuitjies, fyngemaak (hou 6 beskuitjies eenkant)
160 ml (⅔ k) margarien, gesmelt

VULSEL

2 eiers, geklits
1 klein blikkie (170 g) ingedampte melk
2 ml (½ t) mosterdpoeier
1 ui, fyngekap
1 klein groen soetrissie, ontpit en fyngekap
200 ml gerookte snoek, ontgraat en gevlok
200 ml gerasperde cheddarkaas
50 ml fyngekapte, vars pietersielie

Voorverhit die oond tot 180 °C (350 °F).

Meng die beskuitjiekrummels en margarien en druk vas op die boom en teen die kante van 'n 26 cm-tertbord.

Meng al die bestanddele vir die vulsel goed. Skep in die voorbereide kors en krummel die res van die beskuitjies oor. Bak sowat 30 minute lank of totdat die vulsel gestol en die krummels goudbruin is.

Dien warm op met slaai vir 'n ligte ete of selfs koud as versnapering.

Lewer 'n groot tert.

PAPTERT

Vir paptert kry ons oor die jare verskeie variasies, met sampioene en tamatiesmoor as die gewildste. Margariet Espach van Levubu se paptert kry ook ham in. Ideaal om voor te sit met braaivleis in plaas van pap en wors met tamatiesous. Selfs die Kapenaars sal lekker daaraan smul, skryf sy.

PAP

1 liter (4 k) water
sout
875 ml (3½ k) mieliemeel
500 ml (2 k) water
80 ml (⅓ k) gerasperde cheddarkaas

Verhit die water en sout tot kookpunt. Meng die mieliemeel met die 500 ml (2 k) water en roer by. Laat minstens 30 minute lank stadig prut tot gaar terwyl af en toe geroer word. Skep uit in 'n mengbak en roer die kaas by.

VULSEL

olie
1 ui, in skyfies gesny

2 knoffelhuisies, fyngedruk
½ pak (125 g) bruin sampioene, in skyfies gesny
2 ryp tamaties, gekap
4 skywe ham, in repies gesny
60 ml (¼ k) blatjang
10 ml (2 t) fyngekapte, vars tiemie
15 ml (1 e) fyngekapte, vars pietersielie
sout en varsgemaalde swartpeper
375 ml (1½ k) gerasperde cheddarkaas

Voorverhit die oond tot 180 °C (350 °F). Smeer 'n oondvaste 23 cm-tertbord met botter of margarien of bespuit met kleefwerende kossproei.

Verhit 'n klein bietjie olie en soteer die ui en knoffel daarin tot sag en geurig. Voeg die sampioene by en soteer tot sag. Voeg die tamaties by, roer deur en laat 2 minute lank prut. Voeg die ham, blatjang en kruie by en geur mildelik met sout en peper. Verwyder van die stoof en hou eenkant.

Verdeel die stywe pap in 2 dele en gebruik die helfte om die tertbord mee uit te voer. Skep die vulsel in die papkors. Rol die res van die pap in klein bolletjies en druk effens plat. Rangskik hulle bo-op die vulsel en laat effens oorvleuel. Strooi die gerasperde kaas oor en bak sowat 20 minute lank tot deurwarm. Rooster onder die verhitte oondrooster tot goudbruin en sit warm voor.

Genoeg vir sowat 6 mense.

GROENTETERT

Die resep vir hierdie tert verskyn ook in *Wenresepte 6*, maar vir my is dit so 'n treffer dat ek nie anders kan as om dit weer hier in te sluit nie. Dis ook een van die resepte wat ek gereeld in my eie huis beproef.

KORS

325 ml (1½ k) volkoringbroodkrummels
100 ml volkoringmeel
250 ml (1 k) hawermout
3 ml (ruim ½ t) sout
2 ml (½ t) witpeper
5 ml (1 t) droë gemengde kruie
180 ml (¾ k) botter

VULSEL

1 ui, fyngekap
2 knoffelhuisies, fyngedruk
1 groen soetrissie, ontpit en in blokkies gesny
olie
3 middelslaggeelwortels, skoon geskraap en gerasper
250 ml (1 k) fyngekerfde kool
100 ml boontjiespruite (opsioneel)
15 ml (1 e) suurlemoensap
sout en varsgemaalde swartpeper

BOLAAG

180 ml (¾ k) Bulgaarse jogurt of gladde maaskaas

1 ekstragroot eier
5 ml (1 t) mielieblom
60 ml (¼ k) gerasperde cheddarkaas

Voorverhit die oond tot 180 °C (350 °F). Smeer 'n oondvaste 24 cm-tertbord met botter of margarien of bespuit met kleefwerende kossproei.

Meng al die droë bestanddele en geurmiddels vir die kors goed saam. Smelt die botter, voeg by en meng goed. Druk die deeg in 'n bol en druk dit in die tertbord vas. Prik die boom met 'n vurk en verkoel sowat 30 minute lank.

Soteer die ui, knoffel en soetrissie in 'n bietjie olie tot sag. Voeg die geelwortels en kool by en roerbraai tot sag. Voeg die boontjiespruite (indien gebruik) en geurmiddels by, meng deur en verwyder van die stoof.

Sny die rande van die voorbereide tertkors netjies en skep die vulsel in die voorbereide kors.

Klits die jogurt en eier vir die bolaag goed saam. Voeg die mielieblom by en meng goed. Voeg die kaas by en meng. Giet oor die vulsel en smeer tot teen die kante. Bak 15-20 minute lank of totdat die bolaag gestol en effens verbruin het. Dien koud of warm op.

Lewer 1 middelslagtert.

TUNA-DRIEHOEKTERT

Enige driehoektert wat in Huisgenoot verskyn, ontlok altyd reaksie. Mev. Mathilda Oberholzer van Bloemfontein het reeds in 1993 hierdie resep vir 'n sout driehoektert gestuur en dis altyd 'n treffer as 'n ligte ete, of selfs op die teetafel.

20 ml (4 t) gelatien
25 ml (5 t) koue water
½ hoendervleisaftrekselblokkie opgelos in 125 ml (½ k) kook-
water
2 blikke (185 g elk) tuna (in water verpak), gedreineer
1 klein ui, fyngekap
25 ml (5 t) fyngekapte, vars pietersielie
125 ml (½ k) mayonnaise
125 ml (½ k) room
1 pak (200 g) waterbeskuitjies (Cream Crackers)

Strooi die gelatien oor die koue water en laat 'n paar minute lank staan. Voeg die aftreksel by en verhit oor kookwater of in die mikrogolfoond totdat die gelatien gesmelt is – moenie die mengsel laat kook nie. Voeg die res van die bestanddele, behalwe die waterbeskuitjies, by en meng liggies deur.

Pak 3 rye van 5 beskuitjies elk op 'n groot stuk aluminiumfoelie en smeer die helfte van die vismengsel oor. Pak weer 'n laag beskuitjies op en smeer die res van die vismengsel oor. Vou die buitenste 2 rye beskuitjies met behulp van die aluminiumfoelie na binne sodat dit 'n lang driehoek vorm. Vou goed in die aluminiumfoelie toe en verkoel tot stewig.

Lewer 20 dik snye.

GRIEKSE QUICHE

Teen die einde van die negentigerjare begin ons bekend raak met Mediterreense geure. Swart olywe, kersietamaties en fetakaas gee aan hierdie quiche 'n Griekse smakie.

BASIESE BROSKORSDEEG
400 ml koekmeelblom
knippie sout
100 g koue botter, in blokkies gesny
sowat 60 ml (¼ k) yskoue water

VULSEL
10 ml (2 t) olyfolie
1 rooiui, in dun skywe gesny
2 knoffelhuisies, fyngedruk
1 geel soetrissie, ontpit en in dun skyfies gesny
250 g kersietamaties, gehalveer
150 g swart olywe, ontpit en gehalveer
250 ml (1 k) fetakaas, in blokkies gesny
sout en varsgemaalde swartpeper
3 ekstragroot eiers, geklits
125 ml (½ k) melk
30 ml (2 e) fyngekapte, vars pietersielie

Sif die koekmeelblom en sout saam en vryf die blokkies botter met jou vingerpunte in totdat dit lyk soos fyn broodkrummels. Sprinkel 30-45 ml (2-3 e) water oor en sny dit met 'n slaplemmes in. Voeg meer water bietjies-bietjies by indien die mengsel te droog is. Druk liggies saam in 'n bol en knie baie effens om 'n uitrolbare deeg te vorm. Bedek met kleefplastiek en verkoel 15-20 minute lank in die yskas.

Voorverhit die oond tot 200 °C (400 °F). Smeer 'n reghoekige losboom-riffeltertpan van 28 x 20 cm met botter of margarien of bespuit met kleefwerende kossproei, voer uit met deeg en bak blind soos beskryf.

Verhit die olie en soteer die ui en knoffel daarin tot sag. Voeg die soetrissie by en soteer 'n verdere 3 minute lank. Plaas die tamaties in 'n mengbak en voeg die uimengsel daarby. Roer die olywe en die helfte van die fetakaas by en geur goed met sout en peper.

Klits die eiers, melk en pietersielie saam. Skep die tamatie-mengsel in die voorbereide kors en giet die eiermengsel oor. Versprei die res van die fetakaas bo-op en bak 40-45 minute lank by 190 °C (375 °F) of totdat die vulsel goudbruin en gestol is. (Bedek die quiche met aluminiumfoelie indien die bokant te bruin word en die vulsel nog nie gestol is nie.)

Dien warm of koud op.

Genoeg vir 4-6 mense.

Hoe om tertbord uit te voer en blind te bak

Rol die deeg sowat 3 cm groter as die tertpan uit, lig dit met die rolstok op en laat dit in die pan sak. Wees versigtig om nie die deeg te rek nie. Druk liggies vas in die pan en verkoel weer sowat 20 minute lank. Sny die ekstra deeg af en prik die basis met 'n vurk.

Plaas 'n vel bakpapier, wat effens groter as die tertbord is, liggies oor die kors en vul met droëbone of rys. Bak die deeg sowat

10 minute lank totdat die kors gedeeltelik gaar is, maar nog nie verkleur het nie. Verwyder die bone en bakpapier en bak 'n verdere 5-10 minute lank of totdat die kors gaar is en net begin verkleur. Verwyder uit die oond en hou eenkant totdat dit met die vulsel gevul word.

MINI-TERTJIES
Braai 2 repe spekvleis en kap fyn. Kap en braai 1 ui in bietjie olie tot sag. Rasper 2 murgpampoentjies en meng saam met 30 ml (2 e) koekmeelblom, 3 geklitste eiers en 500 ml (2 k) gerasperde kaas. Geur met sout en peper. Skep in gesmeerde muffinpanne en bak 15-20 minute lank tot gaar. Rond af met geklitste room en repies spekvleis. Lewer 12 tertjies.

TAMATIE-MAYONNAISETERT

Vir hierdie resep wat Val Moodley van Berea in Oktober 1996 vir ons gestuur het, was daar oneindig baie navrae deur mense wat dit wou hê.

KORS
350 ml koekmeelblom
2 ml (½ t) sout
125 g koue botter, in blokkies gesny
1 eiergeel
45 ml (3 e) koue water

VULSEL
1 kg tamaties, in dik skywe gesny en pitte verwyder
varsgemaalde swartpeper
250 ml (1 k) mayonnaise
3 ekstragroot eiers, geklits
45 ml (3 e) fyngekapte stingeluie
625 ml (2½ k) gerasperde cheddarkaas

Voorverhit die oond tot 200 °C (400 °F). Smeer 'n diep, vierkantige oondbak van 24 cm met botter of margarien of bespuit met kleefwerende kossproei.

Meng die koekmeelblom en sout goed saam en vryf die botter met jou vingerpunte in tot goed gemeng en die mengsel soos broodkrummels lyk. Voeg die eiergeel by en meng deur. Voeg net genoeg koue water by en meng met 'n slaplemmes tot 'n uitrolbare deeg. Druk die deeg in 'n bol vas, draai in kleefplastiek toe en verkoel sowat 15 minute lank.

Rol die deeg dun uit en voer die voorbereide oondbak daarmee uit. Bak blind (sien bl. 132).

Rangskik 'n laag tamatieskywe in die kors en geur met peper. Meng die res van die bestanddele en skep 'n laag oor die tamaties. Herhaal die lae, eindig met mayonnaise en bak sowat 30 minute lank of tot stewig en goudbruin bo-op.

Genoeg vir 6 mense.

VEELSYDIGE KAAS-UIETERT

Hierdie resep vir 'n uithalertert gemaak met fetakaas en uie, kry ons in 1996 van mev. I.A. du Plessis van Parow. Lizbé Botha, voorheen my assistent in die toetskombuis, is gek na hierdie tert en bak dit gereeld by die huis. Gedurende 1997 maak nog 'n heerlike uietert, dié keer gemaak met drie soorte kaas, sy opwagting in die toetskombuis, komende van mev. Vicky van Schalkwyk van Arcadia. Dis weer 'n treffer. Ons het die resepte verwerk dat 'n mens met een resep albei terte kan bak.

FETAKAAS-UIETERT

KORS
375 ml (1½ k) koekmeelblom
5 ml (1 t) bakpoeier
knippie sout
250 ml (1 k) gerasperde cheddarkaas
1 ekstragroot eier
125 ml (½ k) gesmelte botter

VULSEL
3 groot uie, in skywe gesny
olie
400 g fetakaas, gekrummel
250 ml (1 k) suurroom
1 ml (¼ t) rooipeper
5 ml (1 t) mosterdpoeier
4 ekstragroot eiers, geklits

Voorverhit die oond tot 180 °C (350 °F). Smeer 'n losboomkoekpan van 23 cm met botter of margarien of bespuit met kleefwerende kossproei.

Sif die koekmeelblom, bakpoeier en sout saam en roer die cheddarkaas by. Klits die eier en gesmelte botter saam en voeg by die droë bestanddele. Meng tot 'n sagte, hanteerbare deeg en druk in die koekpan vas. Verkoel.

Soteer die uie in 'n klein bietjie olie tot sag en glansig. Skep uit en meng met die fetakaas en suurroom. Geur met die geurmiddels, voeg die eiers by en meng goed. Giet in die voorbereide kors en bak 10 minute lank teen 180 °C (350 °F), verlaag die temperatuur tot 160 °C (325 °F) en bak nog 40-50 minute lank of tot gestol en bruin bo-op.

Genoeg vir 6-8 mense.

DRIEKAAS-UIETERT
Vervang die fetakaas deur 250 ml (1 k) gerasperde cheddarkaas, 250 ml (1 k) gerasperde Tusserskaas en 100 ml gekrummelde bloukaas. Voeg 3 ml (ruim ½ t) droë gemengde kruie by die kors in plaas van die cheddarkaas, indien verkies, en berei verder soos die fetakaas-uietert.

Ligte geregte

Onverwagse gaste het vroue van altyd af hoofbrekens gegee. "Somtyds gebeur dit dat 'n gas onverwags by 'n mens aankom, op die tyd van die middag- of aandete. Dit kan miskien heel ongeleë wees en daarom is dit goed om 'n paar reseppe te hê van geregte wat gou klaargemaak kan word," skryf "Sara" in die uitgawe van 10 Desember 1926 waar sy resepte gee vir onder meer kaasbolle, wat met gerasperde kaas en eierwit gemaak en dan gebraai word. Eiergeregte is altyd gou om te maak, skryf sy by 'n resep vir "gegrabbelde vis" van oorskietvis en eier wat jy soos roereier berei. Gebakte "ommelet" en Skotse eiers maak ook 'n vinnige maaltyd.

Die goeie hoedanighede van melk word in dieselfde jaar besing in 'n artikel "Die waarde van melk en melkkos". By 'n resep vir melksnysels verskyn die volgende wenk: "As daar van die snippertjies oorbly, kan dit op 'n sif gelê word in 'n trek, sodat dit kan droog word en dit kan later weer gebruik word" – amper soos 'n mens pasta sou maak.

Aandetes bly ook maar 'n probleem, en in 1967 skryf Hettitia McGregor soos volg in 'n artikel "Laat die mond in 'n japtrap water": ". . . voor die werkende vrou of moeder die stryd om teen aandete nog oorspronklik met die kospot te wees, as verlore laat vaar, verskaf ons 'n paar resepte, almal maklik om voor te berei en gewaarborg om enige onverwagse gaste en selfs kinders met fiemies en tieners met 'n ewige eetlus, tevrede te stel. Met 'n dosyn eiers of wat, oorskietvleis en aartappels, wors en geurmiddels in die spens, het u geen rede om saans met die hande in die hare kombuis toe te stap en langtand 'n blikkie oop te maak nie." Die resepte daarby: soutvleisverrassing, omelet met aspersies, eiers met ertjies en maalvleis in 'n ander gedaante, met 'n aartappelkors oor.

Op 30 April 1965 kry ons ook allerlei lekker ligte geregte soos 'n resep vir 'n hoenderpastei, gemaak met 'n aartappelkors, fynhoender en kaas oorgesprinkel of Spaanse rys, berei met rys, hoender, knoffel, amandels en rosyne. Daarby word gebraaide piesangs voorgesit. Ryskoekies saam met slaai sorg vir nog 'n ligte ete.

Vir pannekoek kry ons eindelose resepte in die vroeë Huisgenote, maar meestal as soetigheid. In 'n artikel "Pannekoek met verrassings" in die uitgawe van 1 Julie 1966 verskyn egter heelparty resepte waar pannekoek met allerlei vulsels ingespan word as ligte ete.

Broodtert met tamatieslaai (bl. 136)

MELKKOS

Vir my is melkkos nie melkkos as dit nie van snysels berei is nie. Pasta kan maar net nie daarvoor instaan nie. Blykbaar is dit 'n Duitse erflating, afkomstig van hul Spätzle. Met kaneelsuiker daaroor gestrooi, kry dit egter 'n Maleise geurtjie. Hierdie goedkoop en maklike gereg is besig om opnuut te herleef en is selfs reeds in talle restaurante op die spyskaart.

400 ml koekmeelblom
3 ml (ruim ½ t) sout
2 ekstragroot eiers, effens geklits
50 ml water
1 liter (4 k) melk
ekstra meel

Sif die koekmeelblom en die sout saam. Voeg die geklitste eiers by en meng goed. Voeg net genoeg water by om 'n stywe deeg te maak. Knie goed tot glad en elasties.

Rol die deeg op 'n meelbestrooide oppervlak uit tot sowat 2-3 mm dik. Besprinkel met meel, verdeel in 3 dele en rol op. Sny dan elke rolletjie in dun-dun repies. Rol elke deegrepie in ekstra koekmeelblom om te bedek.

Verhit intussen die melk tot kookpunt. Voeg die deegrepies bietjies-bietjies by en laat 20-30 minute lank prut of totdat die snysels gaar en 'n dikkerige melkpap gevorm is.

Sit voor met kaneelsuiker.

Genoeg vir 4 mense.

MALEISE MELKKOS

Maleise melkkos, oftewel boeber, is eintlik 'n dik melksop wat met vermicelli en sago verdik is. Die Maleiers berei dit veral gedurende Ramadan, hul vasmaand. Marlé Kunneke van Kuilsrivier het hierdie resep namens haar ma, mev. Annatjie Kunneke, ingestuur. Dit voed sommer baie, en enige oorskiet kan tot drie dae in die yskas gebêre word. Die gesin Kunneke eet dit sommer die volgende oggend vir ontbyt ook, skryf Marlé.

15 ml (3 e) olie
125 ml of (½ k) botter
250 g rou vermicelli, kleiner gebreek
1,75 liter (7 k) water
1,75 liter (7 k) melk
1 blik (397 g) kondensmelk
125 ml (½ k) sultanas
5 ml (1 t) sout
5 kardemomsade (opsioneel)
2 stukke pypkaneel
125 ml (½ k) rou sago
geroosterde amandels (opsioneel)
kaneelsuiker om bo-oor te strooi

Verhit die olie en botter saam oor lae hitte in 'n groot kastrol; wag totdat die botter ophou skuim. Braai die vermicelli in die mengsel tot ligbruin. Roer gedurig. Voeg die res van die bestand-dele, behalwe die geroosterde amandels en kaneelsuiker, by en laat sowat 40 minute lank oor lae hitte prut of totdat die vermicelli en die sago sag en gaar, asook die sous lekker dik is. Roer af en toe om te voorkom dat die mengsel aanbrand.

Dien op met geroosterde amandels, indien verkies, asook kaneelsuiker.

Genoeg vir 12 mense.

BROODTERT

Vir broodtert het ons oor die jare verskeie resepte gekry. Hierdie gereg waarvoor Zerilda du Toit van Empangeni vir ons die resep gestuur het, kry ook tuna en tamatie in, maar jy kan dit daarsonder berei en met 'n tamatieslaai (salsa) voorsit.

6 snye witbrood, korsies verwyder
botter
Old Cape-mosterd
1 ui, fyngekap
2 knoffelhuisies, fyngedruk
olie
2 blikke (200 g elk) gesnipperde tuna, gedreineer (opsioneel)
75 ml (5 e) fyngekapte, vars pietersielie
375 ml (1½ k) gerasperde cheddarkaas
1 groot tamatie, ontvel en in skywe gesny (opsioneel)
sout en varsgemaalde swartpeper
250 ml (1 k) melk
2 eiers
5 ml (1 t) paprika

Voorverhit die oond tot 180 °C (350 °F).

Smeer die brood aan albei kante met botter. Smeer 'n bietjie mosterd op die een kant van elke sny brood. (As jy nie Old Cape-mosterd het nie, kan jy 'n bietjie mosterdpoeier met die botter meng – 5 ml (1 t) per 100 g botter behoort genoeg te wees.) Rangskik die brood in 'n mediumgrootte oondvaste bak van 30 x 21 cm.

Soteer die ui en knoffel in 'n bietjie olie tot sag. Roer die tuna en pietersielie in en skep die mengsel bo-oor die brood. Strooi die kaas oor en pak die tamatieskywe bo-op. Geur goed met sout en peper.

Klits die melk, eiers en paprika saam en giet bo-oor die tuna-mengsel. Bak sowat 30 minute lank of totdat die eiermengsel gestol is. Dien warm op met tamatieslaai (sien onder).

Genoeg vir 6 mense.

TAMATIESLAAI (SALSA)

1 ryp tamatie, in klein blokkies gesny
½ klein komkommer, in blokkies gesny
7 ml (1½ t) wit wynasyn
paprika
sout en varsgemaalde swartpeper

Meng al die bestanddele vir die slaai en geur na smaak. Verkoel tot benodig.

HOENDERPILAF

Hoender wat met 'n geurige soja-en-sjerrie-sous gemeng is, word saam met groente by die rys ingeroer. Dit word afgerond deur fetakaas bo-oor te strooi.

60 ml (¼ k) olie
500 g hoenderborsies, in blokkies gesny
125 ml (½ k) hoendervleisaftreksel
15 ml (1 e) sojasous
15-30 ml (1-2 e) sjerrie
1 ui, gekap
1 knoffelhuisie, fyngedruk
2 geelwortels, skoon geskraap en in repies gesny
2 seldery stele, in ringe gesny
4 grasuie, gekap
1 rooi soetrissie, ontpit en in repies gesny
750 ml (3 k) gaar rys
1 lemoen se gerasperde skil
125 ml fetakaas (2 fetakaaswiele), gekrummel
30 ml (2 e) fyngekapte, vars koljanderblare (dhania)
   (opsioneel)

Verhit die helfte van die olie in 'n groot pan en braai die hoenderblokkies daarin tot ligbruin. Skep die hoender uit die pan en giet die aftreksel, sojasous en sjerrie daaroor.

Verhit die orige olie en roerbraai die ui en knoffel daarin tot sag. Voeg die geelwortels by en braai 'n verdere minuut lank. Voeg die res van die groente by en roerbraai tot gaar, maar steeds ferm.

Voeg die rys, hoendermengsel en lemoenskil by en verhit tot warm. Krummel die fetakaas net voor opdiening oor en roer liggies deur. Strooi die koljanderblare (indien gebruik) oor en dien warm op.

Genoeg vir 4-6 mense.

Hoenderpilaf

WORSIE-EN-MURG-PAMPOENTJIE-PILAF

Rys bly die stapelvoedsel in baie huise – nou nie net meer as bygereg nie, maar ook om allerlei voedsame etes mee te berei. In plaas van eiervrug kan jy ook 'n rooi soetrissie gebruik.

1 klein eiervrug
sout
60 ml (¼ k) olie
9 klein murgpampoentjies, in skyfies gesny
250 ml (1 k) rou rys
560 ml (2¼ k) water
3 ml (ruim ½ t) fyn komyn (jeera) (opsioneel)
5-10 ml (1-2 t) sout
varsgemaalde swartpeper
500 g speserygegeurde worsies (bv. chorizo)
pietersielie vir garnering

Sny die eiervrug in dik skywe en dan in repies. Strooi sout oor en laat 'n rukkie in 'n vergiettes staan. Spoel af en druk droog met handdoekpapier.

Verhit die olie en roerbraai die eiervrug en murgpampoentjies daarin tot sag. Voeg die rys by en braai 'n verdere minuut lank. Voeg die water en speserye by, verlaag die hitte en laat 20-25 minute lank prut of totdat die rys sag en gaar is. Voeg meer water by, indien nodig. Geur met sout en peper.

Sny die worsies in skyfies en braai in 'n bietjie olie tot gaar. Dreineer op handdoekpapier. Roer dit by die gaar rysmengsel en verhit 'n verdere 2-3 minute lank.

Garneer met vars pietersielie en dien warm op.

Genoeg vir 5-6 mense.

TUNASKYWE

'n Blikkie tuna in die koskas kom altyd goed te pas. Mev. Charlie Fourie van Swellendam maak 'n skondeeg en rol dan 'n tuna-vulsel daarin toe. Lekker vir aandete, laat weet sy.

DEEG

500 ml (2 k) koekmeelblom
10 ml (2 t) bakpoeier
2 ml (½ t) sout
5 ml (1 t) suiker
125 ml (½ k) gerasperde cheddarkaas
125 ml (½ k) olie
125 ml (½ k) melk

VULSEL

2 eiers, hard gekook en fyngekap
1 blik (185 g) tuna (in soutwater verpak), gedreineer en gevlok
15 ml (1 e) fyngekapte ui
sout en peper
30 ml (2 e) mayonnaise

Voorverhit die oond tot 180 °C (350 °F). Smeer 'n bakplaat met botter of margarien of bespuit met kleefwerende kossproei.

Sif die droë bestanddele saam en roer die kaas in. Klits die olie en melk saam en giet by die meelmengsel. Meng deur met 'n mes tot net gemeng.

Rol die deeg op 'n meelbestrooide oppervlak uit tot sowat 7 mm dik.

Meng al die bestanddele vir die vulsel saam en smeer oor die deeg. Rol die deeg in die lengte op, vorm in 'n halfmaan en plaas op die voorbereide bakplaat. Sny die rol in skywe, maar nie regdeur nie. Bak sowat 20 minute lank of totdat die bokors goudbruin en gaar is.

Dien op met 'n slaai.

Genoeg vir 4 mense.

TUNATERT

Mev. A. Rudman van Greenacres in Port Elizabeth maak graag hierdie vinnige tunatert.

KORS
100 g sagte margarien
80 ml (⅓ k) melk
3 ml (ruim ½ t) knoffelvlokkies
1 pakkie (200 g) waterbeskuitjies (Cream Crackers), fynge-
druk
10 ml (2 t) fyngekapte, vars pietersielie

VULSEL
1 ekstragroot eier, geklits
100 ml ingedampte melk
1 blik (185 g) gesnipperde tuna (in soutwater verpak), gedrei-
neer
1 ui, fyngekap
1 klein groen soetrissie, ontpit en in blokkies gesny
olie
5 ml (1 t) heelkorrelmosterd
sout en varsgemaalde swartpeper
50 ml gerasperde cheddarkaas
50 ml sagte broodkrummels

Voorverhit die oond tot 180 °C (350 °F). Smeer 'n kleinerige ovaal oondskottel van 25 x 19 cm met botter of margarien of bespuit met kleefwerende kossproei.

Smelt die margarien in die melk oor lae hitte of in die mikro-golfoond. Roer die knoffelvlokkies in. Meng die melkmengsel met die beskuitjiekrummels en pietersielie. Druk dit in die oondskottel vas en hou eenkant.

Klits die eier en ingedampte melk saam. Meng met die tuna.

Soteer die ui en soetrissie in 'n klein bietjie olie tot sag en deursky-nend. Roer die mosterd by. Geur na smaak met sout en peper.

Roer die uimengsel by die tunamengsel in en giet in die voor-bereide kors.

Strooi die gerasperde kaas en broodkrummels oor. Bak 25-30 minute lank of totdat die kors goudbruin en bros is.

Sit warm voor met 'n groen mengelslaai en vars, klein brood-rolletjies.

Genoeg vir 3-4 mense.

AARTAPPELPANGEBAK

Nanette Hattingh van Wierdapark skryf sy geniet die resepte in Huisgenoot sommer baie en lees elkeen soos 'n storieboek. Die Hattinghs is baie lief vir aartappels en hierdie gereg het een mid-dag ontstaan toe sy vinnig iets moes aanmekaarslaan. Sy het sommer 'n klomp resepte bymekaargevoeg en alles saamge-gooi, met 'n heerlike gereg as eindresultaat.

30-45 ml (2-3 e) olie
1 groot ui, gekap
1 groot knoffelhuisie, fyngedruk
7 middelslagaartappels, geskil en gekook
1 pak (250 g) spekvleis, gerooster en gekap
150 ml gerasperde cheddarkaas
6 eiers, geklits
125 ml (½ k) mayonnaise
125 ml (½ k) blatjang
10 ml (2 t) mosterdpoeier
10 ml (2 t) sout
varsgemaalde swartpeper

Verhit die olie in 'n groot swaarboompan en soteer die ui en knoffel daarin tot sag. Verwyder die pan van die stoof en hou eenkant.

Sny die gaar aartappels in blokkies en voeg saam met die spek en die helfte van die kaas by die uimengsel. Meng liggies.

Klits die eiers, mayonnaise en blatjang saam. Los die mosterd-poeier in 'n eetlepel water op en voeg by die eiermengsel. Geur goed, giet oor die aartappels en roer effens sodat die mengsel tot op die boom van die pan deurloop.

Bedek die pan en plaas terug op die warm stoofplaat. Bak 10 minute lank oor lae hitte tot gaar en gestol.

Genoeg vir 4 mense.

VARIASIE
Vervang die spek deur 1 blik soutbeesvleis, 8 Weense worsies, 2 blikkies tuna of 'n verskeidenheid gaar groente.

Pasta

Pasta het reeds in die negentiende eeu in Suid-Afrika bekend geraak toe Italiaanse mynwerkersgesinne die tradisies van hul vaderland hier kom voortsit het, skryf Peter Veldsman in sy boek *Kos van die eeu*. Eers het die families Fatti en Moni afsonderlik fabrieke in Johannesburg gehad waar pasta vervaardig is, en later ook in die Kaap, soos berig word in Die Huisgenoot van 28 Maart 1924 (sien bl. 144). "Die makaronie wat ons in pakkies in die winkels koop met die naam 'Fatti' of 'Moni' daarop, word alles in 'n Kaapstadse fabriek gemaak deur Italianers."

Toe reeds word allerhande vorms soos sterretjies, ringetjies, voëltjies, konyntjies, ABC-letters, graankorrels en skulpies gemaak. In 1926 het die familieondernemings saamgesmelt tot Fatti's en Moni's, vandag nog van ons bekendste pastavervaardigers.

Die Italianers het ook 'n groot invloed op ons land se uiteetkultuur gehad met talle Italiaanse restaurante op enige denkbare plek waar almal kon pasta en pizza. So word in Die Huisgenoot van 10 Julie 1964 vertel van twee Italianers wat na Suid-Afrika geëmigreer en 'n intieme restaurantjie in die sakedeel van Kaapstad geopen het. Sommer gou was dit baie gewild onder al wat Kapenaar was, veral saans na bioskoop wanneer die ander kafees al gesluit was.

Buiten vir macaroni-en-kaas en spaghetti bolognaise het talryke pastageregte sy staan op ons tafels gevind. Vandag is lasagne saam met 'n menigte ander pastageregte allemanskos in ons huise.

Italiaanse spaghetti (bl. 147)

LASAGNE

'n Trefferresep van Annette Hartmann. Hierdie TV-ster sê sy het nie akkurate hoeveelhede vir hierdie resep nie – sy voel hom maar soos sy aangaan en dit hang gewoonlik af van hoeveel vleis sy het. Dit het al honderd maal misluk, maar met oefening het Annette dit nou tot 'n fyn kuns bemeester en onthaal sy ook graag met hierdie gereg. Ons het dit in die toetskombuis beproef en hier is dit nou, kompleet met al die mate en gewigte!

VLEISMENGSEL

1 ui, fyngekap
2 groot knoffelhuisies, fyngedruk
1 geelwortel, skoon geskraap en gerasper (opsioneel)
olyfolie
3-4 spekvleisrepe, gekap (opsioneel)
1 kg beesmaalvleis
4 ryp tamaties, ontvel en fyngekap
1 blik (65 g) tamatiepasta
sout en varsgemaalde swartpeper
10 ml (2 t) droë orego
50 ml blatjang
25 ml (5 t) worcestersous
suiker
vleisaftreksel (opsioneel)

KAASSOUS

100 ml botter
50 ml koekmeelblom
50 ml kaaspoeier
50 ml wituiesoppoeier
7 ml (1½ t) mosterdpoeier
500 ml (2 k) melk
sout en varsgemaalde swartpeper

250 g lasagnevelle, effens sag gekook, indien nie die half-
    gaar soort
250 ml (1 k) gerasperde mozzarella- of cheddarkaas

Voorverhit die oond tot 180 °C (350 °F). Smeer 'n groot oondskottel met botter of margarien of bespuit met kleefwerende kossproei.

Soteer die ui, knoffel en geelwortel in die olyfolie tot sag. Voeg die spekvleis en maalvleis bietjies-bietjies by en braai tot gaar en effens bruin. Voeg die tamaties en tamatiepasta by en geur met die res van die bestanddele. Indien die mengsel nie souserig genoeg is nie, kan jy 'n bietjie aftreksel byvoeg. Laat prut totdat die sous lekker dik en geurig is.

Berei intussen die kaassous: Smelt die botter en roer die koekmeelblom, kaaspoeier en uiesoppoeier by. Roer tot glad en verhit sowat 1 minuut lank. Voeg die mosterdpoeier by en roer die melk bietjies-bietjies in. Verhit totdat die mengsel kook en verdik. Roer gedurig. Geur na smaak met sout en peper.

Skep lae vleismengsel, lasagnevelle en kaassous in die voorbereide oondskottel en strooi die mozzarellakaas bo-oor. Bak 20 minute lank of totdat die lasagne gaar en goudbruin van bo is.

Genoeg vir 8 mense.

VARIASIE

By 'n latere geleentheid het ons selfs fyngekapte, gaar spinasie oor die maalvleislaag geskep en dit was net so lekker. In plaas van lasagnevelle kan jy lintnoedels gebruik.

Gaan soos volg te werk: was 600 g vars spinasie goed af, ontstingel en stoom tot sag. Kap fyn en geur goed met sout en peper. Hou eenkant. Berei vleismengsel soos beskryf, maar voeg ook 1 gerookte worsie asook 'n bietjie portwyn by en prut tot 'n geurige sous. Pak eers 'n laag vleismengsel, dan spinasie, dan lasagnevelle in 'n bak, herhaal lae en giet kaassous oor. Bak soos beskryf.

MACARONI-EN-KAAS

'n Mens kry baie resepte vir macaroni-en-kaas, maar hierdie een troon bo die gewone soort uit. Dit het 'n witsousbasis, wat deels met room berei en heerlik gegeur word met 'n bietjie tamatie. Nadat die eiers bygeroer en die gereg goudbruin gebak is, kan daar vir elkeen 'n stewige, netjiese porsie uitgesny word.

250 g rou elmboogmacaroni
10 ml (2 t) olie
1 ui, fyngekap
1 houer (250 g) knopiesampioene, gehalveer (opsioneel)
50 ml botter
50 ml koekmeelblom
500 ml (2 k) melk
250 ml (1 k) room
75 ml (5 e) tamatiepuree
3 ekstragroot eiers, geklits
7 ml (1½ t) mosterdpoeier
sout en varsgemaalde swartpeper
75 ml (5 e) fyngekapte, vars pietersielie
500 ml (2 k) gerasperde cheddarkaas

Voorverhit die oond tot 180 °C (350 °F). Smeer 'n oondskottel met botter of margarien of bespuit met kleefwerende kossproei.

Kook die macaroni in genoeg vinnig kokende soutwater, waarby die olie gevoeg is, tot net sag. Dreineer en hou eenkant.

Soteer die ui en sampioene in die botter totdat die ui sag is. Roer die koekmeelblom by en verhit nog 1 minuut lank terwyl geroer word.

Verwyder van die stoof en voeg die melk stadig by terwyl geroer word. Verhit die sous totdat dit kook en verdik. Roer die room en tamatiepuree in. Meng 'n bietjie van die warm sous met die geklitste eiers en roer goed. Voeg dit nou by die res van die warm sous en roer goed. Geur met mosterdpoeier, sout en peper.

Meng die helfte van die pietersielie en cheddarkaas met die macaroni. Skep in die voorbereide oondskottel en giet die sous oor. Strooi die res van die pietersielie en cheddarkaas oor. Bak 30-40 minute lank of totdat die gereg gestol en goudbruin van bo is.

Dien op met groen slaai.

Genoeg vir 6-8 mense.

ALLERLEKKERSTE PASTAGEBAK

Van Bettie Lotter uit Mooinooi se wêreld het ons oor die jare resepte ontvang vir die lekkerste geregte. Hierdie pastagereg was veral baie gewild in die toetskombuis.

250 g rou noedels
6 klein uitjies, in stukke gesny
4 selderystele, in ringe gesny (opsioneel)
1 rooi soetrissie, ontpit en in ringe gesny
1 knoffelhuisie, fyngedruk
olie
1 houer (250 g) bruin sampioene, in skywe gesny
350 ml gaar hoender- of kalkoenvleis, ontbeen en in stukke
　gesny
sout en varsgemaalde swartpeper
25 ml (5 t) botter
50 ml koekmeelblom
400 ml melk
½ houer (125 g of ½ k) gladde maaskaas
1 vars tiemietakkie, blaartjies afgestroop
250 ml (1 k) cheddarkaas, in blokkies gesny of gerasper

Voorverhit die oond tot 180 °C (350 °F). Smeer 'n groot oondskottel met botter of margarien of bespuit met kleefwerende kossproei.

Kook die noedels in genoeg vinnig kokende soutwater, waarby olie gevoeg is, tot sag. Dreineer goed en skep in die voorbereide oondskottel.

Soteer die uie, seldery, soetrissie en knoffel in 'n bietjie olie tot sag. Skep uit en braai die sampioene tot bruin. Meng die vleis met die sampioene en uiemengsel en geur na smaak met sout en peper. Skep oor die noedels in die skottel.

Berei 'n witsous: Smelt die botter en voeg die koekmeelblom by. Roer goed tot glad en laat sowat 1 minuut lank prut. Verwyder van die stoof en voeg die melk bietjies-bietjies by terwyl aanhoudend geroer word. Verhit die mengsel weer totdat dit kook en verdik. Roer gedurig. Verwyder van hitte, geur met sout en peper en roer die maaskaas by. Voeg die vars tiemie by en giet die sous oor die vleismengsel. Strooi die kaas oor en bak totdat die gereg goed warm is.

Dien op saam met slaai.

Genoeg vir 6 mense.

Lasagne

Makaronie

DIE makaronie wat ons in pakkies in die winkels koop met die naam „Fatti" of „Moni" daarop, word alles in 'n Kaapstadse fabriek gemaak deur Italianers. Die fabriek staan in Breëstraat, en is 'n groot, ruim gebou, waar alles baie skoon en suiwer bewerk word, volgens Goewermentsregulasies.

Makaronie word van deeg gemaak; dit is 'n mengsel van meel en water, of meel en eiers; en dit word baie goed gemeng en gebrei in groot masjiene. Dan word die deeg deur groot, hol silinders gedruk waarvan die boom uit 'n los koperplaat bestaan. Deur die plaat loop gaatjies, rond in die een, stervormig of ringvormig in 'n ander —daar is 'n menigte verskillende plate met verskillende soorte gaatjies. Die deeg, nog stywer as soetkoekdeeg, word langsaam in die silinder neergedruk tot dit onder deur die gaatjies uitpeul. As pypies verlang word, soos vir makaronie of vermisellie of spaghettie, dan loop dit deur, en word van onder afgehaal, en, in die geval van makaronie of spaghettie, word dit oor spaansriete gehang om te droë; as dit vermisellie is, word dit in los hopies op 'n seildoekstellasie gepak. Dan word dit in droogmaak-kamers gepak en deur 'n elektriese waaier droog gewaai.

Toe ek die fabriek besoek om 'n beskrywing daarvan in *Die Burger* te gee, het ek 'n aantal resepte gekry, wat seker vir ons leseresse interessant sal wees. Buite kry ons meestal die wit makaroniepypies wat in langwerpige dosies verkoop word; in die stede kry jy die eierdeeg-makaronie ook; en dit word in allerhande fraai fatsoentjies gefabriseer. As die deeg deur die koperplaat gedruk word, word dit kort afgesny deur 'n mes wat daaraan gestel is; dan val dit af soos sterretjies, ringetjies, voëltjies, konyntjies, A.-B.-C.-letters, graankorrels, kroontjies, skulpies, of wat ook. Waarom dié winkels buite dit nie inkoop nie, weet ek nie. Dit is so mooi vir soep, poeding en melkkos, en is steeds 'n hele aardigheid vir die kinders. Ons wys 'n aantal van die fatsoentjies in die tekenings wat hierby gaan.

MAKARONIERESEPTE.

Makaronie moet altyd warm opgeskep en geëet word. Dis soos kluitjies: as dit koud word, is dit tog nie lekker nie.

GEKOOKTE MAKARONIE.

Gooi die makaronie in kokende water waar reeds sout in is, en laat 15 tot 20 minute kook. Roer saggies nou en dan dat dit nie aanmekaar koek nie. As dit goed sag en uitgedy is, gooi die water af, gooi die makaronie uit in 'n warm-gemaakte skottel, sit stukkies botter oor, en voeg dan by wat verlang word, soos gerasperde kaas, of suiker en kaneel, of vleissous, of tamatiesous, of gebakte tamaties

MAKARONIEKOEKIES.

Kook vier onse makaronie sag, gooi die water af en laat een kant staan. Vir elke pint makaronie neem jy dan vier eetlepels fynmeel, gelykvol, 2 eetlepels botter en 'n bietjie melk. Vryf die meel en die botter deurmekaar, voeg die melk by, sit op die vuur en roer tot dit kook. Roer

dan die geel van 'n eier in. As die hele pap mooi gaar is, sonder klontjies, haal dit van die vuur af, gooi die makaronie daarby, genoeg sout, 'n teelepel uiesop of 'n gerasperde ui, 'n bietjie neut, 'n eetlepel gekapte pieterselie, en 'n bietjie peper. Roer deurmekaar en sit opsy tot dit koud is. Vorm in koekies, doop elkeen in 'n eier wat met 'n bietjie water opgeklop is, dan weer in broodkrummels en bak in 'n potjie, onder vet, net soos poffertjies.

MAKARONIE EN HAM.

Maal die ham in die vleismeul; kook die makaronie. Sit in 'n gesmeerde pasteiskottel 'n laag makaronie, strooi die ham oor met mosterd en 'n bietjie fyngekapte ui; klits 'n eier, voeg 'n bietjie melk

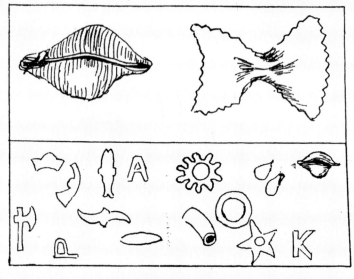

Makaroniefatsoentjies.

by en gooi oor jou skottel. Bak 10 minute in 'n warm oond.

VLEISPASTEI MET MAKARONIE.

Neem ¾ lb. koue vleis, 4 tamaties en ½ ui. Smeer 'n pasteiskottel, maak een-derde vol gekookte makaronie. Sit dan die vleis daarop, aan dun skyfies gesny, dan die tamaties, dan die ui, en bo-oor weer makaronie. Dit is goed om 'n bietjie vleis-sous oor alles te gooi; strooi gerasperde kaas bo-oor as verlang word, en bak 'n halfuur in 'n warm oond.

MAKARONIE IN DIE PAN.

Bak tamaties of kook in 'n kastrol met 'n bietjie gekapte ui, 'n paar naeltjies en 'n knippie soda (om die surigheid weg te neem as dit verlang word). Roer dan 'n bietjie meel by wat jy eers met koue water aangemaak het, om die sous dik te maak, en voeg peper en botter by na smaak. Kook nog 5 minute na die meel in is.

Kook nou jou makaronie; as dit gaar is, gooi dit in die warm pan met botter, en laat 'n bietjie bruin braai. Gooi nou die sous oor, skep op en bring dit baie warm op tafel.

GEBRAAIDE KAAS MET MAKARONIE.

Kook jou makaronie vroeg klaar, en laat dit in 'n bietjie koue water staan, goed twee uur lank.

As dit etenstyd is, sit jy ½ lb. gerasperde kaas in 'n kastrol met 'n bietjie Worcester-

sous of tamatiescus daarby, sout en peper. Klits die geel van een eier met 4 eetlepels water, voeg dit by die kaasmengsel, sit op die vuur en roer gedurig tot die kaas gesmelt is. Sit nou die makaronie by, roer tot dit warm is, skep meteens op.

Skuurseep

(Ingestuur deur Mevr. T., Hopetown.)

Maak genoeg stukkies seep bymekaar en smelt dit met 'n bietjie water. Gooi dan skoon dryfsand by tot dit nie meer kan opneem nie. Gooi in vormpies en laat koud word. Gebruik om potte en panne mee te skuur.

Die bostaande is 'n goeie raad vir stukkies seep wat te klein is om mee te was. Dis alte jammer om die seep te laat verlore gaan. Hou 'n blikkie in die kombuis en gooi al die ou klein stukkies seep daarin. Dit kan gebruik word om seepsop te maak. Sommige winkels verkoop sulke siffies om ou stukkies seep in te sit. Die siffie is aan 'n hengsel, en kan dan in die warm water rondgeskommel word sonder dat jy jou hande verbrand.

Ek het Gestaan by die Afgrond.

Ek het gestaan by die afgrond,
Hoog bo 'n rasende see;
Vér onder vlieg vlugtende voëls rond
En speel met die branders mee.

Ek het gestaan by die afgrond,
Daar waar dit skuim en bruis
En dit donder en dreun in die aandstond
In 'n ewig-mooi gedruis.

Ek het gestaan by die afgrond;
Wit water die spat en spoel
Soos wanhoop wild in my hart rond
En ek skrik: „O God, wat 'n doel!"

GEEN STANLEY.

OUMA HANNA SE SLIKKIES

Hannatjie Everson van Worcester het vir ons 'n resep vir 'n vinnige en ekonomiese macaronigereg gestuur, wat hul ouma altyd vir hulle voorgesit het. As kinders het hulle dit "slikkies" gedoop. "Ons het dit altyd tussen ons lippe vasgebyt en dan ingesuig, vandaar die naam," verduidelik Hannatjie. Ouma Hanna se slikkies bly 'n wenner en staatmaker in hul huis, veral as mense onverwags opdaag, skryf sy.

500 g rou macaroni	
2 groot uie, fyngekap	
olie	
1 blik (115 g) tamatiepasta	
10 ml (2 t) suiker	
5 ml (1 t) droë orego of basielkruid	
250 ml (1 k) gerasperde cheddarkaas (opsioneel)	

Kook die macaroni in genoeg vinnig kokende soutwater, waarby olie gevoeg is, tot net sag. Dreineer goed en hou eenkant.

Soteer die uie in 'n bietjie olie tot sag. Voeg die tamatiepasta, suiker en orego by en laat 'n paar minute lank prut. Skep by die macaroni en meng goed deur. Voeg die kaas by en meng deur.

Genoeg vir 4 mense.

HOENDERCANNELONI

Mev. R. Cardases van Westonaria maak sommer baie van Huisgenoot se Wenresepte gebruik. Hierdie resep het sy aangepas uit 'n ou pastareseptebook, skryf sy. Sy gebruik lasagnevelle om canneloni mee te maak.

7-8 rou lasagnevelle	
2 hoenderborsies, ontbeen en ontvel, of 250 ml gaar, fyn	
hoender	
olie	
sout en varsgemaalde swartpeper	
1 ui, fyngekap	
2 knoffelhuisies, fyngedruk	
7 knopiesampioene, in skywe gesny	
30 ml (2 e) botter	
30 ml (2 e) koekmeelblom	
200 ml melk	
250 ml (1 k) gerasperde cheddar- of mozzarellakaas	
100 ml melk	

Voorverhit die oond tot 180 °C (350 °F). Smeer 'n oondskottel van 20 x 20 cm met botter of margarien of bespuit met kleefwerende kossproei.

Kook die lasagnevelle sowat 6 minute lank een-een in genoeg vinnig kokende soutwater, waarby olie gevoeg is. Wees versigtig dat dit nie breek nie. Spoel af met koue water.

Geur die hoender met sout en peper. Braai in verhitte olie tot bruin en skep uit. Sny die hoender in blokkies en hou eenkant. Soteer die ui en knoffel tot sag en deurskynend. Voeg die sampioene by en braai. Skep uit en meng met die hoenderblokkies.

Berei 'n dik witsous: Smelt die botter in 'n kastrol en voeg die koekmeelblom by. Roer goed en laat sowat 1 minuut lank prut. Verwyder van die stoof en voeg die 200 ml melk bietjies-bietjies by terwyl aanhoudend geroer word. Verhit die mengsel weer totdat dit kook. Roer die helfte van die kaas by die sous in. Geur na smaak met sout en peper.

Roer die helfte van die witsous by die hoendermengsel in. Geur met sout en peper indien nodig. Skep eetlepels vol van die vulsel in die middel van elke lasagnevel en rol versigtig op. Pak die rolletjies teen mekaar in die voorbereide oondskottel.

Verdun die orige witsous met die orige 100 ml melk. Giet die sous oor die rolletjies en strooi die orige kaas oor. Bak 10-20 minute lank of totdat die kaas gesmelt is. Rooster 'n paar minute tot goudbruin.

Dien op met slaai.

Genoeg vir 4-6 mense.

PASTA MET FYNHOENDER

Die ideale gereg vir 'n vinnige aandete en daarby is dit 'n baie veelsydige resep, laat weet mev. Sydnee Bouwers van Colenso, want 'n mens kan dit met enige vleis, selfs ook vis, berei.

6 gaar hoenderporsies, ontvel en ontbeen
1 pakkie (55 g) bruinuiesoppoeier
90 ml (6 e) mayonnaise
45 ml (3 e) fyn appelkooskonfyt
15 ml (1 e) fyngekapte, vars pietersielie
sout en varsgemaalde swartpeper
500 g rou pastavorms

Voorverhit die oond tot 180 °C (350 °F). Smeer 'n middelslag-oondskottel met botter of margarien of bespuit met kleefwerende kossproei.

Pluis die hoendervleis met 'n vurk. Meng die soppoeier, mayonnaise en konfyt en verhit stadig oor lae hitte totdat dit goed gemeng en die konfyt gesmelt is. Verwyder van die stoof. Skep die fyn hoender in die voorbereide oondskottel en giet die soppoeiermengsel bo-oor. (Verdun dit met sowat 250 ml (1 k) water indien dit te dik is.) Strooi die helfte van die pietersielie oor en bedek. Bak 35 minute lank of totdat die gereg nie meer waterig is nie.

Kook intussen die pasta in genoeg vinnig kokende soutwater, waarby olie gevoeg is, tot gaar, dreineer goed en meng met die res van die pietersielie.

Meng die hoender met die pasta en geur na smaak met sout en peper. Sit warm voor.

Genoeg vir 4-5 mense.

Pasta met fynhoender

ITALIAANSE SPAGHETTI

Die tamatiesous by hierdie spaghetti word opgekikker met eiervrug en worsstukkies. Heerlik vir aandete en vinnig om te berei, laat weet mev. L.M. Bond van Kemptonpark.

250 g rou spaghetti

SOUS

15 ml (1 e) olie

1 ui, gekap

2 knoffelhuisies, fyngedruk

1 eiervrug, in blokkies gesny

5 ml (1 t) fyngekapte, vars gemengde kruie

3 tamaties, ontvel en gekap

30 ml (2 e) tamatiepuree (opsioneel)

5 ml (1 t) fyngekapte, vars of 2 ml (½ t) droë basielkruid

*450 g dun boere- of enige ander wors, gebraai en in dun
  skyfies gesny*

sout, varsgemaalde swartpeper en knippie suiker

50 ml gerasperde parmesaankaas (opsioneel)

Kook die spaghetti in genoeg vinnig kokende soutwater, waarby olie gevoeg is, tot net sag. Dreineer en hou eenkant.

Verhit die olie in 'n pan en soteer die ui en knoffel daarin tot sag. Voeg die eiervrugblokkies, gemengde kruie, tamaties en tamatiepuree (indien gebruik) by, verlaag die hitte en laat prut tot gaar en sag. Voeg die basielkruid en wors by en geur na smaak met sout, peper en suiker. Verhit tot warm.

Skep die spaghetti op individuele dienborde. Skep van die sous oor en bestrooi met parmesaankaas.

Sit warm voor met varsgebakte brood, indien verkies.

Genoeg vir 4 mense.

Pizza

Met die koms van pizzerias en Italiaanse restaurante het die volk meer pizza eet. In Die Huisgenoot van 22 Augustus 1958 staan daar in 'n artikel "Die avontuurlike kok": "Gerus kan ons almal 'n bietjie avontuurliker wees in ons kookkuns. Moenie by voorbaat sê: My mense sal hul mond nie daaraan sit nie, veral nie my mansmense nie. Weet u miskien wie is die gretigste uit-eters by vreemde restaurants in ons stede? Niemand anders nie as daardie selfde mansmense van ons wie ons vir so prosaïes aansien."

En dan volg daar resepte vir onder meer 'n vuurwiel-pizza, gemaak met 'n skondeeg.

Ja, in ons huise is dit eers met skondeeg berei, maar deesdae koop ons pizzabasisse by die supermark of word 'n pizza-oond saam met 'n braairooster in ons voorhuise ingebou.

Ons eet superdun of ekstradik basisse en kombineer allerlei vreemde bestanddele daarop, van seekos tot maalvleis of sommer net spinasie en fetakaas met peppadews.

Pizza met broccoli, bloukaas en songedroogde peppadews (bl. 150)

Nuwerwetse pizzas

As daar nou een plek is waar ons nie omgee om 'n bietjie te eksperimenteer nie, dan is dit by pizzas waar ons allerlei smake en geure saam sal beproef. In 1998 publiseer ons 'n artikel met die nuutste kombinasies vir pizzabolae. Groente wat gerooster of soos uie met 'n bietjie suiker gebraai is, asook peppadews (daardie rooi vruggie wat soos 'n klein soetrissie lyk, maar tog effens brand), is nou alles bolae vir pizzas, maar ou gunstelinge soos salami, maalvleis en sampioene, sal nooit hul plek verloor nie.

BASIESE PIZZADEEG

400 ml witbroodmeelblom
10 ml (2 t) kitsgis
5 ml (1 t) suiker
2 ml (½ t) sout
15 ml (1 e) olyfolie
175 ml (sowat ¾ k) louwarm water

Meng die witbroodmeelblom, kitsgis, suiker en sout in 'n mengbak. Voeg die olyfolie by die louwarm water. Voeg dan net genoeg water by die meelmengsel om 'n sagte, hanteerbare deeg te vorm en knie 10-15 minute totdat die deeg sag en elasties is en nie meer aan jou hande kleef nie. Voeg meer meel by indien die deeg te klewerig is.

Smeer 'n mengbak en die deeg liggies met botter of margarien of bespuit met kleefwerende kossproei. Plaas die deeg in die mengbak en bedek lossies met kleefplastiek. Laat op 'n warm plek staan om te rys tot dubbel die volume. Keer die deeg op 'n meelbestrooide oppervlak uit en knie af.

Berei basisse soos verkies: vir 'n dik basis, rol die deeg uit in 'n sirkel van sowat 30 cm in deursnee; vir 'n dunner basis, rol die deeg uit in 2 dunner sirkels van elk sowat 25-30 cm in deursnee; en vir mini-pizzas, verdeel die deeg in 4-6 dele en rol kleiner sirkels uit van elk sowat 10 cm in deursnee.

Plaas die pizzabasis(se) op meelbestrooide bakplate.

Kies enige van die onderstaande bolae en berei soos by elkeen beskryf. (Al die bolaagbestanddele is genoeg vir die basiese hoeveelheid deeg.)

GEKARAMELLISEERDE UIE, SULTANAS EN FETAKAAS

30 ml (2 e) botter
2 groot rooiuie, in skyfies gesny
30 ml (2 e) sagte bruinsuiker
80 ml (⅓ k) goue sultanas
15 ml (1 e) fyngekapte, vars of 5 ml (1 t) droë salie
sout en varsgemaalde swartpeper
1 x pizzadeeg (sien basiese pizzadeeg-resep)
200 ml fetakaas, gekrummel
30 ml (2 e) olyfolie en vars salieblare, vir garnering (opsioneel)

Voorverhit die oond tot 220 °C (425 °F).

Smelt die botter in 'n groterige swaarboomkastrol, voeg die uie by en roerbraai 5 minute lank oor hoë hitte. Roer die bruinsuiker en sultanas by, verlaag die hitte en laat sowat 10 minute lank prut of totdat die uie begin karamelliseer. Roer die salie by en geur goed met sout en peper.

Berei die basis(se) van jou keuse. Bak 5-7 minute na gelang van die dikte van die basis(se) totdat hulle net begin verbruin en uitgerys is. Verwyder uit oond.

Rangskik die uiemengsel bo-op en strooi die fetakaas oor. Bak nog 5-7 minute of totdat die kaas verkleur en die kors gaar en goudbruin is. Braai intussen die salieblare vinnig in verhitte olie tot bros. Garneer die gaar pizza(s) met salieblare en dien dadelik op.

BROCCOLI, BLOUKAAS EN SONGEDROOGDE PEPPADEWS

1 x pizzadeeg (sien basiese pizzadeeg-resep)
1 blik (400 g) gekapte tamaties, gedreineer
15 ml (1 e) tamatiepuree
sout en varsgemaalde swartpeper
½ pak (125 g) spekvleisrepe
500 ml (2 k) gaar gestoomde broccoliblommetjies
6 songedroogde peppadews, grofgekap
100 g bloukaas, gekrummel

Voorverhit die oond tot 220 °C (425 °F).

Berei die pizzabasis(se) van jou keuse.

Meng die gekapte tamaties en tamatiepuree en smeer oor die basis(se). Geur met sout en peper. Bak 5-7 minute na gelang van die dikte van die basis of totdat dit uitgerys is en net begin verbruin. Verwyder uit die oond en hou eenkant.

Sny intussen die spekvleis in lang, dun repies en braai in 'n verhitte pan tot gaar en bros. Dreineer op handdoekpapier.

Rangskik die spekvleis, broccoli en peppadews op die basis(se), strooi die bloukaas oor en geur met ekstra peper. Bak nog 5-7 minute of totdat die kaas gesmelt en die basis(se) gaar en goudbruin is. Dien dadelik op.

VARIASIE
Vervang die songedroogde peppadews, indien onverkrygbaar, deur gewone peppadews of songedroogde tamaties.

GEROOSTERDE GROENTE EN BOKMELKKAAS

2 klein eiervrugte, in dun skywe gesny
4 murgpampoentjies, in lang, dun skywe gesny
2 geel soetrissies, ontpit en in kwarte gesny
90 ml (6 e) olyfolie
2 klein of 1 groot rooiui, in skywe gesny
1 x pizzadeeg (sien basiese pizzadeeg-resep)
1 blik (400 g) gekapte tamaties, gedreineer
250 g mozzarellakaas, grofgekap of gerasper
sout en varsgemaalde swartpeper
125 g bokmelkkaas, gekrummel

Verhit die oondrooster en verf al die groente, behalwe die uie, mildelik met olyfolie. Rooster die groente tot effens verbruin, draai om en rooster tot gaar. Voeg die uie by en rooster nog 5 minute. Laat die soetrissies afkoel, trek die velletjies af en sny dan in dun repies.

Voorverhit die oond tot 220 °C (425 °F).

Berei die pizzabasis(se) van jou keuse.

Smeer die gekapte tamaties eweredig oor die basis(se). Strooi die helfte van die mozzarellakaas oor en geur met sout en peper. Bak 7-10 minute na gelang van die dikte van die basis(se) of totdat dit uitgerys is en net begin verbruin. Verwyder uit die oond.

Rangskik die geroosterde groente en bokmelkkaas bo-op, strooi die orige mozzarellakaas oor en geur met sout en peper. Bak nog 7-10 minute of totdat die kaas gesmelt en die basis(se) gaar en goudbruin is. Sit dadelik voor.

VARIASIE
Gebruik fetakaas indien bokmelkkaas onverkrygbaar is.

SALAMI, SOETRISSIE, ARTISJOKKE

30 ml (2 e) olyfolie
1 groot rooi soetrissie, ontpit en in repies gesny
1 groot geel soetrissie, ontpit en in repies gesny
1 groot rooi brandrissie, ontpit en dun opgesny (opsioneel)
sout en varsgemaalde swartpeper
1 x pizzadeeg (sien basiese pizzadeeg-resep)
1 blik (400 g) gekapte tamaties, gedreineer
6 snytjies salami, gehalveer
150 g mozzarellakaas, grofgekap of gerasper
1 blik (400 g) artisjokharte, gedreineer en in kwarte gesny

Voorverhit die oond tot 220 °C (425 °F).

Verhit die olie en soteer die soetrissies en brandrissie 5 minute lank oor matige hitte tot sag. Geur mildelik met sout en peper.

Berei die pizzabasis(se) van jou keuse. Smeer die gekapte tamatie eweredig oor. Bak die basis(se) 5-7 minute na gelang van die dikte daarvan of totdat dit uitgerys is en net begin verbruin. Verwyder uit die oond.

Rangskik die soetrissies, brandrissie en salami op die basis(se) en strooi die mozzarellakaas oor. Rangskik die artisjokke bo-op en bak nog 7-10 minute of totdat die kaas gesmelt en die basis(se) gaar en goudbruin is. Sit dadelik voor.

Pizza met geroosterde groente en bokmelkkaas

MAALVLEIS, SAMPIOENE EN EIERVRUG

45 ml (3 e) olie
1 ui, gekap
250 g maer maalvleis
2 ml (½ t) fyn komyn (jeera) (opsioneel)
15 ml (1 e) fyngekapte, vars tiemie
30 ml (2 e) tamatiepuree
125 ml (½ k) water
sout en varsgemaalde swartpeper
1 eiervrug, in 2 cm-blokkies gesny (opsioneel)
½ houer (125 g) knopiesampioene, in skyfies gesny
60 ml (¼ k) fyngekapte, vars pietersielie
1 x pizzadeeg (sien basiese pizzadeeg-resep op bl. 150)
60 ml (¼ k) gerasperde parmesaankaas

Voorverhit die oond tot 220 °C (425 °F).

Verhit 15 ml (1 e) van die olie en braai die ui tot sag. Voeg die maalvleis by en braai totdat dit effens verbruin het. Voeg die komyn (indien gebruik) by en braai nog 'n minuut. Roer die tiemie, tamatiepuree en water by en verhit totdat dit begin prut. Laat sowat 5 minute lank prut of totdat al die vloeistof verdamp het. Verwyder van die stoof en geur na smaak met sout en peper.

Verhit die oorblywende olie en braai die eiervrug en sampioene daarin tot sag en gaar. Voeg die pietersielie by.

Berei die pizzabasis(se) van jou keuse. Bak 5-7 minute na gelang van die dikte van die basis(se) of totdat dit uitgerys is en net begin verbruin. Verwyder uit die oond.

Skep die maalvleis op die basis(se) en rangskik die eiervrug en sampioene bo-op. Strooi parmesaankaas mildelik oor en geur met ekstra peper. Bak nog 7-10 minute of totdat die kaas gesmelt en die basis(se) gaar en goudbruin is. Sit dadelik voor.

Min-moeite-pizzas

Maar dis nie aldag nodig dat jy self deeg vir 'n pizza hoef te berei nie. Deesdae kry 'n mens in enige supermark klaarbereide pizzabasisse te koop, jy kan rou deeg by jou plaaslike bakkery kry, sommer 'n vinnige kors meng of, met die heel minste moeite, jou geliefkoosde pizzabolaag op 'n sny brood stapel.

Pak gekoopte pizzabasisse op bakplate wat vooraf verhit is en bak dan in 'n baie warm oond tot gereed.

Bak pizzabasisse wat met gekoopte deeg berei word ook eers so 5-7 minute in 'n baie warm oond voordat 'n bolaag opgepak word.

BROODPIZZA

snye wit- of bruinbrood
botter
ingemaakte uie-en-tamatie-smoor
bolaag van keuse (sien Tien idees vir pizzabolae)
gerasperde mozzarellakaas om oor te strooi

Smeer die een kant van 'n sny brood liggies met botter en plaas op 'n voorbereide bakplaat met gebotterde kant bo.

Skep 'n bietjie uie-en-tamatie-smoor (dié in 'n blik is doodreg) bo-oor en stapel enige van die bolae op. Strooi gerasperde mozzarellakaas oor. Skakel die roosterelement van die oond aan en rooster totdat die kaas gesmelt is.

VINNIGE PIZZABASIS

500 ml (2 k) koekmeelblom
20 ml (4 t) bakpoeier
5 ml (1 t) mosterdpoeier (opsioneel)
180 ml (sowat ¾ k) olie
125 ml (½ k) kookwater

Smeer 'n bakplaat met botter of margarien of bespuit met kleefwerende kossproei.

Meng die droë bestanddele saam, voeg die olie en water by en meng tot 'n stywe deeg. Druk in die voorbereide bakplaat vas. Berei verder soos die broodpizza, maar bak 25-30 minute lank by 190 °C (375 °F) of tot gaar.

SKONPIZZABASIS

250 ml (1 k) bruismeel
3 ml (ruim ½ t) mosterdpoeier
3 ml (ruim ½ t) pizzapastageursel
knippie sout
1 ml (¼ t) rooipeper
30 ml (2 e) margarien
1 groot eier
100 ml melk

Smeer 'n bakplaat met botter of margarien of bespuit met kleefwerende kossproei.

Sif die droë bestanddele saam, vryf die margarien in, klits die eier en melk saam, voeg by en meng deur. Druk op die voorbereide bakplaat vas. Berei verder soos die broodpizza, maar bak 15-25 minute lank by 200 °C (400 °F) of tot gaar.

TIEN IDEES VIR PIZZABOLAE

Pizza 1: Pynappel- en hamblokkies
Pizza 2: Uieringe, paar spekvleisrepe en avokadoskyfies
Pizza 3: Paar salamiskywe, uieringe, groen soetrissierepies en sampioenskyfies
Pizza 4: Sampioenskyfies en vars knoffelrepies
Pizza 5: Piesangskyfies en paar spekvleisrepe
Pizza 6: Gesnipperde tuna, groen soetrissierepies en uieringe
Pizza 7: Gegeurde maalvleis en uieringe
Pizza 8: Sampioenskyfies en hamblokkies
Pizza 9: Gaar hoenderrepies, heel pitmielies en soetrissierepies
Pizza 10: Agurkie- en vars tamatieskyfies

Koek

"Ons mense is ernstig oor koekbak . . . dit weet ek," skryf 'n "onbekwame kok" in die uitgawe van 5 Augustus 1932 (sien bl. 62). "Ek weet van een wat met gebed by die oond staan as 'n fyn koek daarin is. En haar koek kom goed – eersteklas! Nou waarom nie, 'n goeie stuk werk word tog met hart en siel gedoen. Daar is koeke so fyn dat jy nie kort-kort die oonddeur mag oopmaak om hulle te bekyk nie; hulle is gevoelig vir die koel lug van buite, of vir die trilling van die oonddeksel. Ek weet selfs van koeke wat gevoelig is vir die oopgaan van die kombuisdeur, al is die oonddeur toe; ja, ou tant Annie het die kinders nie toegelaat, onderwyl 'n groot suikerbrood in die stoofoond gebak het, om onnodig deur die kombuis te loop nie."

Korintekoek en klapperkoek, met 'n klappervulsel, was van die heel eerste koekresepte wat ek kon opspoor in Die Huisgenoot, toe nog 'n maandelikse uitgawe, en wel in die uitgawe van April 1921 in die rubriek "Die vrou en die huis". Die resepte is "ons vriendelik toegestuur deur Mevr. B. Liebenberg van Senekal", skryf Robina.

Vrugtekoek was nie net Kerskoek nie, maar ook 'n koek om altyd in die huis te hê, soos "Max" in die uitgawe van 4 Augustus 1944 skryf. "Soos ons almal weet, het niemand die tyd om heeldag en aldag voor die stoof te staan en koek bak nie." Buiten mosbolletjies en kleinkoekies bak, beveel sy aan om ook een van die vrugtekoeke te bak, "want dit is die soort koek wat maande lank gebêre kan word". Minder ryk en nog goedkoper is gemmerbrood "wat tog altyd aanneemlik is en ook lank gebêre kan word".

In die veertigerjare kry ons resepte spesiaal om die huisvrou te help in die tyd van skaarste, veral resepte vir koeke wat sonder meel gebak kan word soos 'n neutkoek met 'n koffievulsel en 'n lemoenkoek.

Maar die sukses van 'n teepartytjie word eintlik gemeet aan die ligtheid van die grootkoeke – wat vir menige jong bruid tog 'n nagmerrie kon wees, veral as haar ma 'n goeie kok was en almal as vanselfsprekend aangeneem het dat die dogter die kuns net so goed bemeester. So verskyn daar in Die Huisgenoot van 18 Mei 1951 resepte van ene Louise Malan, 'n puik koekbakker nes haar ma, met resepte vir verskeie koeke "wat meermale geproe is, en lig genoeg bevind is". Die resepte is vir 'n marmeladekoek, ter afwisseling vir lemoenkoek, 'n koffiekoek met vulsel, speseryekoek, piesangkoek pleks van piesangbrood, gemmerkoek, kersiekoek en 'n drielaagkoek, almal ryklik versier en pragtig lig en uitgerys.

Ja, dubbellaagkoeke, sponskoeke en ryk botterkoeke was aan die orde, en om hulle spogmooi te kon bak, moes 'n mens let op allerlei fyner puntjies, soos breedvoerig beskryf in 'n artikel van 4 April 1969. Ons proe ook aan die smake van kontinentale gebakte kaaskoek en in dieselfde jaar verskyn 'n resep vir bobaas-kaaskoek, verskaf deur die Silwood-kombuis.

Met verloop van jare word die tyd vir koekbak al hoe minder en ons verkies om vinnige klitskoeke en koeke sonder versiersels te bak. Om ons minder skuldig te laat voel, gebruik ons groente en neute in die koek en dis nie meer 'n aardigheid as selfs volkoringmeel ingespan word pleks van fynmeel nie. Koeke hoef ook nie hoog uitgerys en veerlig te wees nie, want wat is dan nou lekkerder as 'n heerlike klam sjokoladekoek waarvan die krummels so aan jou verhemelte vaskleef en een wat so vol neute is dat daar van veerligtheid glad nie sprake kan wees nie.

Gemmerkoek (bl. 158)

VEELSYDIGE WORTELKOEK

Op 1 Julie 1982 verskyn "Dinah se Texas-resepte" in Huisgenoot. En dit het menigeen aan die praat, vertel Annette Human, toe nog in beheer van Huisgenoot se toetskombuis. Hierdie Amerikaanse skoondogter van Leonie Greeff van Hermanus kan kos maak en sy was nie suinig om haar gewildste resepte te deel nie. Kort nadat ek laat in die tagtigerjare by Huisgenoot begin werk, vra ek Annette om haar gunstelinge met ons te deel. Haar keuse val op koeke, waaronder hierdie geelwortelkoek. Later volg die patatkoek waarvoor Bessie Harmse van Brakpan die resep aanstuur. En van Ann Nel van Emerald Hill kry ons laat in die negentigerjare 'n resep vir pampoenkoek wat sy heelpad uit Australië saambring. Met die deurblaai van die resepte kom ek toe agter dat al hierdie resepte feitlik dieselfde is. En net daar besluit ek dat 'n mens vir al hierdie heerlike koeke maar net een basiese resep hoef te hê, en dan pas jy dit aan by waarvoor jy lus het – een dag wortelkoek, dan weer patatkoek of pampoenkoek.

BASIESE KOEKBESLAG

3 ekstragroot eiers
375 ml (1½ k) suiker
250 ml (1 k) olie
750 ml (3 k) gerasperde geelwortels
625 ml (2½ k) koekmeelblom
7 ml (1½ t) bakpoeier
5 ml (1 t) koeksoda, gesif
7 ml (1½ t) fyn kaneel
5 ml (1 t) sout
1 pakkie (100 g) pekanneute, gekap (opsioneel)

Voorverhit die oond tot 180 °C (350 °F). Smeer 'n ringpan van 23 cm met botter of margarien of bespuit met kleefwerende kossproei.

Klits die eiers en voeg die suiker bietjies-bietjies by terwyl aanhoudend geklits word. Voeg die olie by en klits goed. Roer die geelwortels in. Sif die koekmeelblom, bakpoeier, koeksoda, kaneel en sout by en meng deur. Voeg die gekapte neute (indien gebruik) by en meng deur.

Giet die beslag in die voorbereide ringpan. Bak 60-70 minute lank tot gaar en 'n toetspen skoon uit die middel van die koek kom. Laat die koek in die pan afkoel, keer op 'n draadrak uit en versier soos verkies (sien Versiersels, langsaan).

Resep lewer 1 ringkoek.

Probeer ook hierdie heerlike variasies:

PATATKOEK

Berei soos die wortelkoek hierbo, maar vervang net die gerasperde geelwortels deur dieselfde hoeveelheid gerasperde patats en meng terselfdertyd 80 ml (⅓ k) kookwater by. Geur ook met 5 ml (1 t) neutmuskaat. Berei verder soos die wortelkoek.

PAMPOENKOEK (MET OF SONDER DADELS)

Berei soos die wortelkoek hierbo, maar vervang net die gerasperde geelwortels deur 250 ml (1 k) fyn, gaar pampoenmoes. Voeg ook 250 ml (1 k) fyngekapte dadels by, indien verkies, en meng reeds hier die neute by indien dit gebruik word. Geur ook met 5 ml (1 t) fyn gemmer. Berei verder soos die wortelkoek.

Versiersels

Die maaskaasversiersel is oorspronklik die wortelkoek s'n en die lemoen-klapperversiersel hoort eintlik by die pampoenkoek, maar oor en weer sal dit lekker smaak op al hierdie koeke.

MAASKAASVERSIERSEL

100 ml gladde maaskaas
50 ml sagte botter
5 ml (1 t) vanieljegeursel
15 ml (1 e) gerasperde lemoenskil
500 ml (2 k) strooisuiker
60 ml (¼ k) versiersuiker, gesif
paar heel pekanneute vir versiering (opsioneel)

Klits die maaskaas en botter tot goed gemeng en voeg die geursel en skil by. Voeg die strooisuiker bietjies-bietjies by terwyl aanhoudend geklits word. Meng die versiersuiker by en versier die koek hiermee. Rangskik heel pekanneute (indien gebruik) bo-op.

LEMOEN-KLAPPERVERSIERSEL

375 ml (1½ k) versiersuiker, gesif
50 ml lemoensap
125 ml (½ k) droë klapper

Meng die versiersuiker en lemoensap tot glad. Voeg die helfte van die klapper by en meng goed. Smeer oor die koek en strooi die res van die klapper oor. Rooster 'n paar minute onder die verhitte oondrooster, indien verkies.

TREFFER-JOGURTKOEK

Ons was reeds in Desembermaand van 1995 en dit gaan maar dol in die toetskombuis om al die promosieblaaie en kosartikels vir die feestyd gereed te kry. In daardie tyd toets ons hierdie resep van Erna Butler van Bloemfontein. En dis dadelik 'n treffer – die ryk, klam koek met die lekker karamellagie bo-op. So lekker dat 'n mens net nie kan ophou eet nie. Sedertdien is ons al oorval met navrae van lesers wat tog net 'n afskrif van hierdie smullekker koek in die hande wil kry.

125 g sagte botter
180 ml (¾ k) suiker
2 eiergele
2 ml (½ t) koeksoda, gesif
125 ml (½ k) natuurlike jogurt

250 ml (1 k) koekmeelblom

2 ml (½ t) bakpoeier

knippie sout

3 eierwitte

5 ml (1 t) vanieljegeursel

1 plak (100 g) melksjokolade, in stukkies gebreek

30 ml (2 e) melk

BOLAAG

60 ml (¼ k) botter

125 ml (½ k) suiker

45 ml (3 e) room

125 ml (½ k) klapper

2 ml (½ t) vanieljegeursel

Voorverhit die oond tot 180 °C (350 °F). Smeer 'n losboomkoek-pan van 20 cm met botter of margarien of bespuit met kleef-werende kossproei.

Klits die botter tot romerig en voeg die suiker bietjies-bietjies by terwyl aanhoudend geklits word. Voeg die eiergele een-een by en klits goed na elke byvoeging. Los die koeksoda in die jogurt op en voeg by die bottermengsel. Sif die koekmeelblom, bakpoeier en sout oor die mengsel en vou in. Klits die eierwitte totdat sagte punte vorm en vou by die mengsel in. Voeg ook die vanieljegeursel by.

Skep die beslag in die voorbereide pan en maak bo-op gelyk. Smelt die sjokolade en melk saam en skep oor die beslag in die pan. Bak 40-60 minute lank tot gaar en 'n toetspen skoon uit die middel van die koek kom.

Plaas die botter, suiker en room vir die bolaag in 'n klein kastrol en verhit totdat die suiker gesmelt het. Voeg die klapper en va-nieljegeursel by en meng goed. Skep oor die warm koek in die pan en rooster onder die roosterelement van die oond totdat dit begin verkleur.

Laat die koek effens in die pan afkoel en keer op 'n draadrak uit om verder af te koel. Bêre in 'n digte houer.

Lewer 1 klein koek.

Veelsydige wortelkoek

GEMMERKOEK

Teen die einde van die eeu kom ons agter dat mense begin hunker na die dinge van gister, veral wat hul kos betref. So ontvang ons onlangs weer hierdie stokou resep vir gemmerkoek van mev. Tertia Louw van Okahandja in Namibië en na al die jare is dit steeds 'n treffer.

250 g botter, saggemaak
250 ml (1 k) sagte bruinsuiker
3 ekstragroot eiers
60 ml (¼ k) gemmerstroop
125 ml (½ k) gouestroop
250 ml (1 k) gesnipperde, ingemaakte gemmerstukke
750 ml (3 k) koekmeelblom
2 ml (½ t) sout
250 ml (1 k) melk
10 ml (2 t) suurlemoensap
10 ml (2 t) koeksoda, gesif

GEMMERVERSIERSEL
660 ml (2⅔ k) versiersuiker
30 ml (2 e) sagte botter
80 ml (⅓ k) gesnipperde gemmerstukke
30 ml (2 e) lemoensap

Voorverhit die oond tot 180 °C (350 °F). Smeer 2 ronde koekpanne van 20 cm met botter of margarien of bespuit met kleefwerende kossproei. Voer die boom uit met bakpapier.

Verroom die botter en bruinsuiker tot lig en donsig. Voeg die eiers een-een by en klits goed na elke byvoeging. Meng die gemmerstroop, gouestroop en gemmerstukke.

Sif die koekmeelblom en sout saam. Versuur die melk met die suurlemoensap en los die koeksoda daarin op. Voeg die gesifte droë bestanddele beurtelings met die melk en die stroopmengsel by die bottermengsel en meng liggies deur.

Verdeel die beslag gelykop tussen die voorbereide panne en maak bo-op gelyk. Bak 45-55 minute lank tot gaar en tot 'n toetspen skoon uit die middel van die koek kom. Keer die koek op 'n draadrak uit en laat afkoel.

Klits al die bestanddele vir die versiersel goed saam en smeer tussen die afgekoelde koeklae sowel as bo-op.

Lewer 1 dubbellaagkoek.

MAASKAASKOEK

Vir hierdie koek waarvoor ons die resep van mej. F. Vallie van Newcastle ontvang, het ons al net so baie versoeke om afskrifte ontvang. Die koek word van maaskaas gemaak en stukkies sjokolade en neute word ook deurgemeng.

100 ml sagte botter
310 ml (1¼ k) suiker
1 houer (250 g) gladde maaskaas
4 ekstragroot eiers
500 ml (2 k) koekmeelblom

10 ml (2 t) bakpoeier
2 ml (½ t) sout
5 ml (1 t) vanieljegeursel

SJOKOLADEMENGSEL
60 g (½ plak) donkersjokolade, gekap
½ pakkie (50 g) okkerneute, gekap
5 ml (1 t) fyn kaneel

Voorverhit die oond tot 180 °C (350 °F). Smeer 'n losboomkoekpan van 23 cm met botter of margarien of bespuit met kleefwerende kossproei. Voer die boom uit met 'n dubbele laag bakpapier.

Klits die botter en suiker tot lig. Meng die maaskaas by. Voeg die eiers een-een by en klits goed na elke byvoeging. Sif die droë bestanddele saam en sif oor die bottermengsel. Vou in, voeg die vanieljegeursel by en meng.

Skep die beslag in die voorbereide pan en strooi die sjokolade, okkerneute en kaneel oor. Meng liggies deur met 'n mes en bak 40-60 minute lank tot gaar en 'n toetspen skoon uit die middel van die koek kom. Laat die koek 'n paar minute in die koekpan afkoel en keer op 'n draadrak uit om verder af te koel.

Lewer 1 middelslagkoek.

VARIASIE
Indien verkies, smelt 1 plak (100 g) sjokolade en skep oor die koek. Laat staan tot stewig.

KLAM DADELBROOD

Slavi Pombo van Durbanville gebruik graag Huisgenoot se Wenresepte, wat sy na haar smaak aanpas. Hierdie dadelbrood kry ook sultanas, hawermout en 'n appel in.

1 pak (250 g) ontpitte dadels
25 ml (5 t) botter
5 ml (1 t) koeksoda
250 ml (1 k) kookwater
1 rooibosteesakkie
1 eier, geklits
250 ml (1 k) karamelbruinsuiker
125 ml (½ k) goue sultanas
125 ml (½ k) kitsgaar hawermout
125 ml (½ k) semels
125 ml (½ k) gekapte pekanneute
1 appel, geskil en grofgerasper
400 ml bruismeel
5 ml (1 t) bakpoeier
2 ml (½ t) sout

Voorverhit die oond tot 180 °C (350 °F). Smeer 'n broodpan van 26 x 9 cm met margarien of botter of bespuit met kleefwerende kossproei.

Kap die dadels fyn en plaas saam met die botter en koeksoda in 'n mengbak. Giet die kookwater oor die teesakkie en laat trek tot sterk. Giet die tee oor die dadels en laat afkoel.

Klits die eier en bruinsuiker tot lig. Voeg die sultanas, hawermout, semels, neute, appel en ook die afgekoelde dadels by. Sif die bruismeel, bakpoeier en sout bo-oor. Meng deur en giet in die voorbereide broodpan. Bak sowat 1 uur lank tot gaar. Laat die brood in die pan afkoel en keer op 'n draadrak uit.

Sny in skywe en sit met botter voor.

Lewer 1 groot brood.

PIESANG-GEMMERBROOD

Elna Mattheus van Pretoria het twee tradisionele gunstelinge, piesang- en gemmerbrood, in een broodjie saamgevoeg. Dis 'n interessante variasie van die gewone. Die broodjies sal nog lekkerder smaak as dit eers so 'n dag of wat staan.

125 g botter	
250 ml (1 k) strooisuiker	
125 ml (½ k) sagte bruinsuiker	
10 ml (2 t) gouestroop	
4 ryp piesangs, fyngedruk	
2 eiers, geklits	
625 ml (2½ k) bruismeel	
3 ml (ruim ½ t) koeksoda	
5 ml (1 t) neutmuskaat	
10 ml (2 t) fyn gemmer	
5 ml (1 t) vanieljegeursel	
30 ml (2 e) melk	
125 ml (½ k) gekapte okkerneute	

Voorverhit die oond tot 180 °C (350 °F). Smeer 'n broodpan van 20 x 12 x 7 cm met margarien of botter of bespuit met kleefwerende kossproei.

Verroom die botter, strooisuiker, bruinsuiker en gouestroop tot lig. Voeg die piesangmoes en eiers bietjies-bietjies by en klits goed. Sif die droë bestanddele. Meng die vanieljegeursel en melk. Vou die droë bestanddele by die bottermengsel in, dan die gegeurde melk en laastens die neute. Meng liggies deur, skep in die voorbereide pan en bak sowat 1 uur lank tot gaar. Laat die brood effens in die pan afkoel en keer op 'n draadrak uit om verder af te koel.

Sny in skywe en sit met botter voor.

Lewer 1 groot brood.

Piesang-gemmerbrood

LAEVET-SJOKOLADEKOEK

Dis nou vir jou 'n treffer! En mens kan so lekker daaraan eet sonder om skuldig te voel, want daar's regtig nie veel kilojoules in nie. Die oorspronklike resep het ons gevind in 'n resepteboek met gesonde resepte wat die Hartstigting saamgestel het. Die versiersel vir hierdie koek het Wilma de Wet, my huidige regterhand in die toetskombuis, self ontwikkel en sedertdien bak nie een van ons enige ander sjokoladekoek nie. Boonop is dit lekker klam en hou dit maande lank goed as dit goed toegedraai in die vrieskas gebêre word. Die koek kry nie eiers in nie.

750 ml (3 k) koekmeelblom
500 ml (2 k) witsuiker
90 ml (6 e) kakao
10 ml (2 t) koeksoda, gesif
3 ml (ruim ½ t) sout
150 ml olie
30 ml (2 e) asyn
10 ml (2 t) vanieljegeursel
500 ml (2 k) koue water
konfyt

BOLAAG

2 plakke (100 g elk) donker sjokolade, in stukkies gebreek
65 ml natuurlike jogurt

Voorverhit die oond tot 180 °C (350 °F). Smeer 2 ronde koekpanne van 22 cm elk met botter of margarien of bespuit met kleefwerende kossproei.

Sif die droë bestanddele saam en maak 'n holte in die middel. Klits die olie, asyn, vanieljegeursel en water saam en giet in die holte. Klits tot gemeng.

Skep die beslag in die voorbereide panne. Stamp liggies om die grootste lugborrels te verwyder en bak sowat 40 minute lank tot gaar of tot 'n toetspen skoon uit die middel van die koek kom. Bedek met aluminiumfoelie indien die koek te donker word. Laat die koek 5 minute in die panne afkoel en keer op 'n draadrak uit om verder af te koel.

Smeer 'n dun lagie konfyt van jou keuse oor die onderste laag en plaas die tweede koeklaag bo-op. Smelt die donker sjokolade en meng met die ongegeurde jogurt. Giet oor die koek en laat staan tot stewig.

Lewer 1 middelslagkoek.

KAASKOEK

Die lekkerste kaaskoek wat ek nog geproe het, het ek jare terug by Magdaleen van Wyk, bekende kookboekskrywer van Stellenbosch geëet. Die resep daarvoor verskyn ook in *Wenresepte 4*. Sedertdien bly dit een van my gunstelingkoeke en het ons al vele resepte daarvoor gepubliseer. Hierdie resep is basies dieselfde as Magdaleen s'n, maar dit het net 'n beskuitjiekors. By die Barnyard-plaasstal in Tokai gooi hulle 'n ekstra houer suurroom oor om die koek nóg lekkerder te laat

smaak. As ek somtyds so 'n bietjie gesondheidsbewus raak, laat ek selfs die room weg en vervang dan net een of twee van die houers maaskaas deur roomkaas.

KORS

1 pak (200 g) Tennisbeskuitjies, fyngedruk
125 ml (½ k) botter, gesmelt

VULSEL

4 jumbo eiers
250 ml (1 k) suiker
60 ml (¼ k) suurlemoensap
3 houers (250 g elk) gladde maaskaas
1 houer (250 ml) room
125 ml (½ k) koekmeelblom
vars suurlemoenblare of -skil (opsioneel)
eierwit (opsioneel)
strooisuiker (opsioneel)

Voorverhit die oond tot 180 °C (350 °F). Smeer 'n losboomkoekpan van 23 cm met botter of margarien of bespuit met kleefwerende kossproei.

Meng die beskuitjiekrummels en botter goed saam en druk stewig vas op die boom van die voorbereide pan.

Klits die eiers en suiker tot lig en romerig. Voeg die suurlemoensap by terwyl geklits word. Roer die maaskaas, room en koekmeelblom in en meng deur.

Giet die beslag in die voorbereide pan. Bak 10 minute by 180 °C (350 °F), verlaag die oondtemperatuur tot 140 °C (275 °F) en bak 'n verdere uur totdat die vulsel stewig maar steeds effens sag in die middel is.

Skakel die oond af, maar laat die kaaskoek in die oond koud word. Verwyder uit die koekpan wanneer dit koud is en plaas op 'n dienbord.

Versier die kaaskoek, indien verkies, met vars suurlemoenblare of met lang repe suurlemoenskil wat eers in effens geklitste eierwit en dan in strooisuiker gedoop is. Laat droog word en stapel op die koek.

Lewer 1 kaaskoek.

MERINGUEKOEK

Meringuekoek lyk altyd indrukwekkend en is genoeg om enige teetafel in 'n fees te omskep. Reeds in 1988, toe ons nog 'n heerlike bladsy vir die "Koek van die Week" gehad het, het ons dié resep van mev. H. Ras van Windstormweg ontvang.

125 g sagte botter of margarien
100 ml suiker
3 eiergele
250 ml (1 k) koekmeelblom, gesif
10 ml (2 t) bakpoeier
125 ml (½ k) melk
100 g (1 pak) okkerneute, gekap (hou 'n paar heel neute vir versiering)
4 eierwitte

250 ml (1 k) strooisuiker

VULSEL
250 ml (1 k) room, verkoel
5 ml (1 t) vanieljegeursel
10 ml (2 t) suiker

Voorverhit die oond tot 180 °C (350 °F). Smeer 2 losboomkoek-panne van 23 cm met botter of margarien of bespuit met kleef-werende kossproei. Bestrooi met fyn, droë broodkrummels of meel.

Verroom die botter en suiker tot lig en romerig. Voeg die eiergele een-een by en meng goed. Sif die koekmeelblom en bakpoeier saam en meng dit beurtelings met die melk by die bottermengsel.

Verdeel die beslag gelykop tussen die voorbereide panne en strooi die gekapte neute oor. Klits die eierwitte effens en voeg die strooisuiker geleidelik by. Klits totdat 'n stywe meringue vorm. Bedek die beslag met die meringue en bak 20-25 minute lank. Laat die koeke in die panne afkoel.

Klits die room en die vanieljegeursel vir die vulsel effens. Voeg die suiker geleidelik by en klits tot styf.

Keer die koeke uit sodat die meringue bo is. Smeer die room-mengsel op een koeklaag se meringue en plaas die ander koek bo-op.

Lewer 'n middelslagkoek.

VRUGTEKOEK VIR LAATSLAPERS

In 1990 publiseer ons hierdie maklike resep vir 'n heerlike koek wat nie vooraf hoef rypgemaak te word nie. Verskeie mense bak die koek en almal smul heerlik. Op 'n dag bel 'n leser wat net graag wil weet of daar dan nie smeer in die koek moet kom nie. En sal ons toe nie agterkom dat ons dit die hele tyd sonder enige botter of margarien berei het nie. Tog het dit die smaak nie veel beïnvloed nie. So, as jy lus voel vir 'n ryker koek, voeg smeer by, andersins bak dit daarsonder.

8 x 250 ml (8 k) droëvrugte-koekmengsel
4 x 250 ml (4 k) glansvrugte-koekmengsel (dié in 'n glas- of plastiekhouer)
1 pakkie (100 g) glanskersies, gehalveer (opsioneel)
750 ml (3 k) karamelbruinsuiker
15 ml (1 e) koeksoda
1 liter (4 k) water
250 g margarien
375 ml (1½ k) brandewyn
3 ekstragroot eiers, geklits
15 ml (1 e) bakpoeier
6 x 250 ml (6 k) witbroodmeel
5 ml (1 t) sout

Voorverhit die oond tot 150 °C (300 °F). Voer twee 23 cm-koek-panne met 'n dubbele laag swaar aluminiumfoelie uit. (Indien die ligte aluminiumfoelie gebruik word, moet die panne met 3 lae uitgevoer word.) Smeer elke pan goed met botter of mar-garien of bespuit met kleefwerende kossproei.

Plaas die droëvrugte- en glansvrugte-koekmengsel, glanskersies, bruinsuiker, koeksoda, water, margarien en brandewyn in 'n swaarboomkastrol en kook 25 minute lank saam oor lae hitte. Roer af en toe sodat die mengsel nie aanbrand nie. Verwyder van die stoof en laat afkoel. Roer die eiers by die afgekoelde mengsel in. Meng die bakpoeier, witbroodmeel en sout saam en voeg by die vrugtemengsel. Meng goed.

Verdeel die beslag gelykop tussen die voorbereide panne. Maak effens gelyk bo-op met die agterkant van 'n metaallepel. Bak 3 uur lank. Laat die koeke 15 minute lank in die panne afkoel. Keer uit op 'n draadrak waaroor 'n skoon teedoek ge-gooi is en laat afkoel. Draai in aluminiumfoelie toe en bêre in 'n digte houer.

Lewer 2 koeke.

VARIASIE
Indien verkies, kan jy 'n bietjie brandewyn (12,5 ml (2½ t)) per keer een maal per week oor die koek sprinkel. Dit sal die smaak verbeter, maar is nie noodsaaklik nie.

KAAPSE VRUGTEKOEK

In 1997 hou ons 'n kompetisie om die beste vrugtekoek en -baksters in die land te soek. As jy gedink het vrugtekoek is nou maar vrugtekoek, gaan dink gerus weer. Nie een proe dieselfde nie. Vir my was hierdie vrugtekoek wat Mart Oosthuis van Walvisbaai gebak het, die heel geurigste en lekkerste. Mart is 'n ou hand as dit by kompetisies kom en was al verskeie kere 'n finalis. Voorheen was sy gasvrou by die gastehuis van die myn op Tsumeb, waar sy vir tot tagtig spesiale gaste op 'n keer moes regstaan. Maar dis veral vir haar gebak waarvoor Mart bekend is. In 1982 verskyn daar juis 'n artikel "'n Teeparty op Tsumeb" in Huisgenoot.

Die resep vir hierdie koek het Mart jare gelede by haar suster van Vanderbijlpark gekry – dit was haar skoonma, ouma Annie, se resep. Sedertdien bak sy dit elke Kersfees, vertel Mart. Die kombinasie van vrugte en geure is werklik besonders en die koek bly maande lank vars en klam. Sy bak die koek gewoonlik teen einde Oktober sodat dit lekker ryp kan word.

500 g (2 pakke van 250 g elk) dadels, gesnipper
4½ pakkies (250 g elk) droëvrugte-koekmengsel of 500 g pitlose rosyne, 375 g goue sultanas en 250 g gemengde versuikerde sitrusskil
200 ml brandewyn
450 g botter, by kamertemperatuur
475 ml bruinsuiker
9 groot eiers
4 x 250 ml + 80 ml (4⅓ k) koekmeelblom
5 ml (1 t) koeksoda
5 ml (1 t) sout
2 ml (½ t) fyn naeltjies
2 ml (½ t) fyn kaneel
2 ml (½ t) fyn foelie ("mace")
5 ml (1 t) kakao
50 ml gemmerstroop
125 g ingemaakte gemmer, fyngesnipper
125 g (1¼ pakkie) okkerneute, gekap
1 suurlemoen se gerasperde skil
250 g maraschinokersies, gehalveer en liggies met meel bestrooi
60 ml (¼ k) brandewyn

Plaas die dadels en koekmengsel (of rosyne, sultanas en versuikerde skil) die vorige aand in 'n houer en giet die brandewyn oor. Maak goed toe.

Voorverhit die oond tot 120 °C (250 °F). Smeer 'n 25 cm-koekpan met botter, voer uit met 3 lae bruinpapier wat met botter gesmeer is en hou eenkant.

Verroom die botter en bruinsuiker, voeg die eiers een-een by en klits goed ná elke byvoeging. Sif die droë bestanddele saam en roer by die bottermengsel in. Roer die gemmerstroop by en voeg ook die gemmersnippers, okkerneute en suurlemoenskil by. Meng goed.

Skep 'n laag van die beslag in die voorbereide pan, dan 'n lagie kersies. Herhaal totdat alles opgebruik is en eindig met 'n laag beslag. Bedek die pan met 'n papierbord of 'n kartonsirkel.

Bak 4 uur lank, verwyder dan die papierbord en bak nog 1 uur lank of tot gaar. Verwyder uit die oond en giet 60 ml (¼ k) brandewyn egalig oor die warm koek. Laat die koek heeltemal in die pan afkoel. Keer die koek uit, draai in aluminiumfoelie toe en bêre in 'n digte houer. Giet al om die 6 dae 'n paar doppies brandewyn oor die koek en maak elke keer weer dig toe.

Lewer 'n groot koek.

AMANDELKOEK

Mev. Sandra Geyer van Windhoek bak graag hierdie Duitse koek met sy smullekker bolaag van gekaramelliseerde amandels. By Huisgenoot is dit ook 'n gunsteling.

3 ekstragroot eiers, liggies geklits
250 ml (1 k) suiker
25 ml (5 t) versiersuiker
500 ml (2 k) koekmeelblom
10 ml (2 t) bakpoeier
knippie sout
250 ml (1 k) room

BOLAAG
125 ml (½ k) botter
45 ml (3 e) amandelvlokkies
250 ml (1 k) suiker
45 ml (3 e) melk

Voorverhit die oond tot 180 °C (350 °F). Smeer 'n vierkantige koekpan van 23 cm (met 5 cm hoë sykante) met margarien of botter of bespuit met kleefwerende kossproei.

Klits die eiers en suiker sowat 5 minute lank tot lig en dik. Sif die versiersuiker, koekmeelblom, bakpoeier en sout saam en vou beurtelings met die room by die eiermengsel in tot net gemeng.

Giet die beslag in die voorbereide pan en bak 20-25 minute lank.

Berei intussen die bolaag. Verhit die botter, amandelvlokkies, suiker en melk saam en laat 8 minute lank stadig prut. Laat effens afkoel. Giet die bolaag oor die koek, plaas terug in die oond en bak nog 25-30 minute lank totdat die bolaag begin verbruin en soos fudge word. Wees versigtig dat die koek nie te donker bak nie – dit moet 'n strooikleurige voorkoms hê.

Lewer 'n middelslagkoek.

LEMOEN-PAPAWERSAADKOEK

Sover ek kon vasstel, was die heel eerste resep wat ons vir papawersaadkoek gepubliseer het, die een wat ons in 1991 van André Mocke van Brackenfell ontvang het en waarvoor die resep ook in *Wenresepte 5* verskyn. Sedertdien volg daar verskeie ander, maar hierdie een met sy jogurtversiersel waarvoor Tosca White van Port Elizabeth vir ons in 1998 die resep gestuur het, span die kroon.

460 ml koekmeelblom
15 ml (1 e) bakpoeier

3 ml (ruim ½ t) sout
125 g botter
430 ml (1¾ k) strooisuiker
6 ekstragroot (of 5 Jumbo) eiers, geskei
150 ml melk
10 ml (2 t) lemoensap
10 ml (2 t) fyngerasperde lemoenskil
150 ml papawersaad

LEMOENVERSIERSEL

1 houer (250 g) roomkaas of gladde maaskaas
75 ml (5 e) gesifte versiersuiker
15 ml (1 e) lemoensapkonsentraat
papawersaad om oor te strooi

Voorverhit die oond tot 180 °C (350 °F). Smeer 2 losboomkoek-panne van 20 cm met botter of margarien of bespuit met kleefwerende kossproei. Voer die boom uit met 'n dubbele laag bakpapier.

Sif die koekmeelblom, bakpoeier en sout saam. Klits die botter en suiker tot lig, voeg die eiergele by en klits goed. Voeg die droë bestanddele beurtelings met die melk, sap, gerasperde lemoenskil en papawersaad by en meng deur. Klits die eierwitte totdat sagte punte vorm en vou by die beslag in.

Verdeel die beslag gelykop tussen die voorbereide panne en bak 45-50 minute lank tot gaar en 'n toetspen skoon uit die middel van die koek kom.

Laat die koek 5 minute in die panne staan en keer op 'n draadrak uit om verder af te koel.

Klits al die bestanddele vir die versiersel saam. Smeer die versiersel tussen die twee koeklae sowel as bo-op en bestrooi met die ekstra papawersaad.

Lewer 1 dubbellaagkoek.

VEELSYDIGE SJOKOLADEPLAATKOEK

Die resep vir hierdie vinnige, maklike plaatkoek wat nou seker al reeds menige ma uit die verknorsing gehelp het, kom van Retha de Wet van Riversdal. Haar dogtertjie, Wou-mari, toe nog in standerd 1, het haar juffrou belowe dat haar ma vir die skoolverkoping plaatkoek sou bak. Maar Retha het nog nooit in haar lewe plaatkoek gebak nie. Toe sy by een van haar vriendinne, Elsa du Toit, haar lot bekla, het dié dadelik met hierdie resep vorendag gekom. Wat lekker is, is dat jy sommer al die bestanddele in die pan skep en net daar meng, en die koek kry ook nie eers eiers in nie.

Nie veel later in daardie jaar nie ontvang ons 'n resep vir sjokoladetert van Dinkie Ehlers van Mooketsi. Sy het die tert al voorgesit by 'n onthaal waar die helfte van die gaste buitelanders was en net gou moes sy die resep in Engels en Duits vertaal, want almal wou dit hê.

Toe ek weer so deurblaai, sien ek 'n mens kan weer maar net Retha se resep vir die vinnige plaatkoek gebruik as basis vir die tert en dan net die bolaagmengsel wat eintlik die tert maak, bo-oor giet. En dis presies wat ons toe gedoen het. Weer eens 'n veeldoelige resep vir plaatkoek of sjokoladetert.

750 ml (3 k) koekmeelblom
20 ml (4 t) bakpoeier
500 ml (2 k) suiker
5 ml (1 t) koeksoda
80 ml (⅓ k) kakao
knippie sout
500 ml (2 k) kookwater
250 ml (1 k) olie
10 ml (2 t) vanieljegeursel
50 ml witasyn

Voorverhit die oond tot 180 °C (350 °F). Smeer 'n 27 x 40 cm-oondpan met botter of margarien of bespuit met kleefwerende kossproei.

Sif al die droë bestanddele saam in die oondpan. Meng die res van die bestanddele in 'n beker en giet egalig oor die droë bestanddele in die pan. Klits met 'n vurk totdat dit gemeng is en stamp effens om die grootste lugborrels te verwyder. Bak sowat 20 minute lank tot gaar of 'n toetspen skoon uit die middel van die koek kom. Laat die koek in die pan afkoel.

Versier met 'n botterversiersel (of smeer sommer, soos ek, karamelkondensmelk oor as jy dit skool toe moet stuur) of berei andersins 'n sjokoladetert daarvan deur die volgende bolaag oor te giet:

BOLAAG

1 blik (410 g) ingedampte melk
125 ml (½ k) suiker
2 plakke (100 g elk) neutsjokolade, in blokkies gebreek

Verhit ¾ van die ingedampte melk saam met die suiker totdat die suiker opgelos is. Laat 5 minute lank prut. Giet oor die koek sodra dit uit die oond kom. Laat 'n paar minute lank staan. Smelt die sjokolade en die orige ingedampte melk saam en smeer oor die tert.

Dien warm of koud op met roomys.

Lewer 1 groot plaatkoek.

Koekies en soetigheid

"Alle kinders en die meeste grootmense hou van klein, droë soet koekies, en veral gedurende die vakansietyd, wanneer 'n mens maar altyd iets soek om aan te peusel, is dit wenslik dat moeder 'n goeie voorraad daarvan sal hê. Selfs as 'n mens op toer of vir die vakansie strand-toe gaan, is dit gerieflik om saam te neem, dit neem nie onnodig veel ruimte in beslag nie en hou lank vars." En dan volg 'n goeie beskrywing en heelparty nuttige wenke om die sleur uit koekiesbak te haal, volgens Die Huisgenoot van 17 Junie 1932 met resepte vir gemmerkoekies, melkkoekies en soetkoekies (sien bl. 172).

In 'n artikel van Die Huisgenoot van 3 Desember 1937 genaamd "Uitspantyd is daar" gee "C.A.B." verskeie resepte vir droëkoekies, waaronder koffiekoekies en gemmerkoekies en ook vir koeksisters, "net soos ons oumas dit gemaak het". Haar raad verder: "Sit alles in blikke en plak daar etikette op, waar duidelik op geskrywe is wat in die blik is, want dis tog so vermoeiend om rond te snuffel en te soek." In die uitgawe van 6 Mei 1938 vind ons selfs 'n artikel oor hoe om koekies vir tentoonstellings te bak en word die onderskeid tussen droëkoekies, sierkoekies en teekoekies beskryf. Resepte is vir van brosbrood tot Mariebeskuitjies en vlakoekies. Heelparty van Ouma se bekendes soos vlugkoekies en kaiingkoekies verskyn in die uitgawe van 30 April 1948. Vir hawermeel-, sandkoekies en koffiekoekies kry ons resepte in die artikel "Die koekblik – die huisvrou se trots" in die uitgawe van 4 Augustus 1944. In 'n uitgawe van 1 Junie 1962 vind ons 'n Holsum-advertensie vir vries-en-bak-beskuitjies, kompleet soos dié waarvoor daar resepte in van ons *Wenresepte*-boeke is.

Vir pannekoek is daar tallose resepte, met die eerste een wat in Maart 1921 verskyn, maar dié resep is meer soos vir 'n plaatkoekie. Vandag nog bak ons koekies nes die vroue van toeka, met bitter min van die sleurwerk wat intussen verdwyn het, behalwe dat ons die deeg nou in die voedselverwerker kan meng. En ons smul steeds aan pannekoek met kaneelsuiker oor en verlekker ons aan stroperige koeksisters.

Brosbrood (bl. 168)

BOBAAS-GEMMERKOEKIES

Só onthou ek die gemmerkoekies uit my kleintyd: lekker bros met so 'n effense taaierigheid in die middel. Mev. Martha van Deventer van Witsand het hierdie resep jare gelede by haar broer se vrou gekry en daarmee hou sy die koekblikke vol wanneer die kinders kom kuier.

3 pakke (500 g elk) bruismeel
30 ml (2 e) kremetart
30 ml (2 e) koeksoda
30 ml (2 e) fyn gemmer
5 ml (1 t) sout
500 g botter of margarien
500 g (½ groot houer) gouestroop
1 kg (1 pakkie) sagte bruinsuiker
6 eiers, geklits

Voorverhit die oond tot 180 °C (350 °F). Smeer 'n aantal bakplate liggies met botter of margarien of bespuit met kleefwerende kossproei.

Sif die droë bestanddele saam en vryf die botter in die meelmengsel in. Verhit die gouestroop tot loperig en roer die bruinsuiker in. Roer tot amper opgelos en laat effens afkoel. Klits die eiers by en voeg by die droë bestanddele. Meng baie goed. Verkoel 'n halfuur lank.

Rol die deeg in okkerneutgrootte bolletjies. Plaas op die voorbereide plate en druk effens plat met die vingers. ('n Garetolletjie werk ook baie goed.) Bak 12-15 minute lank tot goudbruin. Laat die koekies effens afkoel op die plate en pak hulle dan op 'n draadrak om verder af te koel. Voer koekblikke met waspapier uit en bêre die koekies daarin. Maak dig toe en bêre op 'n koel plek.

Lewer sowat 300 koekies.

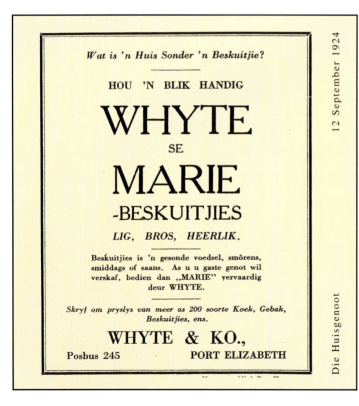

OUTYDSE SOETKOEKIES

Hulle het hierdie koekies sommer seekoekies genoem, want blikke en blikke van hierdie koekies is saam ingepak see toe, vertel mev. Martha van Deventer van Witsand.

500 ml (2 k) suiker
4 ekstragroot eiers, geklits
6 x 250 ml (6 k) koekmeelblom
30 ml (2 e) gemengde speserye
5 ml (1 t) fyn naeltjies
7 ml (1½ t) fyn kaneel
7 ml (1½ t) koeksoda
7 ml (1½ t) kremetart
125 ml (½ k) melk
250 ml (1 k) botter of varkvet, gesmelt
125 ml (½ k) donker port of soetwyn

Klits die suiker en eiers tot lig. Sif die koekmeelblom en speserye saam en voeg by. Los die koeksoda en kremetart in die melk op en voeg by. Roer die gesmelte botter of vet by die port en voeg by die res van die bestanddele. Meng goed tot 'n sagte deeg, bedek en verkoel oornag.

Voorverhit die oond tot 180 °C (350 °F). Smeer 'n aantal bakplate liggies met botter of margarien of bespuit met kleefwerende kossproei.

Rol die deeg sowat 5 mm dik uit, druk verskillende vormpies met 'n koekafdrukker uit en plaas op die voorbereide plate. Bak 12-15 minute lank of tot gaar. Laat die koekies effens afkoel op die plate en pak hulle dan op 'n draadrak om verder af te koel. Bêre in digte houers.

Lewer sowat 160 koekies.

VANIELJEKOEKIES

Susan Naudé van Lady Grey was saam met Huisgenoot se assistentkosredakteur, Wilma de Wet, op skool op Villiersdorp en hulle twee was ook saam in die koshuis daar. Susan se ma het altyd hierdie koekies vir haar saamgestuur koshuis toe en dan het hulle tog te lekker geëet, vertel Wilma.

8 x 250 ml (8 k) koekmeelblom
750 ml (3 k) suiker
15 ml (1 e) koeksoda
5 ml (1 t) sout
500 g margarien
250 ml (1 k) gouestroop, effens verhit tot loperig
10 ml (2 t) vanieljegeursel

Voorverhit die oond tot 180 °C (350 °F). Smeer 'n aantal bakplate liggies met botter of margarien of bespuit met kleefwerende kossproei.

Sif die koekmeelblom, suiker, koeksoda en sout saam en vryf die margarien met jou vingerpunte in totdat die mengsel soos broodkrummels lyk. Voeg die gouestroop en vanieljegeursel by en meng deeglik deur tot 'n sagte deeg. Voeg 'n klein bietjie water by indien die deeg te styf is.

Rol die deeg in klein bolletjies, pak op die voorbereide bakplate en druk plat. Bak 12-15 minute lank tot ligbruin. (Die koekies is nog baie sag.) Laat die koekies 'n paar minute op die plate afkoel en pak dan op 'n draadrak om verder af te koel. Bêre in digte houers.

Lewer sowat 144 koekies.

HAWERMOUTKOEKIES

Hawermoutkoekies laat my ook terugverlang na my kinderdae. Dis heerlik grof, bros en somtyds ook effens taaierig. Dis sommer altyd in 'n bakplaatjie gedruk en dan in blokkies gesny. Doodmaklik om te maak en gou-gou klaar. Hierdie resep kry ons reeds in 1990 van Sandrah van der Linde van Kestell. Sy voeg ook 'n bietjie amandelgeursel by wat dit tog te lekker laat smaak, en as 'n mens lus voel, kan jy boonop rosyne byvoeg.

500 ml (2 k) koekmeelblom
3 ml (ruim ½ t) sout
500 ml (2 k) hawermout
250 ml (1 k) pitlose rosyne (opsioneel)
500 ml (2 k) droë klapper
375 ml (1½ k) suiker
250 g botter of margarien
30 ml (2 e) gouestroop
5 ml (1 t) koeksoda opgelos in 'n bietjie melk
1 eier, geklits
5 ml (1 t) vanieljegeursel
2 ml (½ t) amandelgeursel

Voorverhit die oond tot 180 °C (350 °F). Smeer 'n aantal bakplate liggies met botter of margarien of bespuit met kleefwerende kossproei.

Sif die koekmeelblom en sout saam. Voeg die hawermout, rosyne (indien gebruik), klapper en suiker by en meng goed. Smelt die botter en gouestroop saam en laat effens afkoel. Voeg die res van die bestanddele by en meng met die droë bestanddele. Meng goed en "kniedruk" deeglik deur.

Rol die deeg in klein bolletjies, pak op die voorbereide plate en bak 12-15 minute tot gaar. Laat die koekies 'n paar minute lank in die plate afkoel en pak hulle dan op 'n draadrak om verder af te koel. Bêre in digte houers.

Lewer 65 koekies.

VARIASIE

As jy haastig is, kan hierdie koekies baie vinnig gemaak word. Druk die mengsel in 'n gesmeerde 36 x 38 cm-pan en bak sowat 20 minute tot gaar. Sny in blokkies en laat afkoel.

Hierdie resep lewer ook 50-60 koekies na gelang van hoe groot jy die blokkies sny.

Outydse soetkoekies

KOFFIEKOEKIES

Elke jaar wanneer ons afgesit het see toe vir die vakansie, was een van die koekblikke altyd vol koffiekoekies – en dit was ook een van die eerstes wat leeg was. Dit was altyd ons meisiekinders se werk om hierdie koekies te bak en dan het ons hulle sommer met 'n oopgesnyde mosterdpoeierblikkie uitgedruk. Hierdie resep van Dorie Schutte van Vrede wat reeds in *Wenresepte 3* verskyn het, bly die beste koffiekoekieresep wat daar is. Die deeg is ook net reg om mooi koekies met 'n koekiespuit te bak.

2 kg (14 x 250 ml + 60 ml of 14¼ k) koekmeelblom
7 ml (1½ t) sout
625 ml (2½ k) geelsuiker
750 g botter of margarien
100 g harde kookvet of Holsum
400 ml gouestroop
25 ml (5 t) koeksoda
250 ml (1 k) sterk swart koffie
10 ml (2 t) vanieljegeursel

Meng die koekmeelblom, sout en geelsuiker in 'n groot mengbak. Vryf die botter en kookvet met jou vingerpunte in totdat die mengsel soos broodkrummels lyk. Voeg die gouestroop by en meng deeglik. Los die koeksoda in 'n klein bietjie koffie op en voeg saam met die orige koffie en geursel by die meelmengsel. Meng goed om 'n sagte deeg te vorm. Bedek en verkoel oornag.

Voorverhit die oond tot 200 °C (400 °F). Smeer 'n aantal bakplate liggies met botter of margarien of bespuit met kleefwerende kossproei.

Heg 'n koekievorm vooraan 'n koekiespuit en spuit 'n entjie van mekaar op voorbereide bakplate. Rol deeg andersins dun uit op 'n meelbestrooide oppervlak en sny in vingers, of gebruik 'n oopgesnyde mosterdblikkie.

Laat die vingers effens op bakplate afkoel en plaas op draadrakkies om heeltemal af te koel.

Rangskik die vingers 'n entjie uitmekaar op die voorbereide plate en bak sowat 12 minute lank tot gaar en goudbruin.

Berei die volgende fudgevulsel en plak die koekies twee-twee daarmee aan mekaar vas.

FUDGEVULSEL

25 ml (5 t) kitskoffie
25 ml (5 t) kookwater
250 ml (1 k) witsuiker
125 g botter of margarien
75 ml (5 e) melk

Los die koffie in die kookwater op en voeg die res van die bestanddele by. Verhit onbedek tot kookpunt terwyl geroer word en laat 5 minute lank kook. Verwyder van die stoof en klop met 'n houtlepel tot dik en koud. Plak die koekies hiermee aan mekaar vas. Bêre in digte houers.

Lewer sowat 350 enkelbeskuitjies en 250 ml (1 k) vulsel.

"ROMANY CREAMS"

Geen gekoopte winkelkoekie kom naby hierdie Romany Creams nie. Voor Desembermaand toets ons altyd 'n klomp koekieresepte, want dis mos die tyd wanneer almal wil koekies bak vir die vakansie. Hierdie was deel van Desember 1996 se versameling.

250 g botter of margarien
250 ml (1 k) strooisuiker
625 ml (2½ k) droë klapper
500 ml (2 k) koekmeelblom
50 ml kakao
5 ml (1 t) bakpoeier
knippie sout
½ plak (50 g) gewone melksjokolade, in blokkies gebreek

Voorverhit die oond tot 180 °C (350 °F). Smeer twee bakplate liggies met botter of margarien of bespuit met kleefwerende kossproei.

Klits die botter tot lig en romerig en voeg die strooisuiker bietjies-bietjies by terwyl aanhoudend geklits word. Voeg die klapper by en meng deur. Sif die koekmeelblom, kakao, bakpoeier en sout oor en meng. Bly meng en "kniedruk" tot die mengsel aanmekaar vaskleef.

Rol teelepels vol van die deeg in bolletjies, pak op die voorbereide plaat en druk effens plat. Bak 10-12 minute lank tot gaar.

Smelt die sjokolade in 'n glasbak oor kookwater of in die mikrogolfoond en plak die koekies twee-twee daarmee aan mekaar vas. Laat staan totdat sjokolade gestol is. Bêre in digte houers.

Lewer 86 enkelkoekies en 43 dubbelkoekies.

BROSBROOD

Dis die Skotte wat brosbrood gewild gemaak het en oraloor is mense gaande oor hierdie bros koekies. Brosbrood word veral op Nuwejaarsdag voorgesit en is ook die ideale geskenk.

200 ml mielieblom
500 ml (2 k) koekmeelblom
250 g botter by kamertemperatuur
125 ml (½ k) strooisuiker
ekstra strooisuiker

Voorverhit die oond tot 200 °C (400 °F). Smeer 'n vierkantige koekpan van 21 cm of 'n bakplaat met margarien of botter of bespuit met kleefwerende kossproei.

Sif die mielieblom en koekmeelblom twee keer saam. Klits die botter sowat 2 minute lank tot lig en donsig. Voeg die strooisuiker geleidelik by terwyl aanhoudend geklits word. Voeg die meelmengsel by en meng liggies om 'n sagte deeg te vorm.

Druk die deeg in die voorbereide pan of plaat vas en sny in blokkies van 2 cm x 2 cm. Bestrooi met ekstra strooisuiker en bak 10 minute lank. Verlaag die oondtemperatuur tot 160 °C (320 °F) en bak sowat 30 minute lank tot 'n ligte strooikleur. Strooi ekstra

strooisuiker oor, laat afkoel en sny die blokkies deur.
    Bêre in 'n digte houer.
    Lewer 36 blokkies.

Om pakkies te maak

Plaas 2 blokkies op mekaar en gebruik dun raffia of lint om dit mee vas te bind. Rond met blommetjies af en sit voor as geskenkies op 'n teeparty of Kersfees.

INTERNETKOEKIES

In 1997 ontvang ons hierdie koekieresep per e-pos. Anette Briel werk nou al amper 'n jaar lank as au pair in Oakton, VSA. Sy het die resep eendag per e-pos van haar Amerikaanse gesin se vriende ontvang met hierdie interessante storie daarby: Tammy Orehek en haar dogter het 'n slaai in 'n koffiehuis in Dallas geniet en was daarna lus vir iets soets. Hul keuse val toe op die koffiehuis se spesiale koekies. Dit was so lekker dat hulle die resep vra, waarna hulle meegedeel is dat die resep slegs te koop is teen twee vyftig. "Voeg dit sommer by my rekening," antwoord sy. Groot was haar verbasing toe sy 'n maand later haar kredietkaartstaat ontvang met 'n bedrag van $250 vir die koekieresep! Die koffiehuis wou nie bes gee nie, en sy het toe besluit om $250 se pret te hê deur die resep aan soveel mense moontlik te stuur met die versoek: Stuur aan. En is ons nie al oorval met versoeke om hierdie resep nie!

500 g botter
500 ml (2 k) witsuiker
500 ml (2 k) sagte bruinsuiker
4 ekstragroot eiers
10 ml (2 t) vanieljegeursel
4 x 250 ml (4 k) koekmeelblom
5 x 250 ml (5 k) hawermout, fyngemaak in die voedselver- werker
5 ml (1 t) sout
10 ml (2 t) bakpoeier
10 ml (2 t) koeksoda
750 ml (3 k) fyngekapte sjokolade
1 stafie (125 g) sjokolade (bv. Bar-One), gerasper
750 ml (3 k) pekanneute, grof gekap

Voorverhit die oond tot 180 °C (350 °F). Smeer 'n paar bakplate met margarien of botter of bespuit met kleefwerende kossproei.
    Verroom die botter en voeg die wit- en bruinsuiker by terwyl aanhoudend geklits word. Voeg die eiers een-een by en klits goed ná elke byvoeging. Voeg die vanieljegeursel by en meng deur. Voeg die droë bestanddele by en meng goed deur. Voeg al die sjokolade en pekanneute by en meng goed deur.
    Rol die deeg in okkerneutgrootte bolletjies en plaas ver uitmekaar op die bakplate. (Moenie die koekies platdruk nie, want hulle sprei baie.) Bak 12-15 minute lank of tot gaar en bruin bo-op. Laat die koekies effens afkoel op die plate en plaas hulle dan op 'n draadrak om verder af te koel. Bêre in digte houers.
    Lewer 135 groot koekies.

"Romany creams"

SJOKOLADEFUDGEKOEKIES

Haar ma het hierdie resep nog by haar ouma gekry. Sedert sy die resep in een van haar ma se resepteplakboeke ontdek het, is dit 'n groot treffer en bak sy dit gereeld, skryf Liesel Fawell van Pietermaritzburg.

500 ml (2 k) koekmeelblom	
30 ml (2 e) kakao	
10 ml (2 t) bakpoeier	
500 ml (2 k) hawermout	
500 ml (2 k) droë klapper	
250 ml (1 k) suiker	
350 g margarien, gesmelt	

FUDGEVERSIERSEL

500 ml (2 k) versiersuiker	
10 ml (2 t) kakao	
10 ml (2 t) margarien, gesmelt	
50 ml warm water	

Voorverhit die oond tot 180 °C (350 °F). Smeer 'n oondvaste bak van 30 x 23 cm of andersins 'n bakplaat met margarien of botter of bespuit met kleefwerende kossproei.

Sif die koekmeelblom, kakao en bakpoeier saam in 'n groot mengbak. Voeg die hawermout, klapper en suiker by en meng deur. Voeg die gesmelte margarien by en meng totdat die droë bestanddele goed aangeklam is.

Druk die mengsel in die voorbereide bak vas en maak dit bo-op gelyk. Bak 25-35 minute lank of tot gaar en effens bros.

Berei intussen die versiersel: Sif die versiersuiker en kakao saam. Voeg die gesmelte margarien en warm water by en meng tot 'n stywe pasta.

Smeer die versiersel oor die warm koek en laat afkoel. Sny in blokkies en bêre in digte houers.

Lewer sowat 34 blokkies.

FUDGEBLOKKIES

Dié blokkies, wat ook 'n bolaag van versiersuiker kry, is so lekker 'n mens kan nie ophou eet nie. Melanie Smith van Oos-Londen maak dit gereeld.

KOEKIES

225 g botter	
30 ml (2 e) suiker	
30 ml (2 e) kondensmelk	
30 ml (2 e) gouestroop	
30 ml (2 e) kakao	
2 pakke (200 g elk) Mariebeskuitjies, in stukke gebreek	

BOLAAG

125 ml (½ k) versiersuiker, gesif	
30 ml (2 e) kondensmelk	
30 ml (2 e) kakao	
30 ml (2 e) gesmelte margarien	

Smeer 'n bak van 22 x 33 cm met botter of margarien of bespuit met kleefwerende kossproei.

Meng die botter, suiker, kondensmelk, gouestroop en kakao in 'n kastrol en verhit oor lae hitte tot gesmelt, maar moenie dit laat kook nie. Voeg die Mariebeskuitjies by en meng goed deur.

Skep die mengsel in die voorbereide bak en druk die mengsel goed daarin vas. Hou in die yskas tot stewig.

Meng al die bestanddele vir die bolaag en roer met 'n draadklitser tot glad. Smeer oor die koekiemengsel en sny in blokkies wanneer stewig. Bêre in 'n digte houer in die yskas.

Lewer 36 blokkies.

KITS-GEMMERTRUFFELS

Met 'n pakkie gemmerkoekies en sjokolade tower Elna Mattheus van Pretoria sommer vinnig-vinnig hierdie heerlike eetgoedjies op.

300 g (3 plakke van 100 g elk) sjokolade, in blokkies gebreek	
1 pak (200 g) gemmerbeskuitjies, grof gebreek	
1 ml (¼ t) fyn gemmer	
5 ml (1 t) vanieljegeursel	

Smelt die sjokolade in 'n glasbak oor kookwater of in die mikrogolfoond. Roer gedurig. Roer die gemmerbeskuitjies en fyn gemmer asook die vanieljegeursel by en meng goed deur. Skep teelepels vol in klein papierdoppies en verkoel tot stewig.

Lewer sowat 42 truffels.

SJOKOLADEBONDELTJIES

As kinders het ons gereeld hierdie koekies help maak. In 1990 ontvang ons die resep van mev. Petro du Plessis van Potchefstroom. Hierdie soetigheid kry so groot aftrek by die skool dat die kinders sommer vooraf vra dat sy dit en niks anders nie, skool toe moet stuur vir hul verjaardag, sê mev. Du Plessis.

500 ml (2 k) suiker	
100 g margarien of botter	
125 ml (½ k) melk	
125 ml (½ k) kakao	
750 ml (3 k) hawermout	
250 ml (1 k) droë klapper	

5 ml (1 t) vanieljegeursel

Smeer 'n paar velle waspapier met botter of bespuit met kleef-werende kossproei.

Plaas die suiker, margarien, melk en kakao in 'n groot kastrol. Verhit tot kookpunt terwyl gedurig geroer word en kook dan 5 minute lank.

Meng intussen die hawermout en klapper. Verwyder die ka-kaomengsel van die stoof en roer die hawermoutmengsel en die vanieljegeursel by.

Skep teelepels vol van die mengsel op die voorbereide was-papier. Laat afkoel en sit voor.

Lewer 50 koekies.

FUDGE UIT DIE MIKROGOLF

Santjie Kok van Bethlehem het 'n fudgeresep wat in Huisgenoot verskyn het, aangepas sodat sy dit in die mikrogolfoond kan maak. Sy het dit nou al letterlik honderde kere, selfs vir basaars, gemaak en dis elke keer 'n sukses. Vir ons was dit hier net so spesiaal. Die resep is in 'n 600 W-mikrogolfoond getoets.

500 g (1 pak) versiersuiker, gesif
397 g (1 blik) kondensmelk
100 g margarien
5 ml (1 t) vanieljegeursel

Smeer 'n bak van 22 x 22 cm met botter of margarien of bespuit met kleefwerende kossproei.

Plaas die versiersuiker, kondensmelk en margarien in 'n groot mikrogolfbestande bak. Mikrogolf 2 minute lank by 100%-krag en roer met 'n draadklitser tot goed gemeng. Mikrogolf 'n verdere 10 minute lank by 100%-krag en roer goed nadat die helfte van die kooktyd verstreke is. Voeg die vanieljegeursel by wanneer die kooktyd verstreke is en klop met 'n houtlepel tot effens dik.

Giet die mengsel in die voorbereide bak, laat staan tot af-gekoel en sny in blokkies.

Lewer 25 blokkies.

Kits-gemmertruffels

DIE KUNS VAN KLEIN KOEKIES BAK

ALLE KINDERS en die meeste grootmense hou van klein, droë, soet koekies, en veral gedurende die vakansietyd, wanneer 'n mens maar altyd iets soek om aan te peusel, is dit wenslik dat moeder 'n goeie voorraad daarvan sal hê. Selfs as 'n mens op toer of vir die vakansie strand-toe gaan, is dit gerieflik om saam te neem: dit neem nie onnodig veel ruimte in beslag nie, en hou lank vars. Daarby kan 'n mens koekies bak wat by jou sak sal pas; goedkoop klein koekies smaak soms net so lekker as hul „ryk" susters.

„Maar klein koekies bak! Dis nie so alte maklik nie," sê 'n besige huismoeder wat onthou hoe seer haar rug die laaste maal was toe Lenie skool-toe is en sy die hele halwe dag krom gebuig by die tafel moes staan om dit alles uit te rol en af te druk. En dan die heen-en-weer geloop tussen die warm stoof en die tafel!

En tog, met 'n bietjie voorbedagtheid en oorleg word selfs die talmende werk bespoedig, en kan 'n mens selfs in die somer 'n hele groot baksel klein koekies in die oggend bak. Kies 'n resep wat die aand tevore al kan aangemaak word en maak dit die aand klaar aan. Dan is daar nie so baie ander ou werkies wat verrig moet word nie, en dan kan jy die oggend vroeg begin met die afdrukkery, sodat by die tyd dat die gewoel begin, jy genoeg in voorraad het om te begin bak as die oond warm is.

Een groot geheim om klein koekies suksesvol te bak is om dit styf aan te maak. Neem nooit meer vloeistof as wat die resep aangee nie, selfs al lyk dit in die begin of die meel nie almal nat kom nie. Hou dit maar aan aanmekaar druk totdat jy 'n stywe deeg het — as die suiker begin smelt, word dit gou te pap as daar te veel vloeistof by gemeng word. Brei dit goed, totdat dit naderhand 'n blink, gladde deeg is wat lekker is om te hanteer; rol dit in 'n ronde bol en sit dit in 'n erdebak of enemmelskottel. Smeer 'n bietjie botter bo-oor om te verhoed dat 'n harde kors vorm. Die volgende oggend begin jy aan die een kant, stuk vir stuk afsny, 'n bietjie rol en knie, en dan uitrol op 'n plank met 'n bietjie meel bestrooi. Druk af met 'n skerp drukkertjie — 'n bakpoeierblik kom handig te pas. Sit op ongesmeerde plaatjies en bak net goud-bruin in 'n warm oond.

Die werk van uitrol en afdruk word baie vereenvoudig as 'n mens 'n hoë stoeltjie of kissie by die tafel het en jy sit dit en doen. Die bak word bespoedig en vergemaklik deur plat plaatjies, net so groot as die oond self, te gebruik. Een plaatjie staan altyd gereed om in te gaan as die ander uitkom.

Sit die koekies mooi ver genoeg van mekaar, sodat dit nie aanmekaar loop nie. Koekies wat styf genoeg aangemaak is, loop natuurlik nie so plat nie. Nog 'n ander rede dat koekies loop, is 'n vetterige plaat en 'n te koue oond. Na 'n bietjie proefneming vind 'n mens gou die hitte van die oond uit — dit moet *warm* wees. As die koekies vassit aan die plaatjie, laat dit dan so 'n bietjie afkoel en maak dit dan los met 'n breë, slap mes. Dit is veral die geval met koekies wat baie stroop bevat.

Die volgende is beproefde resepte wat die vorige aand aangemaak kan word; die koekies is heerlik, en as die voorskrifte gevolg word, sal daar geen teleurstelling wees nie.

GEMMERKOEKIES.

5 pond fynmeel;
3 pond suiker;
4 eetlepels fyn gemmer;
3 eetlepels botter of vet;
1 klein pakkie soda;
'n halfkoppie water;
4 eiers;
'n 2-pond-blikkie geelstroop (Golden Syrup);
'n knypie fyn sout.

Vrywe die vet of botter in die meel; meng by die suiker, sout en gemmer. Klits die eiers, maak die stroop 'n bietjie lou, maak die soda aan met die water, meng dit alles deurmekaar en maak die droë bestanddele daarmee aan. Brei goed en sit weg tot die volgende dag.

MELKKOEKIES.

2 pond meel;
6 ons botter;
1 pond fyn wit suiker;
½ pond korente;
1 teelepel soda;
1 teelepel kremetart.

Maak aan met melk, rol uit, druk af en bak soos hierbo.

SOETKOEKIES.

5 koppies meel;
1 koppie botter;
2 koppies fyn wit suiker;
1 teelepel soda;
1 eier.

Maak aan met water soos hierbo beskryf.

Hierdie deeg vorm die fondament en 'n groot verskeidenheid kan verkry word deur stuk, stuk die deeg die volgende dag met 'n bietjie klapper, gemengde speserye, kaneel, gemmer ens. te meng.

Druk af met verskillende drukkertjies. 'n Mens kry mooi diervormpies, waarvan die kinders baie hou.

—◉—

Moeder: „Jannie, sit jou hand voor jou mond as jy hoes."
Jannie: „Ja mammie, maar ek het dit nie nodig om dit te doen nie."
Moeder: „Waarom nie?"
Jannie: „Omdat ek nie vals tande het nie."

RESEPPE.

KLEIN PANNEKOEKIES.

Die volgende is 'n resep van klein pannekoekies wat baie lekker smaak elfuur in die môre of vieruur in die namiddag. Dis ook 'n goedkoop resep:—

½ pond fyn meel („flour"); 1 eetlepel vet; 1 eier; 3 eetlepels suiker; 'n knypie sout; 1 dessertlepel bakpoeier; 1 koppie water (of melk). Vrywe die vet en meel deurmekaar; gooi die eier en water (of melk) by; dan die bakpoeier en 'n knypie sout. Die pan kom op die vuur met 'n bietjie vet; vyf en ses koekies word gelyk in die pan gebak, en omtrent 'n dessertlepel deeg word vir elke koekie gebruik. Die koekies is dun en bak binne drie minute gaar. Met 'n bietjie suiker en pypkaneel smaak dit heerlik.

SKUURSEEP.

„Monkey Brand" kan in hierdie duur tyd vervang word deur 'n preparaat wat maklik tuis te maak is. Alle klein stukkies seep word opgegaar. As daar 'n taamlike klompie is, word dit gekook; en hierby word

LIPLEKKER PANNEKOEK

Haar ma werk in 'n winkel wat die lekkerste pannekoek bak, skryf mej. A. Pruis van Witbank. Die mengsel kan 'n paar dae lank in die yskas gebêre word. Dit word nie taai as dit herverhit word nie.

5 ekstragroot eiers
6 x 250 ml (6 k) melk
5 ml (1 t) sout
500 ml (2 k) olie
15 ml (1 e) vanieljegeursel
4 x 250 ml (4 k) bruismeel
olie om in te bak

Klits die eiers, voeg die melk, sout en olie by en klits weer goed. Voeg die vanieljegeursel by. Meng die bruismeel bietjies-bietjies op 'n slag by die melkmengsel en klits goed totdat die mengsel sonder klonte is. Laat minstens 'n halfuur lank staan.

Bespuit 'n kleinerige pan met kleefwerende kossproei of verhit dit met baie min olie. Giet net genoeg beslag in die pan om die bodem te bedek. Draai om wanneer blasies bo-op vorm en verhit tot bruin aan albei kante. Herhaal met res van die beslag.

Dien die pannekoeke met kaneelsuiker op.

Lewer sowat 40 pannekoeke.

POFFERTJIES

Vul hierdie poffertjies met versoete room, dik vla of andersins met enige sout vulsel.

POFFERTJIES
250 ml (1 k) water	
100 g botter	
250 ml (1 k) koekmeelblom	
knippie sout	
3-4 ekstragroot eiers	
5 ml (1 t) bakpoeier	

VULSEL
250 ml (1 k) room, styfgeklits	
100 ml dik vla	

Voorverhit die oond tot 200˚ C (400 ˚F). Besproei 'n bakplaat met water. Plaas die water en botter in 'n kastrol en laat goed kook. Verlaag die hitte tot baie laag en voeg die koekmeelblom en sout alles op een slag by. Roer vinnig met 'n houtlepel totdat die deeg 'n bol in die middel van die kastrol vorm. Keer die deeg uit in 'n glasbak en laat koud word.

Voeg die eiers een vir een by en klop telkens goed met 'n houtlepel totdat die deeg glad is. (Voeg net genoeg eiers by, sodat die deeg steeds stewig maar nie slap is nie.) Voeg die bakpoeier by en meng deur.

Skep teelepels vol van die beslag op die bakplaatjie en bak 10 minute lank. Verlaag die temperatuur tot 180 ˚C (350 ˚F) en bak 'n verdere 20-25 minute lank tot goudbruin en gaar. Prik elkeen met 'n dun toetspen om stoom te laat ontsnap.

Skakel die oond af en laat die poffertjies 5 minute in die oond afkoel, met die oonddeur effens oop. Plaas op 'n draadrakkie en laat verder afkoel.

Bêre in 'n lugdigte houer tot voor gebruik. Plaas die poffertjies net vir 'n paar minute in 'n verhitte oond om weer lekker bros te word voor gebruik. Meng room en vla, sny die poffertjies aan die een kant oop, en vul so kort moontlik voor opdiening.

Lewer sowat 36 poffertjies.

Poffertjies

KARRINGMELK-KOEKSISTERS

Tydens 'n kongres wat Tuisnywerhede Suid-Afrika in 1997 in die Kaap hou, doen ons 'n artikel oor "bak vir jou sak". Hierdie koeksisters is een van die staatmakerresepte.

STROOP

8 x 250 ml (8 k) suiker
1 liter (4 k) water
50 ml gouestroop
2 stukke pypkaneel
2 ml (½ t) kremetart
2 ml (½ t) wynsteensuur

DEEG

5 x 250 ml (5 k) koekmeelblom
30 ml (2 e) bakpoeier
knippie sout
1 ml (¼ t) neutmuskaat
60 ml (¼ k) botter
1 houer (500 ml) karringmelk
olie vir diepvetbraai

Meng al die bestanddele vir die stroop in 'n groot kastrol. Verhit, terwyl gedurig geroer word, totdat die suiker gesmelt is. Verhit tot kookpunt en kook dan 10 minute lank sonder om te roer. Laat afkoel en verkoel tot *yskoud*.

Sif die koekmeelblom, bakpoeier, sout en neutmuskaat saam. Vryf die botter in met jou vingerpunte totdat die mengsel soos broodkrummels lyk. Voeg die karringmelk by en meng tot 'n sagte deeg. Knie goed deur en draai in kleefplastiek toe. Laat 1 uur rus.

Rol die deeg 3-5 mm dik uit en sny in stroke van 4 cm breed. Sny elke strook in 7 cm lang stukke. Sny 3 bene in elke stuk sodat dit by een punt steeds vas is. Vleg elke stuk lossies en druk die 3 bene by die punt stewig vas. Bedek die uitgerolde deeg en ongebakte koeksisters met 'n klam doek.

Braai 'n paar koeksisters op 'n keer in verhitte diep olie tot gaar en goudbruin, skep met 'n gaatjieslepel uit en dompel dadelik in yskoue stroop. Laat 'n paar minute lank in die stroop lê en skep met 'n gaatjieslepel uit. Plaas op 'n draadrak op 'n skinkbord sodat orige stroop kan afloop. Bêre onbedek in die yskas. Dien yskoud op.

Lewer minstens 50 koeksisters.

OUTYDSE VRUGTEVIERKANTE

Hierdie resep kom uit haar eie resepteboek, so 'n swart oefeningboek, en is al oor die vyftig jaar oud, skryf 'n onbekende leseres aan die begin van 1998 aan ons. Destyds, nog jonk en dom, maar vuur en vlam vir die bakstryd en getroud met 'n man met 'n soettand, was sy geseën met 'n wonderlike buurtannie. Einste nog haar resep. Dis tientalle kere al gebak en vir vriende afgeskryf, sê sy. Hierdie blokkies bly weke lank vars en geurig.

KORS

250 g botter by kamertemperatuur
125 ml (½ k) suiker
1 eier, geklits
500 ml (2 k) koekmeelblom
10 ml (2 t) bakpoeier

VULSEL

1 flessie (454 g) vrugtevulsel ("fruit mincemeat")
15 ml (1 e) suiker
15 ml (1 e) fyn appelkooskonfyt
45 ml (3 e) water
5 ml (1 t) brandewyn of vanieljegeursel

BOLAAG

100 ml botter
125 ml (½ k) suiker
500 ml (2 k) hawermout
2 eiers, geklits
knippie sout

Voorverhit die oond tot 180 °C (350 °F). Bespuit 'n dieperige 23 x 33 cm-rolkoekpan met kleefwerende kossproei.

Verroom die botter en suiker tot lig. Voeg die eier by en klits goed. Sif die droë bestanddele saam en roer in. Meng tot 'n hanteerbare deeg – voeg nog meel by, indien nodig. Druk die deeg eweredig in die voorbereide pan vas en hou eenkant.

Verhit al die bestanddele vir die vulsel, behalwe die brandewyn, oor lae hitte en roer totdat die suiker gesmelt het. Verhit tot kookpunt en laat 2 minute lank stadig prut. Verwyder van die stoof, laat goed afkoel en voeg die brandewyn by. Skep die vulsel op die kors en versprei eweredig.

Smelt die botter en suiker vir die bolaag saam oor lae hitte terwyl gedurig geroer word. Verwyder van die stoof, roer die hawermout in en laat effens afkoel. Voeg die eiers en sout by en meng goed. Versprei die bolaag oor die vulsel in die kors en maak bo-op gelyk. Bak 40 minute lank tot gaar en goudbruin. Laat afkoel en sny in blokkies.

Lewer sowat 28 blokkies.

Register

Doen u bestellings op Die Huisgenoot-bestelvorms.